主　　编　安德鲁·福斯特(Andrew Foster, 布朗大学)
副 主 编　皮特·兰由(Peter Lanjouw, 世界银行)
　　　　　路易斯·赛尔文(Luis Servén, 世界银行)
编辑助理　马尔贾·凯珀(Msrja Kuiper)

编辑委员会

哈罗德·H．奥尔德曼[Harold H. Alderman, 世界银行（已退休）]

白重恩(Chong-En Bai, 中国清华大学)

普拉纳·K．巴德汉(Pranab K. Bardhan, 美国加州大学伯克利分校)

考希克·巴苏(Kaushik Basu, 世界银行)

托尔斯腾·贝克(Thorsten Beck, 英国伦敦城市大学卡斯商学院)

约翰尼斯·冯·比斯布洛克(Johannes van Biesebroeck, 比利时鲁汶大学)

莫琳·克罗珀(Maureen Cropper, 美国马里兰大学)

昆特·阿斯里(Asli Demirgüç-Kunt, 世界银行)

让-雅克·德蒂尔(Jean-Jacques Dethier, 世界银行)

全归仁(Quy-Toan Do, 世界银行)

弗里德里克·杜克尔(Frédéric Docquier, 比利时鲁汶大学)

埃利安娜·拉·费拉拉(Eliana La Ferrara, 意大利博科尼大学)

弗朗西斯科·H．G．费雷拉(Francisco H. G. Ferreira, 世界银行)

奥古斯丁·夸西·福斯(Augustin Kwasi Fosu, 芬兰联合国大学世界发展经济研究所)

卡洛琳娜·弗洛因德(Caroline Freund, 世界银行)

保罗·格里夫(Paul Glewwe, 美国明尼苏达大学)

菲利普·E．基弗尔(Philip E. Keefer, 世界银行)

诺曼·V．罗伊扎(Norman V. Loayza, 世界银行)

杰里米·马格鲁德(Jeremy Magruder, 美国加州大学伯克利分校)

威廉姆·F．马洛尼(William F. Maloney, 世界银行)

戴维德·J．麦肯齐(David J. McKenzie, 世界银行)

热姆·德·梅洛(Jaime de Melo, 瑞士日内瓦大学)

乌戈·潘妮兹(Ugo Panizza, 联合国贸易与发展会议)

妮娜·帕维克里克(Nina Pavcnik, 美国达特茅斯学院)

维贾英德拉·拉奥(Vijayendra Rao, 世界银行)

马丁·瑞威廉(Martin Ravallion, 美国乔治敦大学)

热姆·萨维德拉-桑杜维(Jaime Saavedra-Chanduvi, 世界银行)

克劳迪娅·塞普尔韦达(Claudia Sepúlveda, 世界银行)

多米尼克·冯·德·沃勒尔(Dominique Van De Walle, 世界银行)

克里斯托弗·M．伍德鲁夫(Christopher M. Woodruff, 美国加州大学圣地亚哥分校)

世界银行主办

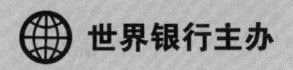

世界银行经济评论
The World Bank Economic Review

安德鲁·福斯特（Andrew Foster）主编

2015 No.1 第29卷

社会科学文献出版社
SOCIAL SCIENCES ACADEMIC PRESS (CHINA)

©International Bank for Reconstruction and Development/The World Bank
This edition was originally published in English in 2015.This translation is published by arrangement with Oxford University Press.

本书根据牛津大学出版社The World Bank Economic Review 2015年第1期译出

中文版发刊词

《世界银行经济评论》（WBER）创刊于1986年，其宗旨是鼓励发展经济学的研究，并促进新思想在全球范围内传播。第一期杂志于当年9月出版发行，时任世界银行经济学研究副总裁的安妮·克鲁格（Anne Krueger）表示，希望本杂志在发展经济学领域发挥重要的作用。它确实不辱使命。

杂志出版至今已近三十年，目前我们正致力于扩大其研究范围。2013年，安德鲁·福斯特（Andrew Foster）接任杂志的主编。从今年起，我们决定出版杂志的中文版。

从亚当·斯密（Adam Smith）时代至今，发展经济学已经取得了长足的进展，尤其是第二次世界大战结束后，随着殖民主义的终结和一批国家的独立，大量围绕着这些新国家如何解决发展所面临的挑战的著述不断问世。新的分析方法，包括博弈论，极大地丰富了发展经济学。同样，数据的大幅扩展，以及分析数据的计量新方法的不断出现，也促进了发展经济学的研究。因此，这门学科较以往任何时候都具有更强的方法论一致性。

随着中国国力增强及其研究和学术机构的繁荣，如今新读者群大部分在中国。由于近年来中国经济部门日益融入当今这个真正意义上的全球性产业，高质量发展研究的增长也烙上了中国的印记。因此，我们很荣幸《世界银行经济评论》成为首批中英文同步出版的经济学杂志之一。这将极大地扩大杂志的影响力，促进思想的传播，并为创造一个更美好的世界做出贡献。

为使《世界银行经济评论》中文版顺利出版，我们做了大量的准备工

世界银行经济评论（2015 No.1）
THE WORLD BANK ECONOMIC REVIEW

作。我必须承认与牛津大学出版社尼克·普丰德（Niko Pfund）的首次会谈正式启动了这个计划。我要感谢菲利斯·科恩（Phyllis Cohen）和牛津大学出版社团队为此付出的热情和耐心，感谢中国社会科学文献出版社的加盟。最后，我还要感谢负责《世界银行经济评论》杂志的克劳迪娅·塞普尔维达（Claudia Sepulveda），她在为期一年的谈判中表现出来的毅力和耐心让这一项目修成正果。

考希克·巴苏（Kaushik Basu）
世界银行首席经济学家兼高级副总裁

目 录

能否通过一体化来推动发展中国家电力发展？
………………………… 艾曼纽·奥里奥尔（Emmanuelle Auriol）
萨拉·比安西尼（Sara Biancini）／1

边界地区的发展：科特迪瓦与周边国家的政策和国家一体化进程
………………………………… 丹尼斯·柯格纳（Denis Cogneau）
桑德琳·梅斯普－松普斯（Sandrine Mesple'－Somps）
吉勒斯·施皮尔福格尔（Gilles Spielvogel）／46

开放条件下发展中小国的最优食品价格稳定政策
………………………………… 克里斯多夫·古尔（Christophe Gouel）
塞巴斯汀·让（Sebastien Jean）／82

全球供应链和贸易政策对2008年危机的反应
………………………………… 基肖·贾万德（Kishore Gawande）
伯纳德·胡克曼（Bernard Hoekman）　崔悦（Yue Cui）／118

巨灾之后的财政应对和金融发展的推动作用
………………………………… 马丁·米乐基（Martin Meleky）
克劳迪奥·拉达茨（Claudio Raddatz）／152

世界银行经济评论（2015 No.1）
THE WORLD BANK ECONOMIC REVIEW

中国企业进入出口市场：外贸出口溢出的作用
.... 弗劳伦·马内里斯（Florian Mayneris）
桑德罗·庞塞特（Sandra Poncet）／176

鼓励回收的（无效）信息：来自秘鲁的随机评估证据
.... 阿尔贝托·冲（Alberto Chong）
迪恩·卡兰（Dean Karlan） 杰里米·夏皮罗（Jeremy Shapiro）
乔纳森·辛曼（Jonathan Zinman）／209

能否通过一体化来推动发展中国家电力发展？

艾曼纽·奥里奥尔（Emmanuelle Auriol）

萨拉·比安西尼（Sara Biancini）[*]

我们借助一种"两国模型"对电力市场的整合进行分析。在该模型中，加入了国家调控机构和巨额公共基金等要素。如果两个国家的发电成本极其相似，负面的"商业偷窃效应"大于有效收益，那么在整合之后，两国原来的福利反而会减少。当两国发电成本悬殊，那么整合进程将会对福利起到增益作用。电力出口带来的收益将会改善出口国的总体福利水平，与此同时，电力进口国也能从较低的价格中获益。在这种情况下，相对于自给自足的方式，市场的整合将刺激投资的热情。然而在当前，投资效率仍然较为低下，特别是在输送设施方面。搭便车行为降低了对电力网

---

[*] 艾曼纽·奥里奥尔是图卢兹经济学院教授，同时也是图卢兹经济学院定量应用发展经济学高级研究中心和产业经济研究中心的研究员，她的电子邮件地址为：emmanuelle.auriol@tse-fr.eu。萨拉·比安西尼（通讯作者）是卡昂大学教授和研究员，她的电子邮件地址为：sara.biancini@unicaen.fr。两位作者对于法国开发署的资助表示感激。本论文的部分章节由萨拉·比安西尼在担任欧洲大学研究所研究员时完成。感谢赛尔奇－蓬图瓦兹大学、米兰大学、法国开发署、2008年欧洲研究发展网络大会，以及2009年维哥产业经济会议研讨会参与人员所提供的帮助和评论。特别感谢克劳德·克兰普斯（Claude Crampes）、拉斐尔·蒙内尔（Rafael Moner）、艾美瑞克·布朗科（Aymeric Blanc）、阿列克斯·博内尔（Alexis Bonnel）以及杨尼克·普雷兹（Yannick Perez）对本论文最初版本给出的评论和建议。最后，本论文从三位匿名审阅人精辟的评论、批评与建议中受益匪浅，我们对他们的付出表示感谢。

络中公共产品部分的投资积极性，而商业"偷窃效应"又将会削弱新投资项目的注资能力。JEL 代码：L43，L51，L12，F15，R53。

预计到 2030 年，世界电力需求将会翻番（国际能源署，2006）。为满足电力需求所要投入的资金量越来越巨大，这对于发展中国家无疑是一项挑战。[1]

由于公共资源稀缺，私营部门贡献有限，加之援助较少[2]，这些国家便试图通过创建区域性电力市场来解决投资需求问题。借助一体化的电力网络，便于更好利用相关两国之间现有的资源和基础设施，也有助于完成单个国家凭一己之力难以完成的工程项目。在大多数情况下，这种一体化很有可能出现在缺乏合法的跨国监管的情况中。本文将对此类局部经济一体化的成本和收益进行研究。本文证明，独立监管实体之间的合作问题将阻碍它们对现有基础设施进行有效利用，也将抑制相关国家对新的发电设施，以及更为重要的电网设施的投资。这些国家对于市场份额的争夺限制了一体化的效果。由于这些不足，区域性电网形成的前提条件之一就是国与国之间发电成本的巨大差异。

根据本文理论，发电中的成本互补是电力市场整合的主要动力。如，在南美洲，为了有效利用那些能源资源不足的国家（如巴西或智利）与那些在水电、重油和天然气方面有较大供应潜力的国家（如巴拉圭、委内瑞拉、玻利维亚和秘鲁）之间的比较优势，一些发电和电网工程已经动工。同样，包括泰国和越南在内的大湄公河次区域国家则希望与那些在水电和天

---

[1] 根据国际能源署 2006 年的估计，为了满足电力需求的增长，全球在发电、输电和配电方面所需的总投资将高达 11.3 万亿美元。这一数据包含了经济合作与发展组织国家以及迅速成长的发展中国家的投资，如印度和中国，还包含为缓解那些世界上最贫穷国家电力匮乏所需投入的资金，尤其指撒哈拉以南的非洲国家（国际电力局，2006）。事实上，2000 年时，低收入国家中仅有 40% 的人口能用到电，而世界上最贫穷的 1/5 人口中仅有 10% 能用到电（Estache and Wren-Lewis，2009）。

[2] 近年来，在能源和基础设施领域援助的资金份额大幅降低（Estache and Limi，2008）。同时，Estache 和 Lewis 在 2009 年指出："对于许多国家而言，特别是那些收入最低的国家，私人领域的参与是令人失望的。"由于富裕国家在全球经济危机中承受了高昂的债务，那么近期内发展援助是不大可能大幅度增长的，而对于大型基础设施项目的援助则存在着降低的风险。

然气资源方面具有巨大潜力的国家进行整合，如老挝和缅甸。为了利用跨境贸易的潜在收益并提高系统的效益，在世界银行的支持下，非洲国家建造了几个区域性的电网：南非电网、西非电网、中非电网以及东非电网。此外还有北非与中东之间的电网建设倡议。建设这些电网的初衷就是克服撒哈拉以南非洲突出的能源短缺问题，其目的是支撑大项目的成功，诸如大型水电发电设施。由于这些项目对地区性需求而言显得太过庞大，因此难以依靠单个国家一己之力实现。比如，据估计，刚果民主共和国的水电潜力可以提供三倍于非洲当前消耗的电量。大型水电项目，诸如刚果河地区的英戈大坝工程和塞内加尔河流域的工程，则可以使该地区的所有国家受益。[1] 然而，颇具挑战性的问题是如何为这些工程筹措资金。

电力是一种无法储存的商品，将其传输至其他市场需要在输电和电网方面投入巨额转向资金。例如，据估计，26千兆瓦内连线每年需要耗费5亿美元，而在撒哈拉以南非洲地区（SSA）创建一个地区性电力贸易市场则缺乏这样的资金（Rosnes and Vennemo, 2008）。这样的投资要求是电力和其他标准商品贸易之间的主要差别。在缺乏约束性承诺机制的情况下，企业和政府都不大愿意因为向邻国出售电力这样的单一目的而投入巨额资金。一旦投入资金，投资国便将承担被套牢的风险。购电国会不断讨价还价，而投资者也无法将电力销往别的地方。[2] 在这种情况下，在创建电网的同时，也需要签订自由贸易协议，建立良好的争议解决机制，加强国家合作，并限制政治性干预，以便缓解商业、政治和监管风险。选择这样的机制以促进在邻近的发展中国家投资，是因为这些国家能源资源特别丰富。[3]

---

[1] 对于西非而言，Sparrow等2002年估计由于市场整合所带来的潜在成本下降将在5%～20%（根据热电和水电发电能力的增长）。

[2] 比如，2009年，伊拉克电力部长宣布伊拉克无力向通用电气支付24亿美元的电费，因此电力生产将停滞（Attwood, 2009）。在马达加斯加，Enelec公司降低了它向公共配电公司Jirama的配额，由于数十亿美元未付电费，从而导致电力短缺（Navalona, 2012）。在津巴布韦，Zesa公用事业控股公司未能支付5.37亿美元的进口电费账单（Herald, 2011）。

[3] 比如，2003年12月，西非国家经济共同体成员签署了《西非国家共同体成员能源草案》，号召消除能源交易的边境障碍。该项目也就是我们所知的"西非电网"，发端于尼日利亚、贝宁、多哥、加纳、科特迪瓦、布基纳法索和尼日尔，因为这些国家本来就已经拥有共同的电网。

本文将对在两国模型中创建地区性电网对能源生产以及发电和输电基础设施的投资动力所带来的影响进行探讨（也就是对包含自由贸易协定的一体化电力市场进行研究）。市场一体化并非完美无瑕（无论是从政治角度还是经济角度，都存有缺陷），政府都关注其本国的福利。由于政府需要对其利润和亏损负责，它们尤其偏向于本国的企业。从理论上讲，相关的分析框架是一种负担沉重公共资金压力的非对称管制（也就是说，企业都是国家管制的）。这一分析框架是由凯罗（Gaillaud）于1990年以及比格莱塞和玛（Biglaiser and Ma）于1995年引入的，目的是对监管行业的自由化进行研究。① 由于市场整合是一种市场相互开放的过程，本文扩展了上述几位学者的分析，将关注点置于封闭经济体中非管制企业竞争的影响上，而非管制进入者是外国市场的竞争者。同时对两个国家进行审查，将使得在非竞争行业部门一体化的"黑箱"开启。这一分析将有助于我们判断在哪些情况中一体化具备较大的成功可能性，而在哪些情况中一体化注定要失败。

我们证明，当两个国家之间的发电成本差距足够大时，电力市场的一体化将改善这两个国家的福利情况。对于发电成本较低的国家而言，电力出口利润不断增长（同样也出于满足外国需求的可能性）将提高出口国的总体福利水平。对于发电成本较高的国家，进口拉低电价使得国内市场受益匪浅，同样也将提高消费者剩余。② 相反，如果两国之间成本差异较小，那么也不大可能出现部门一体化。确实，非管制的竞争将逐步削弱计税基数（Armstrong and Sappington，2005）。如果技术差异较小，那么这两个国家对于市场份额的竞争将会十分激烈，而负面的"偷窃效应"也将抵消贸

---

① 1990年，Gaillaud对监管的市场进行研究。在这一市场中占主导地位的经济体面临着来自周边地区非监管市场的竞争，它们以边际成本定价。Biglaiser和Ma在1995年将分析延伸为一个占主导地位的监管公司面临着来自单一战略性竞争对手的竞争。在他们的分析中，允许存在水平和垂直的差异，他们发现竞争有助于从监管企业中获取信息租金，但平均主义又产生了分配效率低下的问题。

② 即便整合所带来的效益使得两个国家受益匪浅，当生产在内部重新分配时，效率更高的提供者会获得更多的生产任务，因此内部也会有持续的反对声音，贸易自由主义也将使内部优胜劣汰。

易所带来的收益。与贸易补贴政策（Brander，1997）相关的理论不同，对这两个国家进行一体化之后，福利将会降低。即便不考虑高昂的输电成本和/或非凸函数，所有国家也都会遭受损失。[①]

随后，本文将对地区性一体化对国家在新基础设施中投资动力的影响进行研究。本文将降低成本的投资（新的发电设施）与电力互联基础设施（如高压电线）的投资区分开来。与自给自足相比，市场一体化将促进发电领域的投资。首先，当一国比另一国效率高出很多时，一体化将特别令人动心，在区域性一体化方面的可持续投资水平将持续提高。由于具备低成本技术的国家并未能完全将外国的消费者剩余内化（也就是仅能内化销售），那么一体化就未达到最佳状态，但也比自给自足时情况良好。此外，对过时技术投资的动力削弱，而投资先进技术的动力提高。其次，当两个国家的技术相似时，企业将开展对市场份额的竞争，因而可能会出现投资过剩的局面。但实际上，投资过剩的风险几乎为零。第一，如果成本差异不大，这些国家便会抵制共同电网的创建；第二，发展中国家遭遇的问题更多是在发电领域的投资不足。通过刺激投资，市场一体化将会缓解这一方面的问题。

相反，在提供公共产品基础设施方面的投资不足是一个主要的问题，如电网互联设施和输电设施。"搭便车"行为将削弱投资的动力，商业偷窃行为则会降低为新投资项目的融资能力，这在进口国家中表现得尤为明显。在某些时候，这一问题尤为严重，甚至导致全球投资都低于自给自足的情况。换言之，当企业之间的发电成本过于接近时，对于公共产品设施投资的最高水平不仅不能达到最佳状态，反而会低于自给自足时的水平。实际上，当发电成本比较接近时，效率较低的国家会对一体化持抵制态度，因此这一风险相对而言是可控的。然而，即便当发电成本差异过大且

[①] 这一结论与贸易方面的著作截然不同。布朗德和斯宾塞1983年开始涉足这一课题，他们著作中的部分内容涉及贸易补贴政策的战略作用。这些政策具备一种租金转移效应，从而引发了"囚徒困境"，因此企业便能从共同降低补贴获益。然而，即使贸易带来的收益较低，但这也总归是积极有效的。同样，在布朗德和克鲁格曼于1983年创建的模型中，除非传输成本非常高昂或存在非凸函数，否则贸易就不会拉低福利水平（参见马库斯，1981）。

这两个国家都因此受益时，网络中公共产品部分的投资水平仍然会处于不太理想的状态。这一结构性的投资不足的问题将会产生重要的政策性影响。如世界银行在孟加拉国、巴基斯坦和斯里兰卡支持的一些项目最终都失败了，原因是这些国家未能解决电网互联的问题。世界银行在公私合作模式框架下借助能源基金对发电企业提供贷款。在发电领域投入资金，电力生产便会上升。然而，由于传输和配电基础设施的极度不足，相关发电厂的发电效率十分低下。从一方面来讲，由于电力成为生产场所的瓶颈，电力消费会停滞不前；从另一方面来讲，为了收回发电投资将签订"照付不议"的电力采购协议，对于产业界的公共补贴会增加（Manibog and Wegner, 2003）。最终，消费者和纳税人的情况都会进一步恶化。

本文的第一部分将展示一个封闭经济体中的模型和基准；第二部分将对部门一体化进行探讨；第三部分将关注国家在发电和输电基础设施方面的投资动机；第四部分将给出结论。

一　独立管制企业的部门一体化模型

我们设定两个对称的国家。由 $i=1, 2$ 来表示，它们的反需求函数为：[①]

$$P_i = d - Q_i \tag{1}$$

Q_i 是国家 $i=1, 2$ 的国内需求。为简化阐述，假定需求对称。附录 G 证明我们的主要结果对于需求不对称的情况亦是稳健的（如，$d_1 \neq d_2$）。市场一体化之前，各自国家中都存在着垄断。在一个封闭的经济体中，Q_i 与 q_i 相对应，是该国垄断所带来的数量，也可借助 $i \in \{1, 2\}$ 来表示。当市场被一体化之后，Q_i 可由企业 1 和企业 2 来满足（也就是，$Q_i = q_{ii} + q_{ji}$，$i \neq j$，q_{ji} 是企业 i 在国家 j 中售出的数量）。在一体化的市场中总需求为：

$$p = d - \frac{Q}{2} \tag{2}$$

[①] 参见尼亚里（Neary, 2003）在国际寡头垄断情况下采用线性需求模型。尼亚里讨论了对这些模型的阐释以及将它们扩展的一般均衡框架。

$Q = Q_1 + Q_2$ 是一体化市场内的总需求，可由企业 1 或者企业 2 来满足（也就是 $Q = q_1 + q_2$）。

在生产一方，企业 $i = 1, 2$ 产生了可以衡量该产业规模经济的固定成本。由于固定成本下降，因此它在最优生产选择中并未发挥作用。[1] 这样，我们不必为该下降的成本引入新的符号。

企业同样也产生了变动成本函数，如下：

$$c(\theta_i, q_i) = \theta_i q_i + \gamma \frac{q_i^2}{2} \qquad (3)$$

可变成本函数包含一个代表生产成本的线性项 $\theta_i \in [\underline{\theta}, \bar{\theta}]$，以及代表输电成本的二次项，二次项由 γ 来加权。成本函数（3）可以从包含输电成本的霍特林（Hotelling）水平分化模型得出，在该模型中，企业 1 位于单位间隔的最左端，企业 2 位于单位间隔的最右端。线性市场被首次分割为两个相邻的段（"国家市场"）。市场一体化对应这两个相邻段的统一。而完整的霍特林线则可代表共同市场。为服务于消费者，以统一价格销售产品的市场必须考虑输送的费用。霍特林模型生成了等式（3）中的成本函数，其中 γ 被解读为输送成本（Auriol，1998）。[2]

该模型假定成本随着生产者与消费者之间的距离增加而上升。由于焦耳效应、相关的输电费用以及途中损耗，因此这样的假定在电力领域是成立的。此外，在相互通联的电力网络中，国内外的消费者所承担的输电成本 γ 是同等的。这一假定还与电力网络的物理特性一致。由于电力路线无法确定，因此这种物理上的统一性使电力系统与其他产品和服务配送的系统不一样。[3]

总而言之，在进行一定的固定投资后，可以将 $\theta_i \in [\underline{\theta}, \bar{\theta}]$ 解读为发

---

[1] 因为成本在当时已经沉没，国家面临着是否整合以及决定生产水平的选择，但它并未在决策中发挥作用。

[2] 换言之，假定消费者被均衡地分布在 [0, 1] 中。为了向分布在 q ∈ [0, 1] 中的消费者交付产品，企业 1 的输送成本为 γq，企业 2 的输送成本为 $\gamma (1-q)$。企业 i 的变动生产成本等同于 q_i，可以被写成 $c(\theta_i, q_i) = \int_0^{q_i} (\theta_i + rq) dq$，或者 $c(\theta_i, q^i) = \theta_i q_i + r(q_i^2/2)$ （i = 1, 2）。

[3] 关于电力市场特点的详细情况，参见约思科（Joskow）和施马兰斯（Schmalensee），1985。

电成本保持稳定,在这其中 γ 被用来衡量输电成本(也就是输送费用和输送损耗)。接下来,我们假定 γ 和 θ_i 是常识。可将这一等式中的任何扭曲或失衡的原因归结于国家监管者之间的协调失误。即便如此,我们关于这些参数非对称信息假定的结论是可靠的。① 为了排除角点解的可能性,我们作出下列假定:

$$A0 \qquad d > \bar{\theta}$$

假设"A0"确保了均衡中的数量始终是正数。企业 $i = 1, 2$ 的利润为:

$$\Pi_i = P(Q)q_i - Q_i q_i - \gamma \frac{q_i^2}{2} - t_i \qquad (4)$$

其中 t_i 是企业向政府支付的税款(如果为负数,那么就是补贴)。该被管制公司的参与约束是:

$$\Pi_i \geq 0 \qquad (5)$$

国家 i 的监管者对于国家垄断企业 i 具备司法管辖权限,对企业的数量和投资进行管控,可以在企业之间调动资金。当企业盈利时她会向它们征收营业税,当企业损失时她会向它们提供补贴。这样的过程与公有制的特性保持一致。在电力领域,公有企业和混合所有制企业在大多数发展中国家都是重要的参与者:2004 年,大约 60% 的欠发达国家在电力领域缺乏重要的私人参与(Estache, Perelman and Trujillo, 2005)②。

相反,由于外国企业并不在当地报告利润,因此抽租对它们而言就是

---

① 由于 γ 是大家都知道的数值,监管者能够实施一定的标尺竞争以便在信息不对称的情况下免费获得其值。相反,如果监管者并未看到独立的成本参数 θ_i,那就必须放弃某些租金以抽取信息。成本参数由真正的成本所取代(也就是生产成本加上信息租金,$\theta_i + \Lambda F(\theta_i)/f(\theta_i)$),其中 f 和 F 分别是 θ_i 比重函数和重新分配函数。引入不对称的信息除了能改变通胀成本参数之外(根据情况进行计算),并不能改变我们的主要结果。一旦创建了跨国家监管机构,非对称信息的影响将取决于跨国家监管机构相对于国家监管机构搜集企业信息的能力。

② 缺乏私人参与的情况同样存在于很多发达的经济体。比如,全球最大电力出口商法国电力的 87.3% 为法国政府所有。2007 年,该公司向政府支付 24 亿欧元的红利。

不适用的。监管者不对外国企业抽租,因此也就不会对它们的亏损提供补贴。此外,国家 i 也不控制企业 j 的生产或投资(非对称管制)。

每个国家 i 功利的监管者将最大化国内福利。$W_i = S(Q_i) - P(Q)Q_i + \Pi_i + (1+\lambda)t_i$,其中 $S(Q_i) = \int_0^{Q_i} p_i(Q)\, dQ = dQ_i - Q_i^2/2$ 代表消费者总盈余,Π_i 是国家企业的利润,$(1+\lambda)t_i$ 则是公共转移的机会成本。由于当 $\lambda \geq 0$ 时,W_i 的国家企业利润将不断降低,从社会意义而言垄断代价过高。国家企业(5)的参与约束总是一种义务:$\Pi_i = 0$。① 国家 $i = 1, 2$ 的福利函数为:

$$W_i = S(Q_i) - P(Q)Q_i + (1+\lambda)P(Q)q_i - (1+\lambda)\left(\theta_i q_i + \gamma \frac{q_i^2}{2}\right) \quad (6)$$

国家 i 的监管者对于当地电力生产(q_i)和电力进口($Q_i - q_i$)的态度并非无差异。她更加支持当地的电力生产。国家的偏好必定与其能源独立的目标保持一致,这也就反映了监管者拥有对企业的利润索取权。此类偏好将随着 $\lambda \geq 0$ 的增加而上升。而 $\lambda \geq 0$ 也就代表了政府预算约束的影子价格(约束的拉格朗日乘子)。② 在公共设施领域增加的任何投资都将导致税收或公共债务的上升。所有这些行动都必须承担一定的社会成本,必须将这种社会成本与增加投资的社会收益进行对比。相反,当转移是正数时(如对利润征税),这将有助于减弱税收带来的扭曲,也可为投资募集资金。假设代价高昂的公共资金是为了获得部门干预下的一般均衡效应。为了避免在市场一体化的决策中出现这种偏见,我们假定这两个国家的公共资金的成本是一样的,即 λ。

下列等式中,我们以 ∧ 来表示结果,∧ 随着 $\lambda \in [0, +\infty]$ 的增长而增长:

---

① 在此,监管是有效的(在封闭经济体中,削弱垄断的权力是不存在问题的)。因此,我们从可能的整合替代方案获取信息以便降低市场阻力。

② 政府在单一的预算约束下追求多个目标,如生产公共产品、管理非竞争行业、管控外部效应等。公共资金的机会成本表明当预算约束被部分缓解时社会福利所能改善的程度;它包含其他投资选择和支出的过往收益。在发达经济体中,λ 通常被估算为 0.3,在发展中国家低收入水平和征税高难度对于 λ 而言值更高。世界银行在 1998 年建议将机会成本的基准设定为 0.9,但这对于严重负债的国家而言太高了。

$$\Lambda = \frac{\lambda}{1+\lambda} \in [0, 1] \qquad (7)$$

我们首先对标注为 C 的封闭经济体进行简要描述。每一名监管者都希望将期望的国家福利（6）最大化，但国家福利又受制于自给自足的生产模式。自给自足生产的最佳情况为：

$$q_i^c = \frac{d - \theta_i}{1 + \gamma + \Lambda} \qquad (8)$$

当 $\Lambda = 0$ 时，公共资金的成本几乎为零，价格也与边际成本 $P(q_i^c) = \theta_i + \gamma q_i^c$ 保持一致。当 $\Lambda > 0$ 时，电价将高于边际成本，同时也遵循着与需求弹性保持反向比例的规律（拉姆齐定价法）：$P(q_i^c) = \theta_i + \gamma q_i^c + \Lambda P(q_i^c)/\varepsilon$。最佳定价规律与边际成本定价规律不一样。边际成本定价与公共资金的机会成本是成正比的，因为受管制企业的收益将拉低这一经济体中（扭曲性税收）其他转让的水平。

封闭经济所对应的是完全自给自足的经济模型。在这一经济体中，电力的生产与分配都是在内部进行的。然而，我们可以对能源进出口的其他模式进行考量，如未建立电网也未签订自由贸易协议。在这种情况下，相关国家可以通过协商从国外进口一定数量的电力（以给定的价格），再以管制价格在国内销售。由于监管者可以借助该战略对国内市场上销售的总电量进行管控，因此该战略与下文所研究的一体化案例是不同的。对于国家监管者而言，此类协议进口的情况将两个成本函数不一样的工厂的生产分配问题更加复杂化了（一家工厂是国企工厂，而另一家可能专司进口）。上述情况可能会使总成本函数发生变化（降低）。无论如何，监管者还是应当确定市场内销售的总数。鉴于需求和新的成本函数，监管者应当选择使用与上文描述情况类似的拉姆齐定价法。这样一种解决方案，并不是在质上改变了自给自足，而是能够利用机会借鉴外国最先进的技术，同时又能避免因为"商业偷窃"所导致的合作问题。

实际上，此类进口协议规模毕竟还小，因为这类协议并不会刺激投资，所以这对于大多数面临生产力短缺问题的发展中国家而言并不是一个有效的解决方案。国际电力贸易项目的复杂程度和财政承担的问题并不是签订了购销合同就能解决的，而是需要所有各方协调开展。而创建电网则有助于争端的国际调解、利润的重新分配，防止财产的无端征用以及其他被认为吸引潜在投资者的因素，从而推动他们在能源领域的投资。下一部分将对能源生产的一体化电网创建所带来的影响进行研究分析。

二 通用电力网

当电力市场的贸易壁垒被清除，企业可以为不同国家的消费者提供服务，因此价格是单一的。需求函数是对称的，这意味着消费水平在这两个国家是一样的：$Q_i = (1/2) Q^o$，$i=1, 2$。相反，发电成本函数不同，意味着两个国家不同的生产水平。我们首先考虑全域福利最大化的社会规划者可能选择的方案。基准理论模型描述了两个在政治和财政上完全一体化国家的一体化过程；随后，我们对两个独立监管机构的部门一体化进行了考察；最后，我们开展了一次福利分析并厘清了一体化影响的分布。

全面一体化

跨国家的社会规划者没有任何国家倾向性。他将最大化 $W = W_1 + W_2$，福利函数和界定在等式（6）中，

$$W = S(Q_1) + S(Q_2) + \lambda P(Q)Q - (1+\lambda)\left(\theta_1 q_1 + \gamma \frac{q_1^2}{2} + \theta_2 q_2 + \gamma \frac{q_2^2}{2}\right) \quad (9)$$

关于数量（Q_1, Q_2, q_1, q_2），在消费 $Q = Q_1 + Q_2$ 等同于生产 $q = q_1 + q_2$ 假定的约束下，可以依次求解该问题。首先，对任意产量水平 q，可以解出这两个国家（Q_1, Q_2）之间的最优消费分配规则。在 $Q_1 + Q_2 = q_1 + q_2$ 的约束之下，最大化 $S(Q_1) + S(Q_2)$。由于 $S(Q_i) = dQ_i - Q_i^2/2$，我们可以轻易推导出最优消费分配规则为 $Q_1 = Q_2 = (Q_1 + Q_2)/2$。因此，

跨国家的目标函数（9）变成了：

$$W = 2S(\frac{q_1+q_2}{2}) + \lambda P(q_1+q_2)(q_1+q_2) - (1+\lambda)\left(\theta_1 q_1 + \gamma\frac{q_1^2}{2} + \theta_2 q_2 + \gamma\frac{q_2^2}{2}\right) \quad (10)$$

设定 $\theta_{min} = \min\{\theta_1, \theta_2\}$，$\triangle = \theta_1 - \theta_2$，既可以为正也可以为负。其次，等式（10）关于数量 q_1 和 q_2 进行了优化。

命题 1

社会最优数量为：

$$Q^* = \begin{cases} \dfrac{2}{1+\Lambda+2\gamma}(d-\theta_{min}) & \text{垄断且 } |\triangle| > \triangle^* = \dfrac{2\gamma(d-\theta_{min})}{1+2\gamma+\Lambda} \\ \dfrac{2}{1+\Lambda+\gamma}\left(d-\dfrac{\theta_1+\theta_2}{2}\right) & \text{双头垄断 } i=1,2 \text{ 且} \\ & q_i^* = \dfrac{Q^*}{2} + \dfrac{\theta_j-\theta_i}{2\gamma} \end{cases} \quad (11)$$

证明过程参见附录 A。

当这两家公司之间的成本差异过大时（也就是说，当 $|\triangle| > \triangle^*$ 时），那么生产效率较低的生产者将会关门倒闭，生产效率较高的生产者便会处于垄断地位。这样的结果表明，当不存在运输费用（也就是 $\gamma=0$）时，最优合同总是表明效率较低的企业将关闭。然而运输成本的计入，使"关闭"的结果变得含混。当 γ 为正数时，无论何时企业生产 $|\triangle| \geqslant \triangle^*$，生产效率最高的企业（也就是成本参数为 θ_{min} 的企业）的市场占有率都比其竞争者要高［参见等式（11）］。然而，市场份额将随着 γ 的升高而降低。

实际上，部门一体化一般都将财务和政治机制排除在外，而在国家层面，这两种机制都是分散的。① 主权国家和监管者之间并不分配收益和关税。通过法律对纳税人征税，而他们的租金则来源于其国家的企业。下一

---

① 监管机构和财政体系的融合很难完成。然而，德国统一时将民主德国和联邦德国经济体系整合入一个政府则是一个例外。与理论一致，民主德国许多企业倒闭，生产被更多地分配给联邦德国效率更高的企业。

部分将对由两个政府非合作均衡所引发的扭曲进行研究。①

不对称管制下的部门一体化

在标注为 O 的部门一体化情况下,国家监管者在确定国家企业生产数量 q_i^o 的同时,还将使国家福利 (6) 最大化。监管者的反应函数决定了非合作均衡。

命题 2

部门一体化博弈中非合作均衡的产量为:

$$Q^O = \begin{cases} \dfrac{4}{3+4\gamma+\Lambda}(d-\theta_{\min}) & \text{垄断且 } |\Delta| \geq \Delta^O = \dfrac{2(1+2\gamma)(d-\theta_{\min})}{3+4\gamma+\Lambda} \\ \dfrac{4}{2+2\gamma+\Lambda}\left(d-\dfrac{\theta_1+\theta_2}{2}\right) & \text{双头垄断 } i=1,2 \text{ 且} \\ & q_i^o = \dfrac{Q^O}{2} + \dfrac{\theta_j-\theta_i}{1+2\gamma} \end{cases} \quad (12)$$

证明参见附录 B。

将等式 (12) 与等式 (11) 进行对比,均衡解表明,生产率较低企业关闭情况的发生通常会低于社会最优解决方案。也就是在假定 AO 下,$\Delta^o \geq \Delta^*$。

比较共同市场和封闭经济,很容易发现,等式 (12) 中的 Q^o 总是大于等式 (8) 中的 $Q_c = q_1^c + q_2^c$。事实上在市场一体化条件下总体数量的增长并不一定意味着福利水平的改善。的确,当 $|\Delta| \leq \Delta^*$ 时,我们在等式 (11) 中对 $Q^c = Q^*$ 的情况进行了界定。由此,我们推导出在共同市场中将出现生产过剩的情况。为使阐述更加具体,对比 Q^o 和 Q^* 的产量:

$$Q^O \geq Q^* \Leftrightarrow |\Delta| \leq \Delta^{o/*} = \dfrac{(2\gamma+\Lambda)(d-\theta_{\min})}{1+2\gamma+\Lambda} \quad (13)$$

---

① 如果政府能够有效地协商,命题 1 的最佳解决方案或许可以达成。问题是科斯解决方案要求零交易成本。在两个发展中国家背景下,关于巨额投资的有效商讨并不实际。由于发展中国家一般都受到孱弱的产权以及虚弱的法治、泛滥的腐败和效率低下的司法体系的折磨,交易成本要远高于发达国家。实际上,我们没有看到这两类国家之间存在有效的协商,但发展中国家效率无疑更加低下。

当 $|\triangle|$ 小于 $\triangle^{o/*}$ 时,监管者将试图通过刺激国内生产来维持他们的市场占有率。那么,共同市场中的总产量将比最优时更大。在封闭经济体中,技术效率较低的监管者选择较小的产量以便享有较高的"拉姆齐"(Ramsey)盈余。然而,在开放的经济体中,"拉姆齐"盈余则被竞争所削弱,如此小的产量不再是最优;它仅能降低国内企业的市场份额。在监管者试图缓解"商业偷窃"效应的过程中,监管者增加了国内企业的产量,因此 $Q^o > Q^*$①。相应的,当 $|\triangle|$ 大于 $\triangle^{o/*}$ 时,效率最高国家的监管者控制了较大的市场份额(当 $|\triangle| > \triangle^o$ 时,该企业甚至成为共同市场中的垄断者)。问题是监管者并未将外国消费者的福利内化。她选择了一个次优的生产水平 $Q^o < Q^*$。

部门一体化的政治经济学

如果一个国家的发电成本低于另外一个国家,电力部门对于租金的竞争将导致效率降低,从而阻碍部门一体化。这两个国家都应当从创建一个共同电力网络中受益,以推动部门一体化。将最优数量代入福利函数之中,那么我们会得到如下结果。

命题 3

对于任何严格为正的 $\wedge$,当且仅当边际成本 $|\triangle|$ 足够大时,市场一体化将提高这两个国家的福利水平。

证明参见附录 C。

图 1 对命题 3 进行了图解。图 1 显示,$\wedge > 0$ 时国家 1 的福利增益与 $\wedge = 0$ 时国家 1 的福利增益形成鲜明对比。当 $\wedge = 0$ 时,监管征税并非问题,在低成本和高成本国家里,当 $|\triangle|$ 增大时,它们相应的福利增益也会有所增加。效率较低的国家价格也较低,而效率较高的国家利润则相对较高。因为在一个市场份额较小的国家里,消费者盈余的增加会起到一定的

---

① 将 Q^o 从等式(12)代入市场份额等式 q_i^o,并将其与等式(8)进行对比,从而得出:$q_i^o > q_i^c \Leftrightarrow \theta_j - \theta_i \geq -\wedge (d - \theta_i)(1 + \gamma)/(1 + \gamma + \wedge)^2 j \neq i$ $i = 1, 2$。即便竞争者效率稍高,监管者可能会选择扩大国家在封闭经济体中生产的数量。此类选择的原因是竞争将降低国家企业的净利润,但不会大幅度提高消费者盈余。

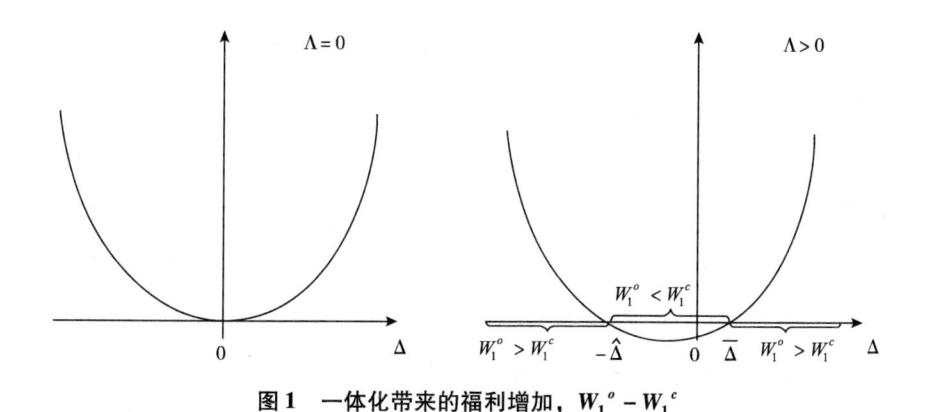

图1 一体化带来的福利增加，$W_1^o - W_1^c$

弥补作用，因此"商业偷窃"不会造成损失。然而，（12）式中的均衡数量与（11）式中的最优水平并不对应，这是因为来自贸易的所有收益并没有得到充分利用。当 $\Lambda > 0$ 时，结果会得到修正。当 $\Lambda > 0$ 时，与 $\Lambda = 0$ 对应的截距为负数，这也就意味着如果 $\theta_1 = \theta_2$，这两个国家都会从一体化中受到损失。为了打击商业偷窃行为，这两个国家都增加了各自的数量。价格跌落至拉姆齐最优垄断水平之下，监管机构的征税也相应随之降低（或者换言之，补贴将会增加）。然而，竞争并没有提高效率，这是因为企业的成本都是一样的。对于这两个国家而言，净福利的影响是负面的。当 $\Delta \neq 0$ 时，这两个国家的福利增益是不对称的。对于效率最高的国家而言，福利增益是严格增加的。对于效率较低的国家而言，福利增益呈 U 形。如果 $|\Delta|$ 足够大，两个国家的福利增益都是正数。

对于技术效率较低的国家而言，一体化带给他们的福利增益较少（$\hat{\Delta} \geq \bar{\Delta}$）。福利增益的水平取决于商业偷窃对于效率较低企业预算约束的负面影响。这些企业通常在共同市场中获得较高的转移支付（或者支付较低的税款）。显然，当 Δ 位于区间 $[-\bar{\Delta}, \bar{\Delta}]$ 内时，由两个独立管制者共同创建的电力网络的效率并不高。每一个国家的福利都将会因为一体化而降低。总体而言，如果有两个独立的市场共存于这一区域内，那么情况可能会更好。这一结果不需要有限竞争的假设（如双头垄断市场）。增加不受监管竞争者的数量，包含在第三方国家报告利润的外国企业，只会恶化商业偷窃的负面影响。同样，自由放任主义的政策也不会弥补与商业偷窃有关的福利损失。①

对于 $|\Delta| \in [\bar{\Delta}, \hat{\Delta}]$，效率最高的国家将赢得竞争，效率较低的国家则会输掉竞争。如果一个地区损失、另一地区获益，那么一体化将会遇到阻力。相反，在两个国家内，当 Δ 的值小于 $-\hat{\Delta}$ 且大于 $\hat{\Delta}$，那么无论它们之间的政策协调与否，福利都将提升。换言之，这一理论表明当这两个国家的成本差异较大时，一体化将更容易实现。

除了对全域福利造成影响之外，创建价格统一 $P(Q^o)$ 的一体化市场将具备再分配的作用。为了说明这一点，我们考察 $|\Delta| \leq \Delta^o$ 时的情况。首先考虑这样一种情况，企业成本的差异满足 $\Delta^o \geq |\Delta| > (\Lambda(d-\theta_{min}))/(1+\gamma+\Lambda)$②。在这种情况下，市场一体化将导致效率较低地区的价格降低，效率较高地区的价格上升。一体化之后，来自效率相对较高地区的消费者的情况将会恶化，这可能是对部门一体化表达社会不满和反对的根源。国家企业/纳税者的利益将与国内消费者的利益发生冲突。③ 如果政府不能得到企业的租金，那么国内的纳税者和消费者的情况都将恶化（而股东是唯一的赢家）。

相反，如果公司之间的差距不大 [如果 $|\Delta| \leq \Lambda(d-\theta_{min})/(1+\gamma+\Lambda)$，那么因为商业偷窃效应，这两个国家的价格都将降低。好心的监管者为了维持较低的价格，都愿意增加他们对国家企业的转移支付，这会导致监

---

① 关于贸易与竞争的文献表明当企业相似时，福利损失可以通过联合禁止补贴以及采取放任自由的政策而得到缓解（Brander and Spencer, 1983; Collie, 2000）。当企业类似时，我们在 Λ 的一些不同数值上获取了类似的结果（科里, 2000）。然而，对于具有异质性的企业而言，这一结果并不稳健。

② 鉴于 $|\Delta| \leq \Delta^o$，整合之后出现了双头垄断的情况。将等式（12）的 Δ^o 代入反需求函数，得出均衡价格 $P(Q^o) = (d(\Lambda/2+\gamma) + (\theta_1+\theta_2)/2)/(1+\gamma+\Lambda/2)$。如果 $|\Delta| \leq \Delta^o$，将该价格与封闭经济体中的价格进行比较，$P(q_i^c) = (\theta_i + (\Lambda+\gamma)(d-\theta_i))/(1+\gamma+\Lambda)$ 后，当且仅当 $\theta_i - \theta_i \geq (\Lambda(d-\theta_i))/(1+\gamma+\Lambda) \geq 0$，我们知道价格在国家 $i=1, 2$ 中有所增长。设定 $\theta_{min} = \min\{\theta_1, \theta_2\}$ 以及 $|\Delta| = |\theta_2 - \theta_1|$，得出这一结果。

③ 在国际贸易文献中，类似的利益冲突在国内生产者和消费者之间产生（Feenstra, 2008）。

管者降低对企业征税，从而损害纳税人和社会总体的福利]，负面的财政影响是发展中国家的主要担忧。在发展中国家，关税将在筹集资金中发挥重要作用（Laffont，2005；Auriol and Picard，2006）。当公共资金稀缺，且其他税源有限时，市场一体化对纳税人和行业新投资的融资能力将构成严重的负面影响，从而导致福利受损。

我们的福利分析是在一些简化的假设下开展的，这些假设需要进行讨论。首先，我们关注成本的不对称性。然而，国家之间的规模不一样，特别是它们的市场规模不一样（$d_1 \neq d_2$）。我们将在附录 G 中讨论这种可能性。由于运输成本是二次函数，较小的国家在封闭的经济体中的边际成本也相应较低。市场一体化通过在生产者中重新分配生产从而获得更高的效率，这些生产者初始的国内需求更小。我们在附件中证明，较之于最大的国家，最小的国家能够从市场一体化中获取更多的利益。该结果与国际贸易文献中的结论保持一致，那就是较小的经济体将从少数垄断市场中获得比较大经济体更多的利益（Markusen，1981）。附录 G 还表明了我们的主要结果是稳健的：如果国家之间相似（在成本和需求上），部门一体化将导致福利下降。

其次，大家可能认为，部门一体化效率低下的结果与监管者所使用的税收工具有限相关。我们关注的是管制企业的利润税，没有考察引入其他税种的可能性（如增值税、交通税、流转税之类对消费者征收的一般税种）。在一个封闭的经济体中，当有可能对价格进行固定，并且确定总体的产业利润时，这种做法并不会导致结论失去一般性，这是因为没有必要增收更多的税。在一体化市场内，这种不相关的结果并不会保持不变，这是因为国家管制者不能向进口企业的利润征税，也不能控制其价格。对市场份额的竞争使得国家企业的利润降低，也削弱了征税的可能性。假定引入新的税收工具，如果允许监管者对国外企业和国内企业使用不同的税率，那么就能够对进口的总量施加影响。当监管者未能获得足够的效率收益时（通过避免"窃取"以及实现相关需求自给自足的方法来降低竞争者的市场份额），他们便借助税收结构降低外国企业的市场份额。然而，这种非对称的处理手段与创立旨在促进投资的一体化电力市场的行动并不一致。投资者必须相信他们能够在外国市场销售自己的产品,而不用面临事后的乱征税问题或其他敲竹杠的问题。在这种情况下,监管者对当地和外国企业所征收的税率应当保持一致。增加对交易量征税,可用于在外国企业的活动中产生收入,也可影响这些企业的生产规模。这种征税模式并不会解决效率的问题,反而会使得模型求解的过程更为复杂。该问题的核心并不是征税和影响生产所使用的税收工具的性质,而是每家企业的收入都是计入当地的。[1] 这就在本地和外国产品的估值上造成了不对称(也就是国家偏好),这是效率低下结果的核心。

三　投资

地区电网的支持者表示,通过培育一个较大市场,该电网可以对投资起到刺激作用。然而,国际援助组织青睐的一体化模型是否能够为激励投资提供适当的框架,关于这一点目前还不得而知。除非这两个地区的成本差异足够大,否则不对称监管的市场一体化可能会降低总体福利水平,从而削弱全球对新投资项目注资的能力。我们的分析关注两种类型的投资。第一种类型降低了投资企业(也就是发电企业)的生产成本。这种投资被称作"生产成本降低"或"θ-降低"投资。这种类型的投资仅仅对投资生产者有利,并使得生产者在共同市场内更加野心勃勃。由于特定输入或技术的可获得性,我们假定这种投资仅在一个国家里是可能出现的(根据习惯,国家1)。考虑这样一个大坝:水电潜力(以及自然资源,如石油或天然气)在整个国家内的分布并不均衡。国家1可以通过投入固定数额的资金 I_0 将生产成本从 θ_1 降低至 $\delta\theta$ ($\delta<1$)。

第二种类型的投资将降低运输成本 γ。我们将此类投资称为"运输成本降低"或"γ-降低"投资。在一体化市场内,投资企业的竞争者同样能够从投资中获益。我们可以考虑对输电、电网或互通设施进行的投资。

---

[1] 为了更为清晰地看到这一论点,我们关注当 $\Lambda=0$ 时的情况,因此财政问题与监管者无关。将 $\Lambda=0$ 代入等式(13),容易看出生产中仍然有严重的低效。均衡始终未能达到最佳状态,当 $\Lambda>0$ 时,情况最糟。

我们假定这两个国家通过投入固定数额的资金 $I_\gamma > 0$，可以将共同的运输成本从 γ 降至 $s\gamma$，其 $s \in (0, 1)$。

对于两种类型的投资，我们关注的是内部解。假定成本差异微不足道，这两个企业的产量在共同市场上是正的。下面的假设确保了在第一种最优情况中没有企业倒闭。①

A1 $\qquad |\theta_2 - \delta\theta_1| \leq \dfrac{2s\gamma(d - \min\{\delta\theta_1, \theta_2\})}{1 + 2s\gamma + \Lambda}$

发电过程中的投资

我们首先考虑企业 1 是 "γ-降低" 投资类型的情况，通过全域福利最大化推导求解。用等式（11）中的 $q_i^{*I_\theta}$ ($i = 1, 2$) 来表示最优数量，其中，θ_1 被 $\delta\theta_1$ ($\delta < 1$) 替代。将数量 $q_i^{*I_\theta}$ ($i = 1, 2$) 代入（10）式定义的福利函数，总效用福利为 $W^{*I_\theta} = W(q_1^{*I_\theta}, q_2^{*I_\theta})$。必须将投资 $W^{*I_\theta} - W^*$ 的福利增益与投资 $(1 + \lambda)I_\theta$ 的社会成本进行对比。由于在投资中注入资源将降低企业的运营收益和政府投资的收入 I_θ，而 I_θ 投资的机会成本为 $(1 + \lambda)$，因此就必须借助公共资金的机会成本对 I_θ 投资的社会成本进行衡量。当且仅当 $W^{*I_\theta} - W^* \geq (1 + \lambda)I_\theta$ 时，全域福利最大化监管者才会投入资金。记 I_θ^* 为满足该不等式的投资最高水平：

$$I_\theta^* = \dfrac{1}{1 + \lambda}[W^{*I_\theta} - W^*] \qquad (14)$$

在部门一体化中的非合作均衡数量 $q_i^{OI_\theta}$，以及在封闭经济体中的数量 $q_i^{CI_\theta}$，是从等式（12）和等式（8）中用相似的方法分别推导得出的，其中用 $\delta\theta_1$ 替代 θ_1。在等式（6）定义的国家 1 的福利函数中代入数量 $q_i^{kI_\theta}$ ($i = 1, 2$ 以及 $k = O, C$)，当且仅当 $W_1^{kI_\theta} - W_1^k \geq (1 + \lambda)I_\theta$ 时，国家 1 的监管者

---

① 假定 A1，这也是等式（11）的条件，在 $\delta\theta_1$ 而非 θ_1 以及 $s\gamma$ 而非 γ 的情况下对 Δ^* 进行评估，能够确保这两家企业在所有可能的情况中生产。正如第二部分中所阐述的生产一样，该假定并不关键，但在最大限度上简化了描述。当考虑倒闭的情况时，我们的结果仍然成立。

才会投资。我们推导出国家 1 愿意在共同市场和封闭经济体中的最大投资水平为：

$$I_\theta^k = \frac{1}{1+\lambda}[W_1^{kl_\theta} - W_1^k] \qquad k = O, C \qquad (15)$$

下一个命题将对不同投资水平作为最初成本差异 $\Delta = \theta_2 - \theta_1$ 进行对比（也就是当 $k = *, O, C$ 时）。

命题 4

设定 $\Lambda > 0$，$\varepsilon \in (0, 1)$ 以及 $\Delta = \theta_2 - \theta_1$，$I_\theta^*$ 和 I_θ^k 分别在（14）式和（15）式中定义。三个临界值 $\hat{\Delta}_a < \hat{\Delta}_b < \hat{\Delta}_c$，满足：

- $I_\theta^O > I_\theta^C \Leftrightarrow 0 > \Delta > \hat{\Delta}_a$。
- $I_\theta^* > I_\theta^C \Leftrightarrow 0 > \Delta > \hat{\Delta}_b$。
- $I_\theta^* > I_\theta^O \Leftrightarrow \Delta > \hat{\Delta}_c$。

证明见附录 D。

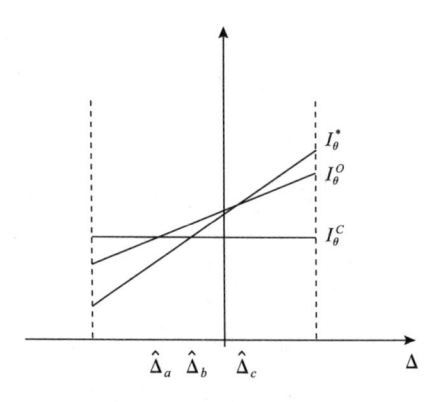

图 2　θ_1 减少的投资

图 2 展示了命题 4 的结果。图 2 基于不变的 $\varepsilon\theta_1$。静态的比较参数为 Δ。水平线 I_θ^C 代表着国家 1 中自给自足的均衡投资水平。由于国家 1 类似于国家 2 中的贸易活动，对监管者在国家 1 中的投资选择不会产生影响，因此该投资水平与企业 2 的效率无关（也就是说，独立于 Δ，所以是水平线）。水平线 I_θ^O 代表着开放市场中的均衡投资，而 I_θ^* 则代表着最优水平，

它们都随着△的增长而增长：当发电成本差距较大时，从贸易中获得的收益以及对于投资动力的推动都会有所增长。

一个相关的政策问题是经济一体化是否能够改善自给自足的成果。当Λ=0时，商业偷窃行为对于国家福利没有什么负面影响，因此 $\hat{\Delta}_a = \hat{\Delta}_b = \hat{\Delta}_c' = (1-\delta)\theta_1/2$。在这一情况下，市场一体化肯定会缩小（不会消除）最优投资水平和均衡投资水平之间的差距。然而，当Λ>0时，临界值 $\hat{\Delta}_a$ 和 $\hat{\Delta}_c$ 分别移动至左边和右边，而 $\hat{\Delta}_b$ 则不受影响（参见附录D）。① 从理论上讲，存在这样一种情况，整合将会拉大均衡投资水平和最佳投资水平之间的差距。

更加具体而言，命题4表明，当这两个地区的初始成本差距过大时，市场一体化是可以改善自给自足经济的。首先，当 $\Delta > \hat{\Delta}_c$ 时，国家1选择了自给自足中低效率的投资水平。该地区资源禀赋十分丰富（如水电潜力），但投资的规模 I_θ^o 超出了国内需求。一体化有助于提高国家1通过借助进入外国市场扩大其市场规模而需要维持的投资水平。在这种情况下，电力网络的创建使得均衡投资更加接近于投资最优水平 I_θ^o。然而，这不能恢复最初的最优水平。当 $\Delta > \hat{\Delta}_c$ 时，开放市场下的均衡投资 I_θ^o 低于最优投资水平 I_θ^*，这是因为投资国不能完全将国外消费者盈余内化（它仅能内化销售）。其次，当 $\Delta < \hat{\Delta}_a$ 时，国家1的效率就十分低下。② 在自给自足的情况下，提高消费水平（也就是总体福利）的唯一方法就是借助消减成本的投资。在开放的经济体中，由于外国先进技术可以服务于市场，因此这种投资就是一种浪费。创建电力网络有助于降低对过时技术的投资，从而改善这一状况。然而，电力网络并不能改善效率。通过给外国消费者提供服务，可能减少成本差距并扩大市场占有份额，这比获得投资的最优水平

---

① 当Λ增加时，由于投资的社会成本增加，临界值 I_θ^o, I_θ^*, I_θ^c 向下移动。然而，由于投资对于降低共同市场中的商业偷窃效应十分重要，I_θ^c 降低的程度较小，因此，过度投资的地区将有所增加。

② 我们发现在封闭经济体中 $\hat{\Delta}_a < \hat{\Delta}_b < 0$ 时，投资比一体化市场的最优值要更高，如 $\Delta < \hat{\Delta}_b$。

更加具有吸引力（即 I_θ^O 高于 I_θ^*）。

对于 $\hat{\Delta}_a < \Delta < \hat{\Delta}_b$，无论是在封闭的还是开放的经济体中，都是低效率的投资水平。① 然而，由于商业偷窃的情况，过度投资的问题在开放市场中更为严重。可以降低生产成本的投资提高了国家企业的相对效率。企业投资以增强其在共同市场中的地位，并设法弥补竞争差距；但这不仅不能将国家2的成本内化，还出现了过度投资的问题。在这一情况下，市场一体化就影响了与自给自足相关投资的动力。然而，与 $[\hat{\Delta}_a, \hat{\Delta}_b]$ 对应的 Δ 的值一般都位于 $[-\hat{\Delta}, \bar{\Delta}]$ 区间内，而技术效率较低的国家在一开始很难接受市场一体化。② 因此，除非强迫这两个国家创建电网，否则过度投资的问题将不大可能出现在这样的均衡中。实际上，发展中国家面临着一种长期的投资不足的问题。市场一体化应当创造促进在发电设施中投资的动力。正如市场一体化的支持者所说，我们应当为更多的项目投入资金。

降低运输成本的投资

在这一节中，我们研究这样一种情况，那就是可以通过 $I_\gamma > 0$ 的投资，设定 $s \in (0, 1)$，从而将共同运输成本从 γ 降至 $s\gamma$。我们首先对全域福利最大化者的投资水平进行考察。在这一投资中，设定 $q^{*I\gamma}$ 为企业 $i = 1, 2$ 生产的数量。将 $s\gamma$ 代入等式（11）中，从而推导出最优数量。在这一投资情况中，总福利效用为等式（10）所定义的福利函数，这是通过实际数量评估所得出的：$W^{*I\gamma} = W(q_1^{*I\gamma}, q_2^{*I\gamma})$。当且仅当 $W^{*I\gamma} - W^* \geq (1 + \lambda) I_\gamma$ 时，全域福利最大化者才会选择投资。设定 I_γ^* 为投资的最高水平，它满足不

---

① 如果 $\Delta \leq \hat{\Delta}_c$，开放经济体便会出现过度投资的问题，如果是封闭经济体，当 $\Delta \leq \hat{\Delta}_b$ 时，会出现过度投资的问题。

② 我们在模拟中尝试了很多参数值。区间 $\hat{\Delta}_a, \hat{\Delta}_b$ 通常位于 $[-\hat{\Delta}, 0]$ 之间。比如，$d = 2$，$\Lambda = 0.15$，$\theta_1 1/2$，$\delta = 9/10$，以及 $s = 9/10$，我们有 $-\hat{\Delta} = -0.5$，$\hat{\Delta}_a = -0.23$，$\hat{\Delta}_b = -0.08$ and $\hat{\Delta}_c = 0.02$。最后，在假定1下，Δ 可达到的值位于区间 $[-1.0, 0.57]$ 中。

等式：

$$I_\gamma^* = \frac{1}{1+\lambda}[W^{*I_\gamma} - W^*] \quad (16)$$

通过类似的方法推导出市场一体化的非合作均衡投资水平。通过将 sγ 代入等式（12）中之后，可以得到企业 i 在投资 $q_i^{OI\gamma}$ 后所生产的数量。设定 $W_i^{OI\gamma}$ 为国家 i = 1，2 的福利函数（6），在（$q_1^{OI\gamma}$, $q_2^{OI\gamma}$）对其进行评估。那么国家 i 愿意在共同市场中投资的最高水平为：

$$I_{\gamma i}^O = \max\left[0, \frac{1}{1+\lambda}[W_i^{OI_\gamma} - W_i^O]\right] \quad (17)$$

从直观上看，降低运输成本将使"商业偷窃效应"更为严重。商业偷窃情况的增长对于两个国家都有负面影响，且负面影响对于高成本企业的程度更深，因此，我们可以考察等式（12）看效率较低的国家在投资之后市场份额是否降低。因此，在效率较低国家中降低运输成本的投资对福利带来的影响可能是负面的，所以 $I_{\gamma i}^O$ 可能等于 0。特别是，当 Λ 的值较大时（参见附录 E 以获知详细情况），有可能发生这样的情况。相反，在效率最高的国家，投资总是会提高总体福利水平。效率较高企业的最高投资水平总是正的，且高于效率较低企业的最高投资水平。降低 γ 的投资是共同市场中的公共产品，一个国家希望维持的投资水平取决于另一个国家的投资选择。下一引理将关注单纯策略中的均衡。①

引理 1

设定 $\bar{I}_\gamma^O$ 是效率较高企业的最高投资水平，$\underline{I}_\gamma^O$ 是效率较低企业的最高投资水平，见等式（17）的界定。

如果 $I_\gamma > \bar{I}_\gamma^O$，将不会有投资。

如果 $\underline{I}_\gamma^O < I_\gamma \le \bar{I}_\gamma^O$，效率较高的企业将会是唯一的投资者。

---

① 还存在一种混合的策略均衡，在这之中，企业 i，i≠j，投入了 $\pi_i = (W_i^{OI\gamma} - (1+\lambda)I_\gamma - W_j^O)/(W_i^{OI\gamma} - W_j^O)$。这一均衡是抵消的，这是因为在积极的可能性下，这两家公司可以投资或者选择不投资。此外，均衡也并不是十分实际的。在运输基础设施中的投资需要两个地区之间的良好协调，并对其进行较好的监督。

如果 $I_\gamma < I_{-\gamma}^O$，在单纯策略中将存在两个纳什均衡，其中一个企业投资，而另一个企业则不投资。

证明见附录 E。

由于投资的公共产品特性，这两个企业中仅有一个企业投资，而另一个企业则在投资上搭便车。效率较高企业的决策通常会决定在共同市场中可达到的最高投资水平。① 现在，我们将均衡水平与最优水平进行对比。

命题 5

在一体化的市场中，降低 γ 技术的投资水平一般是次优的。

$$\bar{I}_\gamma^O \leq \bar{I}_\gamma^O + I_{-\gamma}^O \leq I_\gamma^* \qquad \forall \Delta, \Lambda \geq 0 \tag{18}$$

证明见附录 F。

在我们的设定中，降低 γ 技术的投资具备公共产品的性质。在投资和非投资国家中，这种投资将同等幅度拉低运输成本。因此，直觉告诉我们，投资水平 $\bar{I}_\gamma^O$ 是次优水平。投资国家并不会考虑投资对外国的影响。然而，相对于在公共产品中标准的搭便车问题，投资不足的问题将会更加深刻。即便每一个国家都希望缓解由投资造成的投资成本超过福利收益的问题（也就是，避免出现其他国家在投资上的搭便车问题），总体投资水平 $\bar{I}_\gamma^O + I_{-\gamma}^O$ 仍然是次优水平。为了分析这一低效率问题的根源，就需要对一个国家在封闭经济体中投资的动力进行研究。

设定 $q_i^{Cl_\gamma}$ 是企业 i 在封闭经济体中投资所生产的数量。将 $s\gamma$ 代入等式（8）从而获得 $q_i^{Cl_\gamma}$。设定 $W_i^{Cl_\gamma}$ 是（6）式中国家 i = 1, 2 的福利函数，根据 $q_i^{Cl_\gamma}$ 进行评估。当且仅当 $W_i^{Cl_\gamma} - W_i^{Cl} \geq (1+\lambda) I_\gamma$ 时，国家 i 的投资处于最优水平，因而：

$$I_{\gamma i}^C = \frac{1}{1+\lambda} [W_i^{Cl_\gamma} - W_i^C] \tag{19}$$

---

① 引理 1 表明效率最高的企业希望保持相对较高的投资，这两家企业都只能保持较低的投资。由于投资的公共产品属性，在该情况中投资企业的身份并不重要（实际上可以由当地情况所决定）。我们的模型只能指出其中一家企业总是希望投入设定的临界投资金额。对于高于最高临界值的项目，则不会有投资。

将式（19）与式（17）进行对比，可以得出下一个命题。

命题6

设定 I_γ^C 是效率最高国家愿意在封闭经济体中为降低运输成本而投入资金的最大数量，设定 I_γ^O 为效率最高国家愿意在共同市场中投入资金的最大数量。当且仅当 $|\Delta| > \tilde{\Delta}$ 时，存在 $\Delta > 0$，满足 $I_\gamma^O > I_\gamma^C$。

证明见附录F。

如果 Δ 相对较小，开放市场中最高可持续投资水平较之于在自给自足经济体中的最高投资水平要低。投资将降低竞争者的成本，并且使得竞争者在共同市场中更具侵略性。"商业偷窃效应"不仅降低投资国的总体福利水平，还将降低他们投资新项目的能力。出于两个原因，市场一体化将导致降低 γ 的投资不足。第一，此类投资具有公共产品的属性。投资国家不能将外国股东的收益内化。第二，投资将降低竞争者的成本，使得商业偷窃效应更为恶化。① 图3 显示了命题5和命题6的结果。

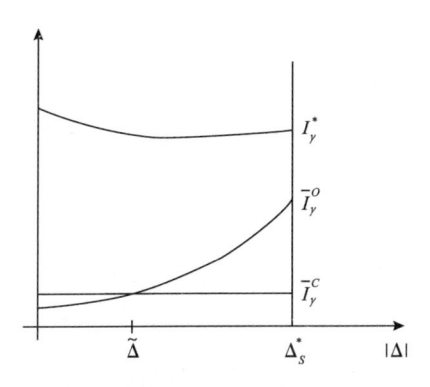

图3 降低 γ 的投资

在市场一体化的情况下，当 Δ 相对较小（也就是 $|\Delta| \leq \tilde{\Delta}$），投资的最高水平不仅是次优的，而且比在封闭经济体内的还小。当这两个地区的成本差异并不太大时，商业偷窃将削弱向新项目投资的能力，使得最优投资和均衡投资水平之间的差距越来越大。然而，如果效率较低的国家可以

---

① 相反，对于 $\Lambda = 0$，$I_\gamma^O > I_\gamma^C \forall \Delta \geq 0$，$I_\gamma^O - I_\gamma^C$ 是 Δ 的增函数。当公共资金是免费的，商业偷窃行为便不再是问题，因此较之于封闭的经济体，市场整合始终能够提升可持续投资的水平。

抵制一体化，这一不良结果出现的可能性也相对较低。事实上，模拟结果表明，$\tilde{\Delta}$ 高于 $\bar{\Delta}$，即效率较高的国家将从市场一体化中受益的临界值，而低于 $\hat{\Delta}$ 时，为效率较低国家的同一临界值（参见图1）。[①]

相反，当一个国家在成本上具有巨大优势之时（也就是 $|\Delta| \le \tilde{\Delta}$），它便愿意在共同市场中投入比封闭经济体中更多的资金，这是因为投资将增加市场占有份额和利润。一体化虽然不能将投资提高到最优水平，但也有助于增加投资。由于投资的公共产品属性，通常出现的是投资不足的问题。这一结果与发电投资中的结果完全不同，在发电投资中，部门一体化将拉高投资，但效率却仍无改观。[②]

四　结论

通常而言，支持者将市场经济一体化作为一种有力的工具以推动在基础设施中的投资。直观上看，有些对一个国家投资规模过大的项目，可能在一个扩大的市场中获利。然而，在非竞争行业中的市场一体化对于福利和投资而言都具备复杂的含义。

当这两个国家之间的成本差异巨大时，市场一体化会提高在发电设施中的可持续投资水平。由于能源禀赋高（如水能）的国家并不能完全将外国的消费者盈余内化，这一投资水平往往是次优的。这些国家仅仅能够内化销售。相应的，当投资国家比其竞争者效率更低时，那么它会选择效率低的高投资，以弥补生产力差距并争夺市场份额。在发电设施中，与最优

[①] 模拟中我们尝试了很多参数值，临界值 $\tilde{\Delta}$ 始终大于 $\hat{\Delta}$。比如，当 $d=2$，$\Lambda=0.15$，$\theta_1=1/2$，$\delta=9/10$ 和 $s=9/10$ 时，$-\hat{\Delta}=-0.5$，$\bar{\Delta}=0.01$ 以及 $\tilde{\Delta}=0.02$，其中在假定 A1 中，可接受的值位于区间 $[-1.0, 0.57]$ 中。

[②] 当两个地区成本差异的初始水平不是足够大时，商业偷窃效应便会将投资动力引向错误的方向。比如，如果 $\hat{\Delta}_b < \theta_1 - \theta_2 < \min\{\tilde{\Delta}, -\hat{\Delta}_b\}$，以及命题 6 中定义的 $\tilde{\Delta}$，在市场整合的情况下，国家 2 在降低 γ 的投资中投入不足，国家 1 在降低 θ 的技术投资中投入过多。靠后的投资缩小了这两个地区之间的生产成本差异，从而也降低了国家 2 在运输和互联设施中投资的动力。根据命题 3，福利在这两个地区都有所降低。

投资水平相比，先进技术无投资问津，而落后技术却过度投资。这一情况与电力联网和运输设施中所产生的系统性投资不足问题以及这一产业内其他具有公共产品属性的组成部分有所不同。搭便车削弱了投资的动力，而商业偷窃则削弱了向新项目投资的能力，这种情况在进口国家中表现得尤为明显。

这些差异细微的结果对于政策制定而言是十分重要的。在创建电网早期的国家应当建立一个跨国家的机构，以解决电力互联和其他传输设施的融资与管理问题。解决联网问题的跨国家权力机构的一个很好的例子是"中美洲国家电力联盟体系"（SIEPAC）。参与这一项目的六个国家（危地马拉、尼加拉瓜、萨尔瓦多、洪都拉斯、巴拿马以及哥斯达黎加）创建了一个共同的监管机构"电力联盟地区委员会"（CRIE）以解决电力互联的问题。它们通过从一些欧洲银行获取贷款以及成员国出资来为这些投资项目募集资金。"电力联盟地区委员会"目前负责设定必需的进入关税，以便偿付这些投资的贷款。基于"电力联盟地区委员会"的经验，"西非电力网络"（WAPP）目前也正在创建一个地区性的监管机构"地区监管机构"（ORR）。国际机构和援助组织在推动这些类型的地区监管机构的创建过程中将发挥重要的作用。

除了在具有公共产品属性的基础设施投资中协调可持续投资的水平之外，中央性的机构还有助于非合作均衡水平向全域最优解靠近。较之于之前的目标，这一目标更加雄心勃勃并具有更强的挑战性。为了接近完美的一体化，这些机构应该能够对贸易中获取的收益进行重新分配（也就是共享），并且能够在这些国家之中转移资金。然而，大多数国家都制定了能源独立的政策。政府也不愿意依赖邻国来获取电力来源，因此在放弃国家企业方面十分犹豫。所以，在这一背景下将此类跨国家监管体系向国际参与公开便具有重要的政策意义。国际机构可以缓解这种停滞不前的问题并强制推行合约。国际机构也能相对容易从能源贸易中征收税款，并用以向公共投资项目进行补贴，从而还将限制商业偷窃行为。

附　录

A. 命题 1 的证明

跨国家监管者 i 将基于 q_i, i∈(1, 2)，最大化福利 (10)。一阶条件如下：

$$(1+\lambda)(d-q_i(1+\gamma)-q_i-\theta_i)+\frac{q_i+q_j}{2}=0 \qquad (20)$$

首先，考虑内部解决。求解方程 (20)，$i=1, 2$，让 $\Lambda=\frac{\lambda}{1+\lambda}$，我们可以推出：

$$q_i^*=\frac{d-\frac{\theta_1+\theta_2}{2}}{1+\Lambda+\gamma}+\frac{\theta_j-\theta_i}{2\gamma} \qquad (21)$$

在这一情况中，总量 Q 为：

$$Q^*=q_1+q_2=2\frac{d-\frac{\theta_1+\theta_2}{2}}{1+\Lambda+\gamma}$$

我们再考虑倒闭的情况 $q_i=0$。当 $\theta_i-\theta_j \geq (2\gamma(d-\theta_j))/(1+2\gamma+\Lambda)$ 时，这一情况会出现。在这种情况下，效率最高的企业 j 可以进行生产，总量为：

$$q_j^*=Q^*=2\frac{(d-\theta_j)}{1+2\gamma+\Lambda}$$

如果 $\theta_i<\theta_j$，那么对称性的条件将描述企业 j 的倒闭情况 $i\neq j$，也就是，$\theta_j-\theta_i \geq (2\gamma(d-\theta_i))/(1+2\gamma+\Lambda)$。设定 $\theta_{min}=min\{\theta_1, \theta_2\}$，$|\Delta|=|\theta_2-\theta_1|=|\theta_1-\theta_2|$，以及用等式 (11) 继续对结果进行运算。将结果代入反需求函数 (2)，我们可以求出价格的表达式。

B. 命题2的证明

最大化福利函数（6），我们可获得一阶条件：

$$(1+\lambda)(d-\theta_i) - \frac{1}{4}[q_i(1+2\lambda) + q_j(3+4\lambda+4\gamma(1+\lambda))] = 0 \qquad (22)$$

设 $\Lambda = \lambda/(1+\lambda)$，整理后，我们可以获得监管者 i 对于监管者 j（$i \neq j$）数量的响应函数，即 $q_i(q_j)$：

$$q_i(q_j) = \frac{4(d-\theta_i) - q_j(1+\Lambda)}{3+\Lambda+4\gamma} \qquad (23)$$

这一均衡是由式（21）中界定的两个最佳响应函数的交集得出的（请注意，数量必须为非负）。如果数量均为正数，便能得出交集，那么：

$$q_i^o = 4\frac{d - \frac{\theta_1 + \theta_2}{2}}{2(1+\gamma) + \Lambda} + \frac{\theta_j - \theta_i}{1+2\gamma} \qquad (24)$$

在这一情况中，总量 Q 为：

$$Q^o = q_1^o + q_2^o = 4\frac{d - \frac{\theta_1+\theta_2}{2}}{2(1+\gamma)+\Lambda}$$

然而，我们还必须考虑 $q_i = 0$ 中的倒闭情况。当 $q_j \geq 4(d-\theta_i)/(1+\Lambda)$ 时，或 $\theta_i - \theta_j \geq (2(1+2\gamma)(d-\theta_i))/(3+4\gamma+\Lambda) < 0$ 时，就会出现这一情况。对于 $\theta_i > \theta_j$，倒闭情况可以写成：

$$Q^o = q_j(q_i = 0) = 4\frac{d-\theta_j}{3+4\gamma+\Lambda}$$

如果 $\theta_i < \theta_j$，那么对称性的条件将描述企业 j 的倒闭情况，$i \neq j$。设定 $\theta_{min} = \min\{\theta_1, \theta_2\}$，$|\Delta| = |\theta_2 - \theta_1| = |\theta_1 - \theta_2|$，在等式（12）中继续对最优数量进行推导。将它们代入反需求函数（2）中，我们可以得到（12）式对应的价格表达式。

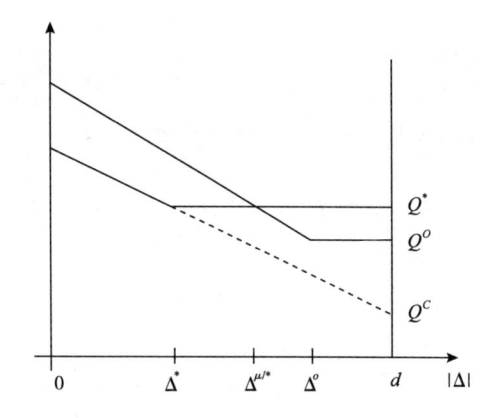

图 4　作为函数 $|\triangle|$ 的 Q^*、Q^O 以及 Q^C 的总量

图 4 表明了，对于给定的 θ_{min}，$|\triangle| \in [0, d]$ 函数中的数量水平 Q^*、Q^O 以及 Q^C。水平部分对应效率较低生产者倒闭的情况。

最后，在具有独立监管者的一体化市场中，对比最优状态中倒闭的临界值与效率较低企业的倒闭临界值，有 $\triangle^O > \triangle^*$。图 5 说明了这一结果。实线代表有独立监管者的一体化市场中效率较低企业的均衡倒闭临界值。

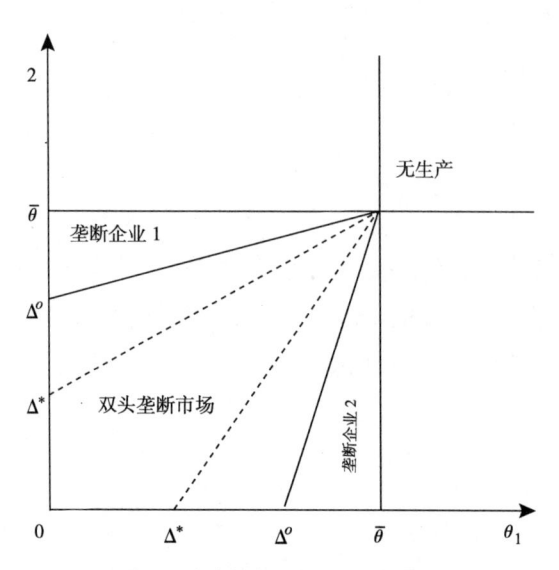

图 5　效率较低企业关闭临界值
虚线：最优临界值；实线：非合作均衡

虚线代表最优临界值。图形是在 d = 1，$\Lambda = 0.3$，$\gamma = 0.5$，$\theta_i \in [0, 1]$ 以及 $\theta_{min} = 0$ 的条件下绘制的。为了支撑结论，可绘制同样的图形，如：$\bar{\theta} - \underline{\theta} \geq (2\gamma(d - \theta_{min}))/(1 + 2\gamma + \Lambda)$。

C. 命题 3 的证明

考虑国家 1（对国家 2 也适用，在所有表述中将 θ_1 和 θ_2 前后倒置并用 $-\Delta$ 取代 Δ）。引入国家企业的参与约束，在封闭经济体中国家 1 的福利表示如下：

$$W_1^C = S(q_1^C) + \lambda P(q_1^C)q_1^C - (1 + \lambda)\left(\theta_1 + \gamma \frac{q_1^C}{2}\right)q_1^C \tag{25}$$

在开放经济体中，福利表示如下：

$$W_1^O = S(Q_1^O) - P(Q^O)Q_1^O + \lambda P(Q^O)q_1^O - (1 + \lambda)\left(\theta_1 + \gamma \frac{q_1^O}{2}\right)q_1^O \tag{26}$$

将（8）式和（12）式的数量分别代入式（25）和式（26），我们计算出一体化的福利收益 $W_1^O - W_1^C$：

$$W_1^O - W_1^C = \Delta^2 \Gamma_1(\gamma, \Lambda) + \Delta(d - \theta_1)\Gamma_2(\gamma, \Lambda) + (d - \theta_1)^2 \Gamma_3(\gamma, \Lambda)$$

其中，

$$\Gamma_1(\gamma, \Lambda) = \begin{cases} \dfrac{2}{(3 + 4\gamma + \Lambda)^2} & \text{if } \Delta < -\dfrac{2(1 + 2\gamma)(d - \theta_2)}{3 + 4\gamma + \Lambda}; \\ \dfrac{(1 + \gamma(1 + \Lambda))(3 + 4\gamma + \Lambda)}{2(1 + 2\gamma)^2(1 - \Lambda)(2(1 + \gamma) + \Lambda)^2}, & \text{if } -\dfrac{2(1 + 2\gamma)(d - \theta_2)}{3 + 4\gamma + \Lambda} \leq \Delta \leq \dfrac{2(1 + 2\gamma)(d - \theta_1)}{3 + 4\gamma + \Lambda}; \\ 0, & \text{if } \Delta > \dfrac{2(1 + 2\gamma)(d - \theta_1)}{3 + 4\gamma + \Lambda} \end{cases}$$

$$\Gamma_2(\gamma,\Lambda) = \begin{cases} -\dfrac{8}{(3+4\gamma+\Lambda)^2} & \text{if } \Delta < -\dfrac{2(1+2\gamma)(d-\theta_2)}{3+4\gamma+\Lambda}; \\ \dfrac{\Lambda(3+4\gamma+\Lambda)}{(1+2\gamma)(1+\Lambda)(2(1+\gamma)+\Lambda)^2}, & \text{if } -\dfrac{2(1+2\gamma)(d-\theta_2)}{3+4\gamma+\Lambda} \\ & \leq \Delta \leq \dfrac{2(1+2\gamma)(d-\theta_1)}{3+4\gamma+\Lambda}; \\ 0, & \text{if } \Delta > \dfrac{2(1+2\gamma)(d-\theta_1)}{3+4\gamma+\Lambda} \end{cases}$$

$\Gamma_3(\gamma,\Lambda)$

$$= \begin{cases} \dfrac{15+16\gamma^2+4\gamma(5+3\Lambda)+\Lambda(6+5\Lambda)}{2(1-\Lambda)(1+\gamma+\Lambda)(3+4\gamma+\Lambda)^2}, & \text{if } \Delta < -\dfrac{2(1+2\gamma)(d-\theta_2)}{3+4\gamma+\Lambda} \\ -\dfrac{\Lambda^2}{2(1-\Lambda)(1+\gamma+\Lambda)(2(1+\gamma)+\Lambda)^2}, & \text{if } -\dfrac{2(1+2\gamma)(d-\theta_2)}{3+4\gamma+\Lambda} \\ & \leq \Delta \leq \dfrac{2(1+2\gamma)(d-\theta_1)}{3+4\gamma+\Lambda}; \\ \dfrac{1+3\Lambda}{2(1-\Lambda)(1+\gamma+\Lambda)(3+4\gamma+\Lambda)}, & \text{if } \Delta > \dfrac{2(1+2\gamma)(d-\theta_1)}{3+4\gamma+\Lambda} \end{cases}$$

$W_1^O - W_1^C$ 是 Δ 的 U 型函数。当 $\Lambda=0$ 时, $W_1^O - W_1^C$ 总是非负的。在 $W_1^O - W_1^C$ 中, 最小值为 $\Delta=0$。当 $\Lambda>0$ 时, 最小在 $\Delta=-(\Lambda(1+2\gamma)(d-\theta_1))/(1+\gamma(1+\Lambda))<0$ 时获得。在这一情况中, 当 $\Lambda=0$ 时, $W_1^O - W_1^C = -\Lambda^2/2(2(1-\Lambda)(1+\gamma+\Lambda)(2(1+\gamma)+\Lambda)^2)<0$。U 型函数和条件 $|\Delta|\leq d$ 确保了命题 3 中描述的行为。

D. 命题 4 的证明

我们开始计算在非合作均衡中国家 1 投资的最高水平。缺乏投资情况下的福利在式 (26) 中定义, 进行投资情况下的福利为:

$$W_1^{OI_\theta} = S(Q^{OI_\theta}) - P(Q^{OI_\theta})Q_1^{OI_\theta} + \lambda P(Q^{OI_\theta})q_1^{OI_\theta} - (1+\lambda)\left(\delta\theta_1 + \gamma\dfrac{q_1^{OI_\theta}}{2}\right)q_1^{OI_\theta} - (1+\lambda)I_\theta$$

在等式 (15) 中代入相关数量, 整理后我们得出:

$$I_\theta^* = \frac{(1-\delta)\theta_1\left[d - \frac{(1+\delta)\theta_1}{2} + (1+\Lambda)\left(\frac{\Delta}{2\gamma} + \frac{(1-\delta)\theta_1}{4\gamma}\right)\right]}{1+\gamma+\Lambda}$$

$$I_\theta^C = \frac{(1-\delta)\theta_1\left[d - \frac{(1+\delta)\theta_1}{2}\right]}{1+\gamma+\Lambda}$$

$$I_\theta^O = \frac{(1-\delta)\theta_1\left[\left(d - \frac{(1+\delta)\theta_1}{2}\right)(4+8\gamma^2 + (3+\Lambda)(\Lambda+4\gamma))\right]}{(1+2\gamma)(2(1+\gamma)+\Lambda)^2}$$

$$+ \frac{(1-\delta)\theta_1\left[\left(\frac{\Delta}{1+2\gamma} + \frac{(1-\delta)\theta_1}{2(1+2\gamma)}\right)(1+\Lambda)(3+4\gamma+\Lambda)\right]}{(1+2\gamma)(2(1+\gamma)+\Lambda)^2}$$

那么，当且仅当：

$$\Delta > \hat{\Delta}_a = -\frac{(1-\delta)\theta_1}{2} - \left[d - \frac{(1+\delta)\theta_1}{2}\right]\Gamma_1^i(\gamma,\Lambda)$$

时，$I_\theta^* > I_{C\theta}$。

其中，

$\Gamma_1^i(\gamma,\Lambda) =$

$$\frac{2\Lambda\gamma(1+2\gamma)(3+4\gamma^2 + \Lambda(3+\Lambda+\gamma(7+3\Lambda)))}{(1+\Lambda)(8\gamma^4 + (2+\lambda)^2 + 2\gamma(3+\Lambda)^2 + \gamma^3(26+6\Lambda) + 2\gamma^2(16+\Lambda(7+\Lambda)))}$$

当且仅当：

$$\Delta > \hat{\Delta}_b = -\frac{(1-\delta)\theta_1}{2}$$

时，$I_\theta^O > I_\theta^O$。

当且仅当：

$$\Delta > \hat{\Delta}_c = -\frac{(1-\delta)\theta_1}{2} + \left[d - \frac{(1+\delta)\theta_1}{2}\right]\Gamma_2^i(\gamma,\Lambda)$$

时，$I_\theta^O > I_\theta^O$。

其中：

$$\Gamma_2^i(\gamma,\Lambda) = \frac{\Lambda(1+2\gamma)(3+4\gamma^2+\Lambda(3+\Lambda+\gamma(7+3\Lambda)))}{(1+\Lambda)(1+\gamma)(1+\gamma+\Lambda)(3+4\gamma+\Lambda)}$$

很容易看出，如果 $\Lambda=0$，那么 $\hat{\Delta}_a = \hat{\Delta}_b = \hat{\Delta}_c = -(1-\delta)\theta_1/2 < 0$。此外，当所有的 $\Lambda > 0$ 时，$\hat{\Delta}_a < \hat{\Delta}_b < \hat{\Delta}_c$。最终，当 $\hat{\Delta}_a$ 在 Λ 减少时，$\hat{\Delta}_c$ 增加。如果 Λ 足够大，$\hat{\Delta}_c$ 永远为整数。

E. 引理 1 和命题 5 的证明

我们现在计算非合作均衡中国家 1 的最高投资水平。我们有：

$$W_1^{Ol_\gamma} = S(Q_1^{Ol_\gamma}) - P(Q_1^{Ol_\gamma})Q_1^{Ol_\gamma} + \lambda P(Q^{Ol_\gamma})q_1^{Ol_\gamma} - (1+\lambda)\left(\theta_1 + s\gamma\frac{q_1^{Ol_\gamma}}{2}\right)q_1^{Ol_\gamma} - (1+\lambda)I_\gamma$$

将相关数量代入这一福利函数和（26）式中，再代入等式（17），我们可以得出：

$$I_{\gamma 1}^O = \Delta^2 \Gamma_1^{ii}(\gamma,\Lambda) + (d-\theta_1)\Delta\Gamma_2^{ii}(\gamma,\Lambda) + (d-\theta_1)^2\Gamma_3^{ii}(\gamma,\Lambda)$$

其中：

$$\Gamma_1^{ii}(\gamma,\Lambda) = \frac{(1+s\gamma(1-\Lambda))(3+4s\gamma+\Lambda)}{(1+2s\gamma)^2(2(1+s\gamma)+\Lambda)^2} - \frac{(1+\gamma(1-\Lambda))(3+4\gamma+\Lambda)}{(1+2\gamma)^2(2(1+\gamma)+\Lambda)^2}$$

$$\Gamma_2^{ii}(\gamma,\Lambda) = \frac{\Lambda(3+4s\gamma+\Lambda)}{(1+2s\lambda)(2(1+s\lambda)+\Lambda)^2} - \frac{\Lambda(3+4\gamma+\Lambda)}{(1+2\gamma)(2(1+\gamma)+\Lambda)^2}$$

$$\Gamma_3^{ii}(\gamma,\Lambda) = \frac{2(1-s)\gamma(4(1+\gamma)(1+s\gamma)-\Lambda)^2}{(1+2s\gamma)^2(2(1+s\gamma)+\Lambda)^2}$$

对 $\forall s \in (0,1)$，$\Lambda \in (0,1)$，$\Gamma_2^{ii}(\gamma,\Lambda)$ 为正数。$I_{\gamma 1}^O$ 是一种向上倾斜的抛物线，其对称的轴线在 $\Delta = -(d-\theta_i)\Gamma_2^{ii}(\gamma,\Lambda) < 0$ 中，这意味着下面的结果：

结论 1

当且仅当 $\theta_1 < \theta_2$ 时，$I_{\gamma 1}^O > I_{\gamma 2}^O$。

通过定义，我们可知这意味着 $\bar{I}_\gamma^O > \underline{I}_\gamma^O$。这一结果对于证明引理 1 十分有用。

引理 1 的证明

如果一家企业投入资金，那么由于投资降低了这两家企业的成本，另外一家企业最好的反应就是不投资。然而，如果一家企业不投资，另一家企业的最佳反应就是只要当 $I_\gamma^O < I_{\gamma i}^O$ 时就投入资金。从结果 1 中我们可以得知 $\bar{I}_\gamma^O > \underline{I}_\gamma^O$。那么，对于 $\underline{I}_\gamma^O < I_\gamma < \bar{I}_\gamma^O$，效率较低的企业从不投资，效率较高的企业投入资金。对于 $I^r < \underline{I}_\gamma^O$，当且仅当其中一家企业不投资，另一家企业才投入资金。

在将投资的最高水平 $\bar{I}_\gamma^O$ 与投资的最优水平 I_γ^* 以及封闭经济体 $\bar{I}_\gamma^*$ 进行对比之前，我们证明 γ 降低的投资可以降低效率较低国家的福利水平。我们有 $\partial I_{\gamma 1}^O / \partial \Delta = 2\Delta \Gamma_1^{ii}(\gamma, \Lambda) + (d - \theta_1) \Gamma_2^{ii}(\gamma, \Lambda)$。那么，由于 I_γ^O 为 U 型，$\bar{I}_\gamma^O$ 严格为正数，并在 $|\Delta|$ 中为增。因此，$\underline{I}_\gamma^O$ 的符号就是不明确的。设定 $W_1^{I_\gamma} - W_1$ 为 $\Delta < 0$（i.e.，$\theta_2 < \theta_1$）时国家 1 中降低 γ 投资的影响，根据 $\underline{I}_\gamma^O$ 的定义，我们可以写出如下等式：

$$W_1^{I_\gamma} - W_1 = \frac{\underline{I}_\gamma^O}{1 - \Lambda}$$

那么，当且仅当 $\underline{I}_\gamma^O$ 为正数时，国家 1 中的福利增益才为正数。如果 $\underline{I}_\gamma^O$，$\bar{I}_\gamma^O$ 为正数并在 $|\Delta|$ 中为减函数，我们必须证明当 $\Delta < 0$ 时，$\underline{I}_\gamma^O$ 才可能为负数。在 $\Delta = -(2(1+2s\gamma)(d-\theta_2))/(1+\Lambda)$ 中（A1 情况下可接受的最小值），当且仅当如下情况时，$W_1^{I_\gamma} - W_1$ 为负数：

$\Lambda > \bar{\Lambda} =$

$$\frac{\sqrt{9 + 8s\gamma + 4\gamma(10 + 7s\gamma + \gamma(3 + \gamma(1+s))(5 + \gamma(1+s)))} - (1 + 2\gamma(2 + \gamma(1+s)))}{1 + 2\gamma}$$

效率较低国家中，在一些 $\Delta < 0$ 的情况中收益小于 0，而 $\Lambda > \bar{\Lambda}$ 是达成收益的充分（尽管不是必要）条件。

命题 5 的证明

设定 $Q^* = q_1^* + q_2^*$ 和 $Q^{*I_\gamma} = q_1^{*I_\gamma} + q_2^{*I_\gamma}$。全域最优状况下的最大投资

由式（16）界定。在非投资和投资情况下全域福利情况分别为：

$$W^* = S(Q^*) + \lambda P(Q^*)Q^* - (1+\lambda)\left(\theta_1 + \gamma \frac{q_1^*}{2}\right)q_1^* - (1+\lambda)\left(\theta_2 + \gamma \frac{q_2^*}{2}\right)q_2^*$$

$$W^{*I_\gamma} = S(Q^{*I_\gamma}) + \lambda P(Q^{*I_\gamma})Q^{*I_\gamma} - (1+\lambda)I_\gamma$$
$$- (1+\lambda)\left[\left(\theta_1 + s\gamma \frac{q_1^{*I_\gamma}}{2}\right)q_1^{*I_\gamma} + \left(\theta_2 + s\gamma \frac{q_2^{*I_\gamma}}{2}\right)q_2^{*I_\gamma}\right]$$

代入相关的数量并整理后，可得到：

$$I_\gamma^* = \Delta^2 \Gamma_1^{iii}(\gamma,\Lambda) + (d - \theta_{\min})|\Delta| \Gamma_2^{iii}(\gamma,\Lambda) + (d - \theta_{\min})^2 \Gamma_3^{iii}(\gamma,\Lambda)$$

其中，

$$\Gamma_1^{iii}(\gamma,\Lambda) = \frac{1-s}{4\gamma}\left[\frac{1}{s} + \frac{\gamma^2}{(1+s\gamma+\Lambda)(1+\gamma+\Lambda)}\right]$$

$$\Gamma_2^{iii}(\gamma,\Lambda) = -\frac{(1-s)\gamma}{(1+\gamma+\Lambda)(1+s\gamma+\Lambda)}$$

$$\Gamma_3^{iii}(\gamma,\Lambda) = \frac{(1-s)\gamma}{(1+\gamma+\Lambda)(1+s\gamma+\Lambda)}$$

由于在全域最优状况下，I_γ^* 与初始值（$\Delta = 0$）保持对称，生产重新分配通常是偏向于效率最高的企业。此外，对于 $\Delta > 0$ 和 $\Delta < 0$ 而言，生产在 Δ（$\Gamma_1^{iii}(\gamma,\Lambda) > 0$，$\forall s \in (0,1)$，$\Lambda \in [0,1)$，$\gamma \geq 0$）时呈 U 型。

我们将临界值 I_γ^* 和 I_γ^O 进行对比：

$$\Gamma_\gamma^* - I_\gamma^O = \Delta^2 \Gamma_1^{iv}(\gamma,\Lambda) + (d - \theta_i)\Delta \Gamma_2^{iv}(\gamma,\Lambda) - (d - \theta_i)^2 \Gamma_3^{iv}(\gamma,\Lambda)$$

$$\Gamma_1^{iv}(\gamma,\Lambda) = \frac{1}{s\gamma} + \frac{1}{1+s\gamma+\Lambda} - \frac{2(1+s\gamma(1-\Lambda))(3+4s\gamma+\Lambda)}{(2(1+s\gamma))(2(1+s\gamma)+\Lambda)^2}$$
$$- \frac{1}{\gamma} - \frac{1}{1+\gamma+\Lambda} + \frac{2(1+\gamma(1-\Lambda))(3+4\gamma+\Lambda)}{(2(1+\gamma))(2(1+\gamma)+\Lambda)^2}$$

$$\Gamma_2^{iv}(\gamma,\Lambda) = -\frac{1}{1+2s\gamma} - \frac{1}{1+s\gamma+\Lambda} + \frac{4(1+s\gamma)^2 + \Lambda}{(1+2s\gamma)((2(1+s\gamma)+\Lambda)^2)}$$
$$+ \frac{1}{1+2\gamma} + \frac{1}{1+\gamma+\Lambda} - \frac{4(1+\gamma)^2 + \Lambda}{(1+2\gamma)((2(1+\gamma)+\Lambda)^2)}$$

$$\Gamma_3^{iv}(\gamma,\Lambda) = \frac{1}{1+s\gamma+\Lambda} - \frac{2(1+s\gamma)}{(2(1+s\gamma)+\Lambda)^2} - \frac{1}{1+\gamma+\Lambda} + \frac{2(1+\gamma)}{(2(1+\gamma)+\Lambda)^2}$$

当所有的 $s \in (0, 1)$, $\Lambda \in [0, 1)$, $\gamma > 0$ 时, $\Gamma_1^{iv}(\gamma, \Lambda)$ 为正数。$I_\gamma^* - I_\gamma^O$ 为 Δ 的 U 型函数。此外, 我们可以很容易地表明 $I_\gamma^* - I_\gamma^O$ 是 Λ 的减函数。Λ 上升将使 U 型曲线向下移动。因此, $I_\gamma^* - I_\gamma^O$ 始终为正数的充分条件是当 $\Lambda = 1$ 时有一个正的最小值。由于 $I_\gamma^* - I*O_\gamma$ 是 Δ 的凸函数, 最小值是从一阶条件 $\partial(I_\gamma^* - I_\gamma^O)/\partial\Delta = 0$ 中获得的。当 $\Lambda = 1$ 时, 最小值等于:

$$[(1-s)^2(57 + 292(1+s)\gamma + 252(1+s(3+2s))\gamma^2 + 48(1+s)(7+s(12+7s))\gamma^3 \\ + 16(5+s(33+s(43+s(33+5s))))\gamma^4 + 28s(1+s)(1+s(1+s))\gamma^5 \\ + 64s^2(1+s^2)\gamma^6]/[s(2+\gamma)(2+s\gamma)(1+2s\gamma)^2(3+2s\gamma)^2(3+4\gamma(2+\gamma))] \\ > 0 \,\forall s \in (0,1)$$

所以, $I_\gamma^* - I_\gamma^O$ 始终为正数。

现在, 我们证明 $I_\gamma^* - \bar{I}_\gamma^O - I_{-\gamma}^O$ 也是正数。如果 $I_{-\gamma}^O = 0$, 那么 $\bar{I}_\gamma^O + I_{-\gamma}^O = \bar{I}_\gamma^O$, 结果已经在上文中得到证明。如果 $I_{-\gamma}^O > 0$, 那么:

$$\bar{I}_\gamma^O + I_{-\gamma}^O = \Delta^2 \Gamma_1^v(\gamma, \Lambda) + (d - \theta_i)\Delta \Gamma_2^v(\gamma, \Lambda) + (d - \theta_i)^2 \Gamma_3^v(\gamma, \Lambda)$$

其中,

$$\Gamma_1^v(\gamma, \Lambda) = \frac{(1-s)\gamma(3 + 4(\gamma + s\gamma(1+\gamma)))}{(1+2\gamma)^2(1+2s\gamma)^2} - \frac{1+\gamma}{(2(1+\gamma)+\Lambda)^2} + \frac{1+s\gamma}{(2(1+s\gamma)+\Lambda)^2}$$

$$\Gamma_2^v(\gamma, \Lambda) = -\frac{4(1-s)\gamma(4(1+\gamma)(1+s\gamma) - \Lambda^2)}{(2(1+\gamma)+\Lambda)^2(2(1+s\gamma)+\Lambda)^2}$$

$$\Gamma_3^v(\gamma, \Lambda) = \frac{4(1-s)\gamma(4(1+\gamma)(1+s\gamma) - \Lambda^2)}{(2(1+\gamma)+\Lambda)^2(2(1+s\gamma)+\Lambda)^2}$$

则:

$$I_\gamma^* - \bar{I}_\gamma^O - I_{-\gamma}^O = \Delta^2 \Gamma_1^{vi}(\gamma, \Lambda) + (d - \theta_i)\Delta \Gamma_2^{vi}(\gamma, \Lambda) - (d - \theta_i)^2 \Gamma_3^{vi}(\gamma, \Lambda)$$

其中,

$$\Gamma_1^{vi}(\gamma, \Lambda) = \frac{1+\gamma}{(2(1+\gamma)+\Lambda)^2} - \frac{1+s\gamma}{(2(1+s\gamma)+\Lambda)^2} - \frac{1}{4(1+\gamma+\Lambda)} + \frac{1}{4(1+s\gamma+\Lambda)} \\ - \frac{1}{4\gamma(1+2\gamma)^2} + \frac{1}{4s\gamma(1+2s\gamma)^2}$$

$$\Gamma_2^{wi}(\gamma,\Lambda) = \frac{1}{(1+\gamma+\Lambda)} - \frac{1}{(1+s\gamma+\Lambda)} + \frac{4(1+\gamma)}{(2(1+\gamma)+\Lambda)^2} - \frac{4(1+s\gamma)}{(2(1+s\gamma)+\Lambda)^2}$$

$$\Gamma_3^{wi}(\gamma,\Lambda) = \frac{(1-s)\gamma\Lambda^2 4(1+s(1+s))\gamma^2 + 4(1+s)\gamma(3+2\Lambda) + (2+\Lambda)(6+5\Lambda)}{(1+\gamma+\Lambda)(1+s\gamma+\Lambda)(2(1+\gamma)+\Lambda)^2(2(1+s\gamma)+\Lambda)^2}$$

当 $s \in (0,1)$，$\Lambda \in [0,1)$，$\gamma \geq 0$ 时，$\Gamma_1^{wi}(\gamma,\Lambda)$ 为正数，则 $I_\gamma^* - I_\gamma^J$ 是 Δ 的 U 型凸函数。此外，我们可以证明 $I_\gamma^* - I_\gamma^J$ 是 Λ 的减函数。当 $\Lambda = 0$ 时，$I_\gamma^* - I_\gamma^J$ 取最小值，其中：

$$I_\gamma^* - \bar{I}_\gamma^O - \underline{I}_\gamma^O = \frac{\gamma(1+2\gamma)^2 - s\gamma(1+2s\gamma)^2}{4\gamma(1+2\gamma)^2(1+2s\gamma)^2} > 0, \forall s \in (0,1)$$

这样，$I_\gamma^* - \bar{I}_\gamma^O - \underline{I}_\gamma^O$ 始终为正数。

F. 命题 6 的证明

在一个封闭的经济体中，在无投资情况下的福利由（25）式表示。如果 I_γ 为投资，那么福利函数为：

$$W_i^{CI_\gamma} = S(q_i^{CI_\gamma}) + \lambda P(q_i^{CI_\gamma})_{q_i^{CI_\gamma}} - (1+\lambda)(\theta_i + s\gamma \frac{q_i^C}{2})q_i^{CI_\gamma} - (1+\lambda)I_{\gamma^*}$$

将均衡数量代入这个表达式中，利用（19）式，那么在封闭经济体中的监管者 i 愿意投入的最大数值为：

$$I_{\gamma i}^C = \frac{(1-s)\gamma(d-\theta_i)^2}{2(1+\gamma+\Lambda)(1+s\gamma+\Lambda)}$$

我们首先判断出 I_γ^C 小于 I_γ^*。由于 I_γ^* 是 Δ 的凸函数，而 I_γ^C 是恒定的，则 $I_\gamma^O - I_\gamma^C$ 也是 Δ 的凸函数。在 $\Delta = (2s\gamma^2(d-\theta_i))/(2s\gamma^2 + (1+s)\gamma(1+\Lambda) + (1+\Lambda^2))$ 中，$I_\gamma^O - I_\gamma^C$ 的导数是 0，它在此处取最小值：

$$\frac{(1+s)\gamma(d-\theta_i)^2(1+\Lambda)(1+\gamma(1+s)+\Lambda)}{2(1+\gamma+\Lambda)(1+s\gamma+\Lambda)(2s\gamma+(1+s)\gamma(1+\Lambda)(1+\gamma)^2)} > 0$$

那么，$I_\gamma^O - I_\gamma^O$ 始终为正数。

我们比较 I_γ^O 和 I_γ^C。由于 I_γ^O 是增的并且是凸的，而 I_γ^C 是常数，则 $I_\gamma^O - I_\gamma^C$ 仍然对 Δ 是增的，且是凸的。特别的，如果 $\Lambda = 0$，则：

$$I_\gamma^o - I_\gamma^C = \frac{(1-s)\gamma(11+4\gamma(3(2+\gamma)+s(3+4\gamma)(2+\gamma)(1+s))))}{8(1+\gamma)(1+s\gamma)(1+2\gamma)^2(1+2s\gamma)^2}\Delta^2$$

$$\geq 0 \,\forall s \in (0,1)$$

当 $\Lambda = 0$ 时，在 $\Delta = 0$ 中取最小值，$I_\gamma^o - I_\gamma^C$ 是 $|\Delta|$ 的增函数。然而，如果 $\Lambda > 0$ 且 $\Delta = 0$，那么，

$$I_\gamma^o - I_\gamma^C = -\frac{1}{2}(1-s)\gamma(d-\theta_i)^2$$

$$\times \left[\frac{1}{(1+s\gamma+\Lambda)} - \frac{1}{(1+\gamma+\Lambda)} + \frac{4(1+s\gamma)}{(2(1+s\gamma)+\Lambda)} - \frac{4(1+\gamma)}{(2(1+\gamma)+\Lambda)}\right]$$

对于所有的 $s \in (0,1)$，$\Lambda \in [0,1)$，$\gamma \geq 0$ 而言，结果都是负数。从 I_γ^o 的增函数这一点可知，对于任意 $\tilde{\Delta} > 0$，存在 $\tilde{\Delta} > 0$，使得 $I_\gamma^o > I_\gamma^C$。

G. 不对称需求

在正文中，我们假定国家的差异仅仅在于可获得的技术。我们现在检验我们的结论在需求不对称下的稳健性。设定：

$$p_i = d_i - Q_i \tag{27}$$

当 i 代表国家，$i = 1, 2$。为了作出有意义的对比，在这个对我们基本情况的拓展中，我们将保持市场总体规模的不变，也就是：

$$d = \frac{d_1 + d_2}{2}$$

此外，为了确保内部解，我们做出如下假设：

(A0bis) $\qquad\qquad min\{d_1, d_2\} > \bar{\theta}$

在自给自足的情况下，结果与基本情况中是一样的，由 d_i 代替 d，$i = 1, 2$。在一体化的市场中，总体需求在等式（2）中：如果 $Q = q_1 + q_2$，那么 $p = d - Q/2$。

完全一体化

在完全一体化的情况下，我们首先确定最优消费共享规则，在 $Q_1 +$

$Q_2 = Q$ 的约束下，最大化 $S_1(Q_1) + S_2(Q_2)$。由于 $S_i(Q_i) = d_i Q_i - Q_i^2/2$，我们推导出 $Q_i = (Q_1 + Q_2)/2 + (d_i - d_j)/2$。计算总体的消费者盈余 $S_1(Q_1) + S_2(Q_2)$，我们得出 $S_1(Q_1) + S_2(Q_2) = (d_1 - d_2)^2/4 + (d_1 + d_2)(Q_1 + Q_2)/2 - (Q_1 + Q_2)^2/4$。将该表达式代入总福利函数（9），跨国家监管者的最大化问题与基本情形结果加一个常数项 $(d_1 - d_2)^2/4$ 一样。随后，最优数量与（11）式一样。在福利函数（9）中代入这些最优数量，并取代等式（8）中自给自足情况下的数字，在福利函数（6）的 d_i 点，代入（8）式中的自给自足情况下的数量。我们计算一体化的福利收益 $W^*_{asy} - W^C_{asy}$ 一体化，并将它们与从对称需求基本情形中的收益进行对比。

$$W^*_{asy} - W^C_{asy} = W^* - W^C + \frac{(d_2 - d_1)((d_2 - d_1)(2\gamma(1-\Lambda) - 2\Lambda^2 + 1) + 2\Delta)}{4(1-\Lambda)(\gamma + \Lambda + 1)} \geq 0 \quad (28)$$

福利收益中的第三项可以为正，也可为负。当 $d_2 - d_1$ 为正，且 $\Delta = \theta_2 - \theta_1$ 相对较大时；或者当 $d_2 - d_1$ 为负，且 $\Delta = \theta_2 - \theta_1$ 相对较小时，这一项便为正。需求的不对称在成本不对称中同样发挥了类似的作用。为了看清这一点，考虑 $\Delta = 0$ 的极限情况（也就是发电成本一样）。这一情况意味着 $W^* - W^C = (1 + \Lambda) \Delta^2 / (4\gamma(1-\Lambda)(1+\gamma+\Lambda)) = 0$ 以及 $W^*_{asy} - W^C_{asy} = (2\gamma(1-\Lambda) - 2\Lambda^2 + 1)(d_2 - d_1)^2 / (4(1-\Lambda)(1+\gamma+\Lambda))$。由于运输成本是二次函数，较小的国家边际成本也相对较低，因此，当较小的国家同时也是效率较高的国家，一体化使得监管者可以拓展这个小国家的市场份额以便利用较低的发电和运输成本。将生产重新分配给拥有较小国家市场的生产者将提高生产效率并提高贸易所带来的总体福利收益。

不对称监管的部门一体化

消费者盈余用 $S_i(Q_i) = d_i Q_i - Q_i^2/2$ and $Q_i = Q/2 + (d_i - d_j)/2$ 表示，其中 $Q = Q_1 + Q_2 = q_1 + q_2$ 并且 $i, j = 1, 2\ i \neq j$。将这一表达式代入（6）式便生成了国家福利函数。给定国家 j 的监管者所选择的数量 q_j，国

家 i 的监管者选择 q_i 使该函数最大化。在非合作均衡中：

$$q_i^o = 4\frac{d - \frac{\theta_1 + \theta_2}{2}}{2(1+\gamma) + \Lambda} + \frac{\theta_j - \theta_i}{1 + 2\gamma} + \frac{(1-\Lambda)(d_i - d_j)}{2 + 4\gamma} \tag{29}$$

当 $d_1 = d_2$ 时，最后一项被抵消，这一项是由于需求的不对称性而附加的。在社会福利函数（6）中代入这些数量，我们能够计算出福利收益。正如附录 C 中，不失一般性我们考虑国家 1。国家 2 的结果是对称的。国家 1 的福利收益 $W_{1,asy}^O - W_{1,asy}^C$ 与对称性情况的收益加产 $\zeta(d_2 - d_1, \Delta, \Lambda, \gamma, \theta_1)$ 是一样的：

$$W_{1,asy}^O - W_{1,asy}^C = W_1^O - W_1^C + \zeta(d_2 - d_1, \Delta, \Lambda, \gamma, \theta_1)$$

其中：

$$\zeta(d_2 - d_1, \Delta, \Lambda, \gamma, \theta_1) = \frac{1}{8}((d_2 - d_1)\Delta\phi_1(\gamma, \Lambda) + (d_2 - d_1)^2 \phi_2(\gamma, \Lambda)$$
$$+ (d_2 - d_1) \times (d_1 - \theta_1)\phi_3(\gamma, \Lambda))$$

以及

$$\phi_1(\gamma, \Lambda) = \frac{4\gamma(3 + 4\gamma + \Lambda)}{(1 + 2\gamma)^2(2 + 2\gamma + \Lambda)} \geq 0$$

$\phi_2(\gamma, \Lambda)$

$$= \frac{8\gamma^4(1-\Lambda) + 2\gamma^3((4-7\Lambda)\Lambda + 7) + \gamma^2(6 + \Lambda(19 + (2-7\Lambda)\Lambda) + 6)}{(1+2\gamma)^2(1-\Lambda)(1+\gamma+\Lambda)(2+2\gamma+\Lambda)}$$
$$+ \frac{\Lambda\gamma(3-\Lambda)(2 + \Lambda(4+\Lambda)) + \Lambda^2(2+\Lambda)}{(1+2\gamma)^2(1-\Lambda)(1+\gamma+\Lambda)(2+2\gamma+\Lambda)} \geq 0$$

$$\phi_3(\gamma, \Lambda) = \frac{4\Lambda(4\gamma^2 + \gamma(3+5\Lambda) + \Lambda(2+\Lambda))}{(1+2\gamma)(1-\Lambda)(1+\gamma+\Lambda)(2+2\gamma+\Lambda)} \geq 0$$

另外的效应 ζ 被分解为三项。第一项，两个国家都是一样的，其符号与 $(d_2 - d_1)\Delta$ 相同：只要 $(d_2 - d_1)$ 和 $\Delta = \theta_2 - \theta_1$ 符号相同，那么就是正数。当国家 1 规模较小，并且具备效率最高的技术或当国家较大但技术效率较低时，变量具有相同的符号。第二项始终是正数，并是 $(d_2 - d_1)$ 绝对值的增函数。对这两个国家而言，这一项都是一样的。这一项表明在二次运输成本函数中与生产重新分配相关的效率收益。

最后，根据假定 A0，$(d_i - \theta_i)$ 永远都是正数，第三项，国家 i 的符号与 $(d_j - d_i)$ 一致，这意味着最小的国家为正数，最大的国家为负数。

由于第一项和第二项对于两个国家而言都是一样的，但第三项对小国家是正的，对大国家是负的，我们推断，在其他条件相同的情况下，较小的国家将比较大的国家从一体化中获取更多的好处。

ζ 的净效应取决于公共资金的机会成本，当 Λ 相对较小时，在 ζ 中的第一项是最大的。与基本情形相比，当最小的国家同时也是效率最高的国家时，福利收益便会增加。相反，当大国具有最高效率时，这两个效应（也就是发电和运输成本）相互冲突，因此福利收益比基本情形中要低一些。现在，当 Λ 值很大时，如果 γ 不是非常大，ζ 中的第三项有可能是最大的。因此，对于一个足够大的 Λ，对于较小的国家而言，非对称需求中更多的福利收益将是正的，对于较大的国家，福利收益可能是负的。

下面，我们想对非对称需求下结果的稳健性进行检验，即当国家太过相似时，市场一体化会降低福利水平，且财政问题十分重要。设定 $\Delta = 0$，福利收益为：

$$W_{1,asy}^O - W_{1,asy}^C = \Gamma_1(\Lambda, \gamma)(d - \theta_1)^2 + \frac{1}{8}((d_2 - d_1)^2 \phi_2(\gamma, \Lambda)$$
$$+ (d_2 - d_1)(d_1 - \theta_1)\phi_3(\gamma, \Lambda))$$

其中 $\Gamma_1(\Lambda, \gamma) = -\Lambda^2 / ((1 - \Lambda)(1 + \gamma + \Lambda)(2 + 2\gamma + \Lambda)^2) < 0$。当 $d_2 = d_1$ 时，$\Gamma_1(\Lambda, \gamma)(d - \theta_1)^2$ 与基本情形中的福利收益相对应（当 $\Delta = 0$ 时，参见附录 D）。如果 $\Lambda > 0$，当 $d_1 = d_2$ 且 $\Delta = 0$ 时，福利收益始终为负。出于连续性的要求，净福利损失结果对于严格正的 $|d_2 - d_1|$ 始终成立，如图 6 和图 7 所示。这些图表明如果这两个国家太过相似，那么一体化给这两个国家带来的就是福利损失（也就是一体化的动力是弥补成本）。

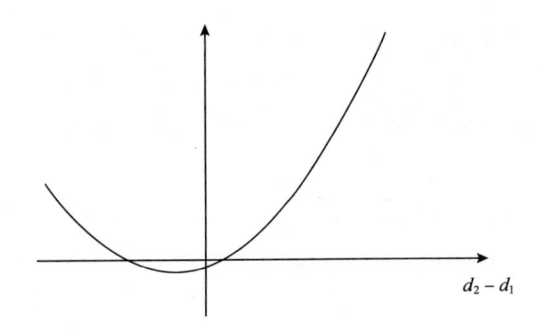

图6　福利收益 $W_{1,asy}^O - W_{1,asy}^C$，$\Delta = 0$，$\Lambda = 1/3$，$\gamma = 10$

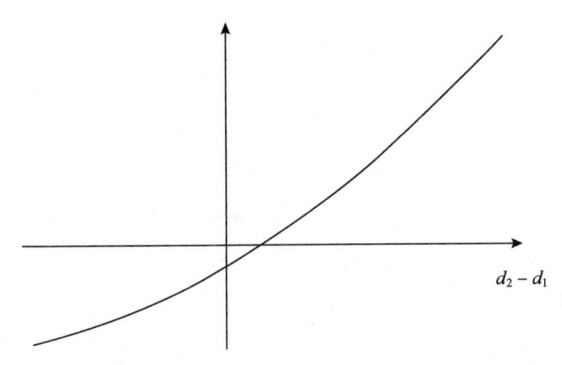

图7　福利收益 $W_{1,asy}^O - W_{1,asy}^C$，$\Delta = 0$，$\Lambda = 1/3$，$\gamma = 1$

当 $\Delta = 0$ 时，福利收益是 $d_2 - d_1$ 的凸函数。当 $d_2 - d_1 \geq 0$ 时，函数是增函数（对于较小的国家而言），以及取决于 γ 值的大小，函数是 U 型的或当 $d_2 - d_1 \leq 0$ 时（大国）函数是减函数。U 型结果与图 1 中所示的结果类似，原因是当 γ 较大时，$d_2 - d_1$ 发挥了与 Δ 同样的作用。当运输成本很大时，这两个国家都能在一体化中获益（其中一个国家得益于出口利润，而另一个国家则通过降价而获益）。

参考文献

Armstrong, M., and D. Sappington. 2005. "Recent Developments in the Theory of Regulation." In *Handbook of Industrial Organization*, 1570 –1687. Elsevier.

Attwood, E. 2009, August 6. "Iraq Admits Inability to Pay Electricity Bill." http：// www. utilities－me. com/ article－79－iraq_ admits_ inability_ to_ pay_ electricity_ bill/.

Auriol, E. 1998. "Deregulation and Quality." *International Journal of Industrial Organization* 16 (2)：169 −194.

Auriol, E., and P. M. Picard. 2006. "Infrastructure and Public Utilities Privatization in Developing Countries." World Bank Policy Research Working Paper no. WPS 3950. World Bank, Washington, DC.

Biglaiser, G., and C. A. Ma. 1995. "Regulating a Dominant Firm, Unknown Demand and Industry Structure." *RAND Journal of Economics* 26：1 −19.

Brander, J. 1997. "Strategic Trade Theory." In *Handbook of Industrial Organization*, 1395 − 1450. Elsevier.

Brander, J., and P. Krugman. 1983. "A Reciprocal Dumping Model of International Trade." *Journal of International Economics* 15 (3)：313 −321.

Brander, J. A., and B. J. Spencer. 1983. "International R & D Rivalry and Industrial Strategy." *The Review of Economic Studies* 50 (4)：707 −722.

Caillaud, B. 1990. "Regulation, Competition and Asymmetric Information." *Journal of Economic Theory* 52：87 −100.

Collie, D. R. 2000. "State Aid in the European Union：The Prohibition of Subsidies in an Integrated Market." *International Journal of Industrial Organization* 18 (6)：867 −884.

Estache, A., and A. Iimi. 2008. "Procurement Efficiency for Infrastructure Development and Financial Needs Reassessed." World Bank Policy Research Working Paper Series no. 4662. World Bank, Washington, DC.

Estache, A., and L. Wren−Lewis. 2009. "Toward a Theory of Regulation for Developing Countries：Following Jean−Jacques Laffont's Lead." *Journal of Economic Literature* 47 (3)：729 −770.

Estache, A., S. Perelman, and L. Trujillo. 2005. "Infrastructure Performance and Reform in Developing and Transition Economies：Evidence From a Survey of Productivity Measures." World Bank Policy ResearchWorking Paper 3514. World Bank, Washington, DC.

Feenstra, R. C. 2008. *Advanced International Trade*：Theory and Evidence. Princeton, NJ：Princeton University Press.

Herald. 2011, December 22. "Zimbabwe：ZESA Owed U. S. D. 537 Million in Unpaid

Bills." http：// allafrica. com/stories/201112230164. html.

International Electricity Agency. 2006. *World Energy Outlook*. Paris，France：IEA.

Joskow, P. L. , and R. Schmalensee. 1985. *Markets for Power*. Cambridge, MA：MIT Press.

Laffont, J. J. 2005. *Regulation and Development*. Cambridge, UK：Cambridge University Press.

Manibog, R. , F. Dominguez, and S. Wegner. 2003. *Power for Development – A Review of the World Bank Group's Experience with Private Participation in the Electricity Sector*. Washington, DC：The International Bank for Reconstruction and Development, The World Bank.

Markusen, J. R. 1981. "Trade and the Gains from Trade with Imperfect Competition." *Journal of International Economics* 11（4）：531 –551.

Navalona, R. 2012, August 16. "Madagascar：Antsiranana – De'lestage depuis dix mois." http：//fr. allafrica. com/stories/201208170568. html.

Neary, J. P. 2003. "Globalization and Market Structure." *Journal of the European Economic Association* 1（2 –3）：245 –271.

Rosnes, O. , and H. Vennemo. 2008. "Powering Up：Costing Power Infrastructure Investment Needs in Southern and Eastern Africa." AICD, Background Paper. World Bank, Washington, DC.

Snow, A. , and R. S. Warren. 1996. "The Marginal Welfare Cost of Public Funds：Theory and Estimates." *Journal of Public Economics* 61（2）：289 –305.

Sparrow, F. T. , W. Masters, and B. H. Bowen. 2002. "Electricity Trade and Capacity Expansion Options in West Africa." Purdue University, West Lafayette, IN.

World Bank. 1998. *World Development Indicators* 1998. Washington, DC：World Bank.

边界地区的发展：科特迪瓦与周边国家的政策和国家一体化进程

丹尼斯·柯格纳（Denis Cogneau）

桑德琳·梅斯普 – 松普斯（Sandrine Mesple'-Somps）

吉勒斯·施皮尔福格尔（Gilles Spielvogel）*

基于20世纪80~90年代的住户调查数据，我们采用"断点回归设计"的方法，检验了科特迪瓦的总财富是否扩散到与邻国交界的边界地区。在80年代末期与加纳交界的地区，在消费、儿童成长发育障碍、用电情况和安全水源等方面出现大量的"断点"。消费方面的边界"断点"现象可解释为经济作物的政策存在差异（如可可和咖啡）。当90年代这些政策得到融合后，仍然存在差异的仅仅是在农业设施方面。在北部，

---

* 丹尼斯·柯格纳（本文通讯作者）是巴黎经济学院 – 发展研究所的高级研究员和副教授，他的电子邮箱是：denis.cogneau@psemail.eu。桑德琳·梅斯普 – 松普斯是发展研究所（IRD）的一名研究人员，巴黎多菲纳大学，联合科研单位225 DIAL；她的电子邮箱是：mesple@dial.prd.fr。吉勒斯·施皮尔福格尔是巴黎邦戴昂·索邦大学的副教授，联合科研单位201，"社会发展"（巴黎第一大学 – 发展研究所），DIAL；他的电子邮箱是：gilles.spielvogel@univ-paris1.fr。笔者对于科特迪瓦、加纳、几内亚、马里以及布基纳法索的国家统计机构在获取调查数据方面给予了极大的支持和帮助表示感谢。同时，还感谢夏洛特·圭纳德和康斯滕丝·托瑞利参与这项研究第一阶段的工作；在历史成就方面，特别感谢玛丽·布尔达德和安吉利可·罗布琳的出色研究协助。最后，还要感谢来自牛津（非洲国家经济研究中心）、海牙（社会科学协会）、克莱蒙费朗（国际开发设计与研究中心）、巴黎（经济与政策研究中心/欧洲发展网络/法国开展署协会和巴黎经济学院）、华盛顿（世界银行）参与研讨会的专家和学者，以及三位不知名的审阅人。特此进行一般性免责声明。本文的补充性附录可在以下网站获取：http://wber.oxfordjournals.org/。

边界地区的发展：科特迪瓦与周边国家的政策和国家一体化进程

经济作物（棉花）收入再次造成消费和营养方面出现差异（如马里）。一方面，尽管边界在理论上存在可穿越性，边界地区享受的巨大福利差异仍然将非洲国家分成三六九等；另一方面，边界"断点"似乎反映出的是可逆的公共政策产生的影响，而不是无形的制度特征。JEL 代码：O12，R12，P52。

　　国家凝聚力被广泛认为是非洲发展面临的最重要的问题（Levy, Kpundeh, 2004），国家的失败往往与那些人为规定的国际边界所带来的麻烦息息相关（Alesina, Easterly and Matuszevski, 2012）。一些作者甚至认为，重新划定国际边界是一个非常必要的办法（如，Englebert, 2000, 181 - 189; Herbst, 2000, 262 - 269）。在大多数情况下，这些边界是由欧洲殖民势力设定并任意划分的（Barbour, 1961；其他参考资料请参阅 Englebert, Tarango and Carter, 2002）。从那时起，就几乎没有再进行过调整（Brownlie, 1979）。考虑到非洲国家的实力较弱，国家政策对国家外沿边界地区的影响力一直受到质疑。此外，非洲国家的边界通常被认为是可以随意穿越的，尤其是对于非正式贸易和人口流动这两个可能造成国际差异性的因素而言。那么，非洲国家现在的边界仍然是地图上画定的抽象线条吗？是否因此划分的区域就没什么区别？穿越边界后也不会有不同的国家福利吗？或者，这些边界线是否已经成为真实存在的明显断点，折射出了国家一体化的全新进程呢？这些将是本文中我们要研讨的问题。

　　关于非洲发展的文献就国家间的边界所扮演的角色问题，提出了各种不同的观点。

　　第一类文献赞成边界存在局限性和监管稀疏的观点。这一观点通过强调地缘问题的角色，在文章中比较含蓄地表达出来（Bloom and Sachs, 1998）。另一些文章更为直接地讨论（非洲）国家制度的欠发达状况。根据赫伯斯特（Herbst, 2000, 171），有了联合国的担保，非洲国家越来越不愿意在边界管控上增加投入；谁控制了首都也就控制了国家，"权力的运行是（以政治中心）向外辐射的，效力逐渐减弱"。这些"领土国家"——与其相对应的是民族国家——还仍然保存着前殖民地时期的政治制度，并且面临着低人口密度的问题。那些曾经受到法国殖民的西非国家，休乐立（Huillery，2009）将国家之间当前存在不平等的原因部分归结于早期殖民时代的分散化政策。还有一些文章提出了种族划分的影响。共同的语言和文化促成了非正式的跨越边界的货物和金钱流通，人们随意来往于这些"可跨越的边界"（Griffiths，1996）。在研究了尼日尔与尼日利亚边界的小米和豇豆市场之后，阿克等人（ARer et al.，2010，26）提出，"种族边界划定的贸易地理地图要比国际边界更有效得多"。根据米哈洛普洛斯和帕派俄努（Michalopoulos and Papaionnou；2012，2013）的观点，在非洲，沦为殖民地前的政治体系相比于国家体系，对发展起到更大的影响作用。在科特迪瓦和加纳的边界上，巴布（Bubb，2012）发现在土地的产权管理问题上不存在差异性。最后，伊斯特利和莱文（Easterly and Levine，1998）提出，国家的发展很大程度上会受到邻国的影响。

  第二类文献强调国家特质所产生的显著影响和边界的向心作用效果。正如罗宾逊（Robinson，2002）在其对赫布斯特的评论中所描述的那样，那些在19世纪初期独立的拉丁美洲国家，而今已成为可谓发展很好的民族国家，其边界线同样存在一定程度的任意性。巴赫（Bach，2007）也表达了相似的观点。并且，种族的显著性并不是不可改变的命运。波斯纳（Posner，2004）在研究马拉维和赞比亚边界地区的两个种族群体时发现，越过边界后，种族身份就发生了变化。米格尔（Miguel，2004）提出，坦桑尼亚领导人朱利叶斯·尼雷尔提升国家认同感的成功之处在于，消除了村落内部在公共物资提供上存在种族差异的消极影响，这一点效仿了与肯尼亚相邻接的村落的做法。此外，很多作者认为，商品价格、税收和市场需求的差异创造了大量的商业机会，这一点每天都被居住在边界地区的中介人员所利用。虽然最初的边界是被任意划定的，但是这已经变成了现实，哪怕仅对经济生活而言。麦克莱恩（MacLean，2010）在对比科特迪瓦与加纳交界的两个边界社区后发现，其社会保障的结构不同，并且受到殖民时期和后殖民时期的国家行为影响。阿思瓦朱（Asiwaju，1976）和迈尔斯（Miles，1994）在研究对比了英国和法国分别在贝宁与尼日利亚的边界地区、尼日尔与尼日利亚的边界地区所留下的殖民印记后也得出相似的

边界地区的发展：科特迪瓦与周边国家的政策和国家一体化进程

结论。最后，就宏观经济水平而言，非洲国家之间存在的收入不均等问题比想象的要严重得多。按照舒尔茨（Schulti, 1998）的说法，1989年的非洲（包括北非），人均国内生产总值（以购买力平价计算）的对数方差值达到0.415，远远超过世界其他地区的水平。并且，这一数字是1960年时（0.213）的两倍之多。当然，非洲国家的收入差距悬殊可能只反映出了其中心城市的水平差异，而并非边界地区。然而，这种可能性将难以得到调和改变，因为邻国的影响力也在不断增强。①

根据1986~1998年的大规模住户调查数据，我们重点关注了四个方面的福利情况：一类是消费支出和儿童的营养状况（相应年龄对应的身高），另一类是电力的接入和安全饮用水的使用，并以此估计了科特迪瓦与加纳、马里和几内亚交界地区的"断点回归设计"（RDD）数值。当讨论到主要结果时，我们也考察了家庭的经济作物产量和收入情况。

科特迪瓦是一个有趣的研究案例；至少在20世纪80年代和90年代，它比其他邻国都要富裕得多。边界断点估值所提供的证据要复杂得多。

我们详细记录了在殖民时代决定各国边界位置的各种影响因素，这些足以表明，前定的地理和历史条件并不是福利在边界地区出现断点的原因。

20世纪80年代后期，在（科特迪瓦）与加纳交界的东部边界地区，在这四个方面存在大量的边界断点。然而，由于科特迪瓦90年代遭遇危机，而加纳迎来了复苏，边界收入差异大大减小，在营养方面的断点几近消失。在用电和安全饮水方面的断点仍然存在。相比而言，在其与相对贫穷和封闭的马里交界的北部边界地区，在90年代中期，科特迪瓦在收入和营养方面有所改善，但在用电方面并不乐观。在邻接几内亚的边界地区又是另外一个例子，科特迪瓦的优势荡然无存。一份更为详细的分析报告表明，由经济作物产生的收入是造成加纳和马里的边界地区存在消

---

① 边界的绝缘能力并不一定会带来好处。恩格尔伯特、塔仁果和卡特尔（2002）谈及政治的"分割"和"窒息"。此外，尽管在努力实现地区贸易一体化，但非洲的"巴尔干化"通常被认为是阻止了对规模收益的利用。然而，全面政治一体化的影响，远非简单规模的合并所能比拟（斯波劳尔和瓦克日亚格，2005）。

费水平差异的主要原因。由于在90年代，可可豆还没有流传到非洲最西部进行广泛种植，这同样也解释了在与几内亚交界的边界地区没有发现断点的原因。

边界断点反映出两种不种国家政策的作用效果：影响经济作物产量和公共设施建设投入。尽管这样的政策差异对边界地区有着很明显的影响作用，但这并不是一成不变的，一些边界地区在接下来的几年里也发生了不小的改变。我们认为，短期内非洲国家之间可能继续存在较多的边界断点，但这并不能必然反映出与持久的制度特征相联系的不同轨迹。

本文的第一部分提出了分析方法，并解释了经济计量学；第二部分详细介绍了边界的历史背景和地理背景；第三部分介绍调查数据和发展结果的边界断点，先是与加纳交界的东部边界地区，然后是北部边界地区；第四部分对经济作物渠道和国家政策进行了讨论；第五部分是结论。

一　分析方法

本文中我们将讨论在哪些情况下我们研究的边界可以被认为是历史上的"自然实验"。假设一个人出生于一个现在被叫做科特迪瓦的地区的某处。如果科特迪瓦像加纳那样，受到英国而不是法国的殖民统治，之后又生活在后殖民时期的加纳政策和体制下，她能够得到的福利将会有哪些呢？回答这个问题的难点至少有三个：（1）英国可能会建立不同的殖民制度来统治科特迪瓦；（2）即使只是就市场规模和出于一般均衡考虑，加纳和科特迪瓦的结合也并不会完全一致；（3）就算是加纳的社会制度保持不变，我们也并不能确定科特迪瓦的初始特征在与其交互之后会发生什么样的变化。现在，假设一个人出生于科特迪瓦与加纳交界的边界地区，想象这条边界就在几公里之外。将这个人划归加纳所属，只会对加纳的社会制度和经济产生微不足道的影响。此外，作为如此之近的邻居，这个人很可能会跟真正的加纳人一样，受到相同的地理条件限制，在国家沦为殖民地之前保持相同的原始状态。

设定 Y 为同时对两个国家的人口抽样采集的变量（如收入、用电情况等）。设定 C=0 或 1，作为虚拟变量，表示在该国家的居住情况。设定 $Y_i(0)$ 为结果，当个人（或者家庭）i 生活在国家 C=0；则 $Y_i(1)$ 代表在国家 C=1。观察到的结果如下：

$$Y_i = (1 - C_i) \cdot Y_i(0) + C_i \cdot Y_i(1) \tag{1}$$

对于平均处理效应的识别，E［Y（1）- Y（0）］很可能无法获取，但是基于边界距离的断点回归（RD）设计应该可以在邻近边界的区域内正确地接近它的局域最优（LATE）。

边界断点回归（RD）所需的假设条件

设定 D_i 为居住地点到边界地区的距离，正号代表的是国家 1 而负号代表的是国家 0，因此 $C_i = 1 \{D_i \geq 0\}$。在假定 E［Y（0）| D=d］以及 E［Y（1）| D=d］对 d 是连续的，那么，$\lim_{d \to 0+} E[Y | D = d]$ - $\lim_{d \to 0-} E[Y | D = d]$ 在边界地区（Hahn, Van Der Klauw, 2001）对平均的处理效应进行了估计。这也就是所谓的"犀利的"断点回归估计量。正如李（Lee，2008）在另一篇文章中的观点，对这种连续性的假定很难评估，也不可能进行检验。李的公式解释了这样的条件，在这一条件中，断点回归在临界值 D=0 时复制一个随机数。假定 Y 是由部分不可观测的随机变量 W 生成：Y（0）= y_0（W）以及 Y（1）= y_1（W）。W 代表与 Y 有关的个人、家庭或地方的类型。最后，设定 F（d | w）代表 D 在 W 上的条件累计分布函数。李设定的条件如下（Lee，2008，679）：

(i) F（d | w）满足 0 < F（0 | w）< 1

(ii) 由于 W 支持任一 w，当 d=0 时，F（d | w）在 d 上是连续可微的

重叠的条件（i）要求可以将 D 写作 D = Z（W）+ e，其中 Z 是 D 中可以预测的组成部分，e 是外生随机变化部分，因此每一种类型接受处理的可能性在 0 和 1 之间。无界性条件（ii）意味着当 d=0 时条件密度函数 f（d | w）在 d 中是连续的。在我们分析的情形中，这意味着在每一种类

型 w 中,十分接近于边界地区,以及被分配到边界两边的可能性是同等的。然而,在所有的人口中,D 可以随意地与 $Y(0)$ 或 $Y(1)$ 相关;除 W 之外,Y 还可由 D 直接生成(Lee,2008,680)。在这些条件下,"断点回归"估计是每一种类型 w 的 $y_1(w) - y_0(w)$ 之差的加权平均值,权重等于靠近边界的概率:$f(0|w)/f(0)$。

在区域层次,李所设定的条件要求不要将边界地区划分为两个国家之间的"类型" w。与边界地区距离随机性的根源在于殖民地时期边界定位的历史偶然性,我们将在下文中对此进行阐述。

在个人层次,同样的条件要求人们不要通过迁徙来"控制"他们与边界的距离。这对于诸如人力资本的具体化结果而言是一个典型的问题。基于 $y_1(w) - y_0(w)$ 或者更为普遍地基于 w 的国际迁徙,很明显是最为糟糕的情形。然而,即便基于 w 的国内迁徙是偏误的根源,也是因为在给定的类型 w 中,一国中心相对于其他地区将更具吸引力(比如,相比于阿克拉,阿比让有大量的好学校和好工作)。

因为我们没有观察到类型 w,我们也就不能直接检验这些假定的有效性,也就是说,这些"类型" w 的分布在边界两边都是一样的。

然而,我们可以对密度 $f(d)$ 在 $d=0$ 时的连续性进行考察以查看在边界地区的分类(也就是说,选定村庄定居或迁徙)。此外,我们还将对前定的可观测变量分布的断点情况(可预先确定)进行检验,如地理上的变量。我们将在第二部分处理这一情况。

我们解决国内向边界地区迁徙的办法是在边界区(加纳边界)户主或属于曼德-沃尔特民族户主子样本中进行估计。对于国际迁徙,我们还排除了居住于边界一侧国家但不是该国民众的户主(如居住于科特迪瓦边界一侧的马里人)。这是一种十分保守的过程,因为没有考虑从边界地区迁徙至首都城市或较为富裕的地区的情况。在本文之前的版本中,我们表明这种做法对于科特迪瓦的优势而言限制较小,这是因为国内迁徙在这一国家中的影响超过了其他迁徙。

边界"断点回归"的应用

为了施行上文描述的边界断点回归估测,必须以边界点 $D=0$ 为基础对回归函数 $E[Y(1)\mid D=d, C=1]$ 以及 $E[Y(0)\mid D=d, C=0]$ 进行估计。样本规模限制了使用的灵活性,但缓慢地集聚了非参数估计量。正如文献通常的做法一样,我们引入了参数性假设。此外,我们还谨慎地将数据压缩至调查的基本抽样单位(PSUs),并分析了基本抽样单位的平均值。所有的估计均使用基本抽样单位的权重。[①] 我们将对三种估计量进行考察。

第一,我们在局部使用线性回归,其带宽较窄,h 在 50 千米或 75 千米。

$$Y = \gamma(b).C + \alpha_0(b) + \beta_0(b).(1-C).D + \beta_1(b).C.D + \varepsilon \qquad (2)$$

其中 $-b \leqslant D \leqslant b$,$b=50, 75$。我们将这一估计量称为"边界断点回归"。

第二,我们忽略到边界 D 的距离,并对经纬度中的三次多项式进行估算,如戴尔(Dell,2010):

$$Y = \delta(b).C + P(a(b), LAT, LON) + \zeta \qquad (3)$$

其中 $-b \leqslant D \leqslant b$,$b=50, 75$,$a(b) \in \mathbb{R}^9$。在这一情况中,我们假定经纬度中的三次多项式恰当地描述了"类型" w 在边界两侧的空间。[②] 我们将该估计量称为"多项式断点回归"。

第三,也是最后一项,我们在地理距离上使用一种匹配估计,包含对边界距离的控制(也就是将匹配和远点回归特性结合起来)。我们将其称为"匹配断点回归"。这是由季邦思、麦凯和斯尔瓦(Gibbons,Machin and Silva,2009)提出的。我们将基本抽样单位 j 与其边界另一侧的最近邻居 v(j)相匹配。我们对匹配结果中的差异进行标注($\triangle Y_j = Y_j - Y_{v(j)}$)。

[①] 为了对国家之间抽样率的差异进行校正,基于国家总人口对基本抽样单位的抽样加权进行重新赋权。当然,这些"人口权重"仍然被作为统计推断的概率权重。

[②] $P(a, LAT, LON) = a_{10} LAT + a_{01} LON + a_{20} LAT^2 + a_{02} LON^2 + a_{11} LAT.LON + a_{30} LAT^3 + a_{03} LON^3 + a_{21} LAT^2.LON + a_{12} LAT.LON^2$。

因此，正的差异将表示科特迪瓦的优势（C=1）。随后，我们用标注的差异对到相配的基本抽样单位边界距离进行回归，而且在两侧分别进行回归：

$$\Delta Y = \theta(b) + \beta'_0(b).(1-C).D + \beta'_1(b).C.D + \eta \qquad (4)$$

其中，$-b \leqslant D \leqslant b$，且 b = 50，75。虽然地点 j 在相同国家的不同位置，但它们最近的邻居可能都是 v，我们便可以借助 v 将标准误差 η 聚类。①

在马里边界的案例中，样本规模太小，连用最窄的 50 千米边境宽度也难以适用，我们便用 100 千米宽度的估计取而代之，以便开展"边界断点回归"和"匹配断点回归"，我们将距离的平方加入边界（D^2，它也与虚拟变量 C 相互作用）。

当对发展结果中边界地区的断点情况进行检验时，我们为所有设定的模型添加了若干地理的控制变量：在加纳和几内亚边界地区我们加入了纬度，在马里的案例中，我们使用了经度、降雨量、海拔以及与最近河流的距离等变量。在模型设定（4）中，我们在相配的邻国之间对所有变量使用了差分（再次适当标注）。在本文余下的部分，我们使用缩写"BD"代表"边界断点"。

二 历史与地理背景

我们首先从文献以及法国殖民文件中的专门研究对科特迪瓦周围边界在历史上的调整进行考察。我们可借助阐明诸多假定（参见上文，对边界的随机变化部分）。② 随后，我们说明边界地区的地理特点。一些统计检验可以对这些假设进行评估。

---

① 我们还尝试了更多模型，包含到对方对应边界的距离。这些模型的估计与那些相对简单的模型相比并没有什么太大的不同，虽然简单的精确性相对较低。对于边界宽度为 75 千米的基本抽样单位而言，与最近邻国边界的平均距离在 10~13 千米。

② 为了节省空间，我们仅仅对历史考察作了简单总结。关于历史的更多信息可访问 http://wber.oxfordjournals.org/。

边界地区的发展：科特迪瓦与周边国家的政策和国家一体化进程

历史

从很大程度来讲，西非地区边界的划分是随意而武断的（Hargreaves，1985），通常都是根据殖民时代之前的政治实体来确定的。即使结构化的王国并没有地图，他们也能由讲不同语言的群体构成，如跨越加纳边界的加芒王国（Terry，1982）。族群是历史的产物，至少受到前殖民地时代、殖民地时代以及后殖民地时代政治的影响（Ameselle, M'Bokolo，1985；Posner，2005）。此外，对于种族名称的划分并不完全独立于国家政治经济。尽管有文字说明，我们还是可以在现有的地图中验证这一点。在现有的地图中，我们考虑的国际边界（Murdock，1959；《源自于人种学的语言地图》，Levis，2009）并没有被复杂的民族-语言地区边界所混淆。

在19世纪，科特迪瓦与加纳之间边界的大部分地区被阿善提王国所控制。阿善提王国的首都是库玛西，位于目前加纳的中部地区。1986~1988年，在距离边界不足75千米的若干地区，调查显示，50%以上的户主都属于库阿语民族-语言群体，其中包含阿善提人——占科特迪瓦总人口的56%，加纳总人口的59%。19世纪末期，法国和英国人通过与当地的王国签订《保护国条约》将其统治从海岸边的贸易港口地区向北拓展。英法这两个殖民国家之间的协商最终导致了边界地区中部前殖民时代政治实体的分裂（Gyaman, Indenie, Sefwi）。在南部地区（Sanwi），独立之后曾经出现过一次不成功的叛乱，对边界调整表达了不满。该地区最后一次划界的布局在1988年达成。在该布局图上，画有柚木、界标以及柱脚等标识。

我们考察的科特迪瓦的其他两段边界并未能清晰界定（Brownile，1979）。在调查中，大部分户主都属于曼丁哥-沃尔特民族语言种群。特别是，科特迪瓦和马里之间的边界东部地区横亘着塞努福地区，西部地区则是曼丁哥地区。法国占领以及19世纪末针对阿尔玛米-萨摩里-图尔的战争造成的危害反映了法兰西帝国内部的边界划分，并使得之前的政治实体被分割（Kenedougou and Kong kingdoms）。直至第一次世界大战之后，这些边界地区才稳定下来。

我们还使用了法国殖民地时期的资料（Huillery，2009），并试图挖掘法兰西帝国（马里和几内亚）内部边界地区初始状态的差异。成对的比较并不会揭示欧洲人定居、税收收入或公共支出（参见补充附录中的表S1.1）的重大差异。可能有一个例外，那就是马里的边界地区人口密度较大。正如我们在接下来的子章节中将看到的，这个特点将完全反过来。

地理

首先，我们对边界沿线地区人口密度的连续性进行考察。在这一背景下，必须对通常被用来分类（Lee, 2008; McCrary, 2008）的"断点回归"检验进行调整。我们不能仅仅计算基本抽样单位，这是因为不同国家的抽样调查的抽样分层以及抽样比例都会有所不同。对于每一种带宽以及各种边界规模，我们通过这一方法划分最初的权重以便对标准化的"相对基本抽样单位权重"进行计算。这一检验可以发现是否在边界的一侧有比另一侧靠近边界地区更多的人。表1中的第一行表明了对加纳边界地区检验的结果：没有发现边界断点的情况；一个小例外是在50千米带宽情况中多项式方法的结果。这一情况同样也出现在马里和几内亚距离边界75千米的地区（参见附录A，表A.1），因此这是我们在各处都偏好的带宽选择。

随后，我们用五个地理变量对家庭调查的基本抽样单位的特征进行描述，这五个地理变量为：降雨量、海拔、与最近河流的距离、人口密度、与最近地区性城市的距离以及与首都的距离（参见补充附录S2以获取更多关于变量来源和构建的详细信息）。1960年居住人口超过5000人的城市地利位置信息来源于非洲波利斯数据库。[①] 在划定边界之前，不应当将自然地理情况考虑在内，以避免出现先入为主的情况。森林采伐将影响降雨量，即使是地势或水道在一定程度上也受到人类活动的影响。此外，可以基于非随机的定居点样本，对地理断点进行衡量。然而，我

[①] 这一来自地理学家的数据库（SEDET, CNRS以及巴黎第七大学）或许是迄今为止最为完整的。由衷感谢埃里克·丹尼斯让我们使用该数据库。我们不倾向用调查中的城乡分类，原因是（i）不同国家并没有使用相同的城市地区定义，所以我们在调查中不使用城市/农村的地点分类，此外（ii）它还将城市边缘的农村地区与更为边远的地区混淆。

们不希望在降雨量、海拔、水文地理中发现断点的情况，我们也认为这样的结果证明了边界划分的准随机性。相反，建构性地理，如人口密度或城市分布，并不能独立于边境情况而存在。无论怎样，我们都希望发现福利断点在多大程度上与城市结构中的断点相关联。最后，由于国家形态和空间组织的不同，与首都或大城市的距离在边界地区的变化并不是那么明显。边界效应包括了首都城市的变化，以及与首都城市距离的改变。

科特迪瓦与加纳边界地区的大部分并没有遵循自然界线，除了在最南边的咸水湖和最北边的黑沃尔特河之外。考虑到我们样本的分布，这两部分对于我们的估计贡献甚少，将它们排除在外也不会改变结果。除了与首都的距离之外，与加纳交界的边界地区并没有在我们的地理变量中表现出任何断点：加纳边界与阿比让的距离比与阿克拉的距离要近 130～150 千米（参见表1）。

表1　科特迪瓦与加纳边界地理变量

边界宽度（千米）	边界断点回归		多项式断点回归		匹配断点回归	
	50	75	50	75	50	75
基本抽样单位相对权重[a]	-0.25	-0.14	-0.35	-0.19	-0.06	-0.13
	(0.20)	(0.18)	(0.18)	(0.18)	(0.41)	(0.30)
降水量（毫米每日）[b]	+.028	+.012	-.008	-.011	-.011	-.005
	(.020)	(.021)	(.006)	(.007)	(.006)	(.005)
海拔（米）	+25	+25	+20	+19	+0	-1
	(37)	(25)	(32)	(23)	(22)	(16)
距离最近的河流（千米）	-1.5	-1.1	+4.0	+3.5	+0.1	-1.5
	(8.9)	(6.6)	(6.4)	(5.3)	(5.4)	(4.0)
1990年与人口超过5000人的城市距离（千米）	+14.1	-3.7	-3.2	-8.3	+6.9	+0.2
	(16.0)	(15.7)	(20.0)	(16.9)	(30.3)	(23.4)
1996年与人口超过5000人的城市距离（千米）	-6.3	-13.5	-18.1	-21.3	-5.9	-10.4
	(11.0)	(8.8)	(11.9)	(12.8)	(15.1)	(11.9)
1990年的人口密度（人数/平方公里）	-5.9	-17.5	+3.7	-17.7	-6.3	-4.4
	(11.2)	(26.3)	(10.3)	(12.9)	(7.6)	(9.7)

续表

边界宽度（千米）	边界断点回归		多项式断点回归		匹配断点回归	
	50	75	50	75	50	75
距离首都城市（千米）	-131***	-136***	-150***	-153***	-137***	-140***
	(14)	(14)	(13)	(13)	(22)	(19)

备注：参见等式（2）（3）和（4）以获知估计量。就"边界断点回归"和"匹配断点回归"而言，唯一的控制变量是纬度。

a 在边界两侧将概率权重标准化。非加权估计。

b 1984~2001年的平均数。正数表示有利于科特迪瓦的差异。圆括号内为标准误。***：$p < 0.01$；**：$p < 0.05$；*：$p < 0.10$。

资料来源：笔者的分析基于本文中介绍的数字。基本抽样单位是带宽窗口（距离相应的边界50千米或75千米）。

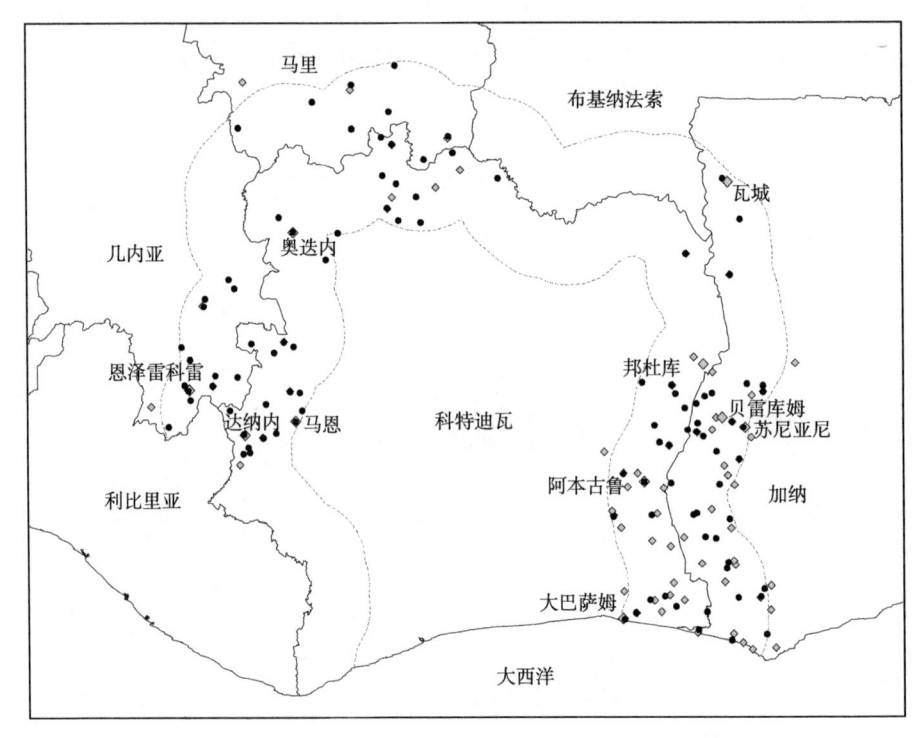

图1 含有基本抽样单位和地区性城市的边界地区地图

备注：黑点表示1986~1988年对科特迪瓦和加纳边界地区进行调查的主要抽样单位地点，以及1992~1994年对马里和几内亚边界地区进行调查的主要抽样单位地点。灰色的菱形表示1990年地区性城市的位置（5000名居民或更多）；只有人口多于30000人的城市才会标注出城市名称。虚线则划定了边界周围75千米的带宽。

在马里75千米宽的边界区域也发现了同样的情况，除了边界地区到阿比让的距离比到巴马科的距离远大约300千米之外（表A.1的第一栏）。正如图1所示，在边界两侧的西部地区，基本抽样单位尤为鲜见，可能因为寄生虫病流行，该地区人口稀少。那么，去掉两个或三个位置最靠西的基本抽样单位（西经7度之上）也大致无影响。当将边境宽度扩大至100千米，我们可以发现象牙海岸位于南部的基本抽样单位便远离边界。将它们包含进来，就在降雨量上得到一个突出的"匹配断点回归"。因此，选择75千米的边境宽度是更为可取的。

在加纳和马里的边界中，科特迪瓦一侧的城市化程度要稍高一些。虽然并不十分明显，但据估算，1990年，科特迪瓦的地点离区域性城市的距离要近6~21千米（科特迪瓦与加纳边境，表1），或7~13千米（科特迪瓦与马里边境）。然而，考虑到与这些早在1960年时就成为城市的地点之间的距离时，边界断点便有所反转，尤其是在马里边界地区。我们将这种独立后的城市化过程归功于科特迪瓦的经济增长。或者，从更小的局部来看，原因在于可可（加纳）和棉花（马里）生产的扩大。马里边界一侧人口密度较低，其原因在于"盘尾丝虫病"的持续肆虐，而科特迪瓦之前就已经消除了这一病害。

最后，看几内亚的情况，其一半边界的调整都是以河流为基础的；"从地图可以看出，部分河道是弯曲的、模糊的且被多支武装所占领"（Brownlie，1979，374）。几内亚边界的南部又是崇山峻岭。在海拔和与河流的距离方面，断点的情况比较少见，因此边界断点估计比较困难。所以，在我们的阐述和结论中，它所占的分量较小。然而，在这一边界中，根本就找不到福利断点的情况。

三　数据和主要结论

本部分在对调查数据进行简要的展示之后，我们对发展结果变量中的边界断点进行了分析。

发展结果的调查数据

我们搜集并建立了一个包含15个主题的家庭调查数据库：其中7个关于科特迪瓦、6个关于加纳、1个关于马里、1个关于几内亚。这些调查在1986～1988年进行（表A.2）。我们主要使用与世界银行在20世纪80年代设计的生活标准衡量调查（LSMS）框架一致的"收入调查"数据。这些调查对消费和收入来源进行衡量，我们借助地名对基本抽样单位的地点进行精确编号。此外，我们还借助人口学和健康调查（DHS）对该收入调查进行补充。人口学和健康调查虽然不衡量消费，但记录人体测量数据以及居住条件。所有的抽样设计采用两阶段地区分层的方法，每一个基本抽样单位包含12～25户人家。

我们选择分析四种不同的福利因素：人均消费、儿童年龄身高、用电以及人工加工水。虽然这些调查存在着多论题性质，但几乎没有其他的福利因素可以用于比较。

第一，我们构建一个家庭支出变量，包含所有当前的支出，如衣、食、住、行、估算的租金和教育方面的开支。我们仅仅将那些很少发生或者难以度量的开支排除在外，如健康、耐用品和转移支出等方面的开支。除马里之外，我们还计算了自产食品消费的价值，并将其计入家庭开支，以获得一个总消费变量。在国家消费价格指数上，我们使用月度数据，并以1988年或1993年的价格表示单个家庭的消费。以1988年和1993年的美元汇率和价格来对家庭消费水平进行对比。① 我们考虑了农业收入的一个重要组成部分——该地区家庭生产的三种主要经济作物：可可、咖啡与棉花。我们计算销售产品的价值，通过家庭直接报告（加纳和几内亚边界），或者以官方和统一生产者价格乘以实际数量（马里边界；对于马里的调查仅仅记录了棉花的产量）。我们还将提取家庭成员的工资收入数据。

第二，可以获得6个月到4岁儿童（59个月）的身高数据，但在一些DHS数据中仅能获得6～35个月儿童身高的数据。我们借助世界卫生组织

---

① 关于变量构建的更多信息，请参见附录S2节。

标准构建了一个身高年龄 Z 评分，当 Z 评分低于 -2 时，我们将儿童确定为发育不良。

第三，从这两种类型的调查来看，我们构建了一种虚拟变量，表示家庭是否将电力作为房间照明的主要电源。然而，这一调查并没有将连接至电网的家庭和使用私人发电机的家庭区分开来。

第四，第二个哑变量，也就是家庭是否能够使用到人工水源（除了河流、湖泊、池塘或雨水之外的任何水源；仅限加纳边界）。

与加纳的边界

在 1986~1988 年，国民账户和收入调查都得出了相似的人均消费。以 1988 年价格和美元汇率计算，科特迪瓦比加纳要更为富裕，人均消费要高 344~375 美元（表2，第一栏）。根据 FAO 数据和调查得出数字计算的可可和咖啡收入数据也非常一致。当我们将均值的比较限定在沿着边界的行政地区的子样本时，消费的差距有所缩小，但也高达 282 美元，经济作物收入的差距扩大到 174 美元，这是因为科特迪瓦一边是十分重要的可可和咖啡产区。由于可可和咖啡在 1987 年国际价格的崩溃，价格在 1990 年几乎被腰斩，使得科特迪瓦宏观经济危机在 1993 年遭遇最艰难时刻。相反，加纳开始逐步从 20 年的经济和政治混乱中恢复过来。在科特迪瓦，调查数据比国民账户数据下降更多。这可能是由于 1992~1993 年的调查不够触及细节导致的偏误，和/或因为国民账户不够精确，国民账户将残差作为私人消费。即便是在边界地区，科特迪瓦仍然是最为富裕的国家，其人均收入也要高出 76 美元。经济作物收入的差异在统计上表现得十分重要，但低到 1/10（17 美元）。然而不巧的是，1992 年加纳收入调查中地理坐标的缺失，使得我们无法用消费和收入数据计算边界断点。

表2　国民账户和调查方法：科特迪瓦、加纳以及马里

	科特迪瓦	加　纳	差别[e]
1986~1988 年 官方：人均消费[a]	651	308	+344

续表

	科特迪瓦	加 纳	差别[e]
调查：人均消费[b]	665	290	+375***
边界地区同上[d]	593	311	+282***
官方：可可+咖啡[c]人均收入	123	10	+113
调查：可可+咖啡人均收入	95	8	+87***
边界地区同上[d]	192	18	+174***
1993年			
官方：人均消费[a]	505	341	+164***
调查：人均消费[b]	417	323	+94***
边界地区同上[d]	350	274	+76***
官方：可可+咖啡[c]人均收入	42	7	+35
调查：可可+咖啡人均收入	29	5	+24***
边界地区同上[d]	30	13	+17***

	科特迪瓦	马里	差别[e]
1993年			
官方：人均消费[a]	575	237	+338
调查：人均消费[b]	395	174	+221***
边界地区同上[d]	188	79	+110***
官方：可可+咖啡[c]人均收入	5	8	+2
调查：可可+咖啡人均收入	7	7	+0
边界地区同上[d]	57	14	+43***

备注：a 国民账户中家庭人均最终消费支出。资料来源：世界银行2012。

b 第一栏（加纳）：家庭人均消费，包括消耗的自产食物。下一栏（马里）：家庭人均现金支出。

c 对应的生产价格乘以可可豆、生咖啡或者籽棉产量，再除以总人口。资料来源：FAOSTAT 2012。

d 边界沿线的行政区域。加纳边界：阿本古鲁、阿博伊索、阿本、邦杜库以及坦达（科特迪瓦边界一侧）；西部和布朗阿哈福（加纳一侧）。马里边界：本贾利、费尔凯塞杜古、科霍戈、奥迭内、廷戈内；布古尼、卡迪奥罗、科隆杰巴、扬福利拉。还可参见在线附件补充附件地图 S2.1。

e 第一栏与第二栏的差。在调查均值比较中，根据基本抽样单位将误差聚类：***：$p < 0.01$；**：$p < 0.05$；*$p < 0.10$。

资料来源：笔者的分析以本文中列出的数据为基础。备注：以美元计价。第一栏（加纳）：1988年价格和汇率。下一栏（马里）：1993年价格和汇率。1986~1988年：是1986~1988年的平均数。

表 3 报告的是边界断点的估计值。也包含两个时期，一个是 1986~1988 年，另一个是 1993 年；以及四个福利指标。第一列是国家层次调查均值的差异，(2a) 到 (4a) 列则分别是我们在设定两种边界宽度（50 千米或 75 千米）时使用三种估计方法的边界断点，见表 1。在 1986~1988 年，我们能够将估计限定在出生于边界行政区域出生的户主子样本以及国内居民样本中。这使得我们可以检验，在同一地区或同一"种族"的人之间是否存在断点，原因是上文提到的部分文献关注这一维度，特别是共同的倾向或密集的贸易流动将不同族群的福利均等化。由于 1987 年加纳 GLSS1 调查（非随机地）遗漏了种族价值，因此我们倾向于使用地区生育变量而非库阿民族变量。

表 3　科特迪瓦与加纳边界地区的断点

边界宽度 （千米）	Nat.	线性断点回归		多项式		匹配	
		50	75	50	75	50	75
	(1)	(2a)	(2b)	(3a)	(3b)	(4a)	(4b)
A：1986~1988 年							
人均消费的对数	+0.75*** (0.04)	+0.74*** (0.23)	+0.64*** (0.15)	+0.79*** (0.23)	+0.65*** (0.15)	+0.68*** (0.07)	+0.68*** (0.07)
户主出生于边界地区[a]		+0.85*** (0.18)	+0.68*** (0.14)	+0.93*** (0.18)	+0.70*** (0.15)	+0.77*** (0.05)	+0.72*** (0.04)
人均支出的对数	+0.82*** (0.07)	+0.57* (0.34)	+0.67*** (0.25)	+0.70** (0.30)	+0.57** (0.24)	+0.54*** (0.13)	+0.65*** (0.12)
户主出生于边界地区[a]		+0.45 (0.28)	+0.49** (0.22)	+0.65** (0.26)	+0.47* (0.24)	+0.41** (0.16)	+0.54*** (0.10)
6~59 个月儿童发育不良率（%）	-12*** (1)	-38*** (8)	-25*** (8)	-44*** (9)	-35*** (9)	-37*** (6)	-29*** (3)
户主出生于边界地区[a]		-33*** (8)	-11 (7)	-35*** (9)	-23*** (8)	-26*** (4)	-17*** (2)
6~35 个月儿童发育不良率（%）	-6*** (2)	-26*** (7)	-16** (6)	-32*** (9)	-27*** (8)	-28*** (5)	-21*** (3)

续表

边界宽度（千米）	Nat.	线性断点回归 50	线性断点回归 75	多项式 50	多项式 75	匹配 50	匹配 75
	(1)	(2a)	(2b)	(3a)	(3b)	(4a)	(4b)
通电率（%）	+17*** (4)	+34 (34)	+48** (22)	+29 (32)	+33* (19)	+31 (19)	+36** (16)
净水使用率（%）	+37*** (3)	+43 (29)	+26 (16)	+35* (22)	+15 (20)	+25* (14)	+31*** (8)
科特迪瓦样本/加纳样本	199/344	14/25	19/40	14/25	19/40	14/25	19/40
B：1993年							
6~35个月儿童发育不良率（%）	+4*** (2)	−1 (10)	−6 (9)	−1 (9)	−4 (8)	+8 (8)	+6 (7)
通电率（%）	+12*** (3)	+35*** (13)	+36*** (10)	+22* (12)	+28** (12)	+26** (12)	+26** (12)
净水使用率（%）	+21*** (3)	+44*** (15)	+24* (13)	+36* (14)	+41*** (13)	+45*** (8)	+28*** (9)
科特迪瓦样本/加纳样本[b]	714/401	61/129	83/47	61/29	83/47	61/29	83/47

范围：边界宽度窗口中的基本抽样单位（距离相应的边界50千米或75千米）。

备注：以1988年价格和汇率计算的消费和支出。从（2a）到（4b）栏：控制变量包括纬度、降雨量、海拔、与河流的距离。

[a] 户主出生在边界地区：出生于边界沿线地区的户主（参见表2脚注d）。

[b] 科特迪瓦边界一侧是收入调查和DHS的混合数据。DHS（人口学和健康调查）只有加纳一侧的数据。数字为正数表明有利于科特迪瓦。圆括号内为标准误。***：$p<0.01$；**：$p<0.05$；*$p<0.10$。

资料来源：笔者的分析以本文中列出的数据为基础。

1986~1988年，即便我们将样本限定在户主为土生土长的边界地区人员的情况下，在人均消费方面仍然发现了显著的"边界断点"，其范围为+0.64至+0.93（表明这两个国家边界地区巨大的收入差异）。虽然平均值（+0.41至+0.70）较低，但现金支出对数的"边界断点"同样支持这一结论。

边界地区的发展：科特迪瓦与周边国家的政策和国家一体化进程

虽然第五部分我们才详细探讨导致这些结果的渠道，但现在仍然需要评估价格水平差异发挥的作用，这是因为在"名义"消费中的断点可能与实际购买力中的断点并不匹配。据世界银行估算（2012），在1988年科特迪瓦的私人消费的物价水平大体为加纳的0.98，根据佩恩世界表格7.1（Penn World Tables；Heston, Summers and Aten, 2012），按照1988年官方汇率（也就是说298非洲法郎和202赛地分别兑换1美元），科特迪瓦私人消费的物价水平大约为加纳的1.09。1983年之后，加纳政府开始了逐步对赛地贬值的过程，最终导致1990年的自由浮动，并消除了黑市溢价。1988年，据估计，黑市汇率为252赛地比1美元。① 1988年，用黑市汇率取代官方汇率，可以将消费的边界断点提升1.25（252/202）个因子。因此，边界地区的实际汇率也不会改变实际人均消费大断点的结论。②

此外，科特迪瓦发育不良儿童的比例也与科特迪瓦在消费上的优势一致。对于6个月到4岁的儿童，我们发现存在一种大且稳健的"边界断点"，大概在19%~44%，并且只有一个例外（边界宽度为75千米以及户主出生在边界地区的情况）。关于年龄更小的子样本（6~35个月），估计的百分比在16%~32%。1993年，当边界地区的收入差距必须被控制在最低限度之时（参见表2及上文），低龄儿童发育不良的边界断点便再难寻踪迹。对于科特迪瓦而言（Cogneau and Jedwab, 2012）发现可可生产价格在1990年的大幅度下降对于2~5岁儿童的身高有巨大影响，对于年龄更小的儿童影响稍小。

最后，在大多数估计中，用电方面的"边界断点"是很大的；在1986~1988年，这方面的"边界断点"总是保持在29%的高位之上。

---

① 数据来源于罗伯特·贝特（Robert Bates）、卡恩·菲力（Karen Feree）、詹姆斯·哈比亚利马纳、麦卡腾·汉弗里（Macartan Humphreys）和萨米塔·辛格（Smita Singh），2001年。《经济数据（2005年更新）》，http://hdl.handle.net/1902.1/14978 UNF: 5: 8vHso DT1Q8sUbiTZgDkctw 1/4 1/4 Murray Research Archive [Distributor] V1 [Version]。

② 在完全不同的背景下，戈达纳特、古兰沙、谢和李（Gopinath, Gourinchas, Hsieh and Li, 2011）发现在加拿大和美国边界地区零售和批发市场是分割的。然而，相对价格随着名义上的汇率变动，因此实际汇率变动的空间就很小了。

但是，当在研究中使用了最小宽度为 50 千米的边界时，数据便缺乏精确性。净水方面的"边界断点"一直为正数，但精确性更为欠缺。1992～1993 年，在科特迪瓦边界一侧使用更大的样本规模时，边界两侧的断点都处于同样的范围，并具有更高的统计显著性。[①] 1998 年的结果尚不得而知；虽然在科特迪瓦边界一侧的样本规模较小（仅有 11 个基本抽样单位），但其结果似乎可以印证科特迪瓦在公用设施方面对加纳的相对优势。[②]

表4　科特迪瓦与马里和几内亚边界的断点

边界宽度 （千米）	Nat. (1)	线性断点回归		多项式		匹配	
		75 (2a)	100 (2b)	75 (3a)	100 (3b)	75 (4a)	100 (4b)
A：1993 年科特迪瓦/马里人均支出对数	+0.89*** (0.07)	+0.91 (0.59)	+1.41** (0.68)	+0.90** (0.34)	+1.06* (0.59)	+1.52*** (0.64)	+2.02*** (0.49)
"曼德-沃尔特"户主[a]		+0.93 (0.55)	+1.51** (0.66)	+0.87** (0.30)	+1.18** (0.54)	+1.39*** (0.61)	+1.88*** (0.49)
"曼德-沃尔特"& 国内户主[b]		+0.84 (0.56)	+1.45** (0.67)	+0.76** (0.35)	+1.10** (0.55)	+1.21* (0.61)	+1.70*** (0.50)
6～59 个月儿童发育不良率（%）	+2 (2)	-13* (7)	-3 (9)	-21*** (6)	-16** (6)	-20** (8)	-16** (8)
"曼德-沃尔特"户主[a]		-14** (7)	-7 (9)	-21*** (5)	-16** (5)	-18** (8)	-16** (8)

---

① 仅仅借助人口统计学和健康学调查（DHS）在宽度为 75 千米的边界的数据，虽然样本规模减小导致结果的精确度下降，但结果是类似的（通电率：+44**，+40*，+35；净水使用率：27*，+44***，+32**）。

② 1998 年，选定边界宽度为 75 千米，通电率的估计结果为 +81***，+63***，+48**；净水使用率的估计结果为 +30*，+20，+19**。

边界地区的发展：科特迪瓦与周边国家的政策和国家一体化进程

续表

边界宽度（千米）	Nat. (1)	线性断点回归 75 (2a)	线性断点回归 100 (2b)	多项式 75 (3a)	多项式 100 (3b)	匹配 75 (4a)	匹配 100 (4b)
"曼德-沃尔特" & 国内户主[b]		-13* (7)	-4 (12)	-17* (9)	-15** (7)	-18** (8)	-16 (11)
通电率（%）	+36*** (2)	+10 (11)	+9 (13)	+15 (15)	+16 (12)	-1 (6)	-16 (11)
科特迪瓦样本量/马里样本量	468/473	13/11	32/31	13/11	32/31	13/11	32/31
B：1993年科特迪瓦/几内亚人均支出对数	+0.44*** (0.07)	-0.03 (0.53)	-0.28 (0.64)	-0.08 (0.68)	+31 (0.62)	-0.07 (0.32)	-0.42 (0.38)
6~59个月儿童发育不良率（%）	+12*** (2)	+23 (22)	+29 (22)	+14 (16)	+5 (19)	+11 (11)	+17 (17)
通电率（%）	+21*** (3)	+30 (20)	+14 (22)	+11 (14)	+35* (21)	+10 (6)	+9 (8)
科特迪瓦样本量/几内亚样本量	468/312	27/22	37/28	27/22	37/28	27/22	37/28

范围：边界宽度窗口中的基本抽样单位（距离对应的边界50千米或75千米）。

备注：在100千米边界宽度情况中的（第2b列和4b列）"边界断点回归"和"匹配断点回归"，样本规模允许在到边界的距离中使用二次方程式，而不是简单的线性方程。第（2a）列到（4b）列：控制了纬度（马里）或经度（几内亚）、降雨量、海拔以及到河流的距离。

a 来自曼德-沃尔特语言族群的户主。

b 国内：排除外国移民。

正数表明差有利于科特迪瓦。圆括号内为标准误。＊＊＊：$p<0.01$；＊＊：$p<0.05$；＊$p<0.10$。

资料来源：笔者的分析以本文中列出的数据为基础。

北部边界

现在，我们对科特迪瓦与马里以及几内亚的北部边界进行考察。①

虽然1993年对于科特迪瓦而言是一个相当不好的年份，但表2中的宏观经济数据表明，科特迪瓦在家庭人均消费方面仍然远高于马里。以1993年的汇率和价格计算，科特迪瓦的家庭人均消费大约在300美元之上。虽然之前提出了一些警告，但在现金支出上，国民账户数据与调查数据的均值（差距为221美元）保持了一致。当关注边界沿线的行政地区时，我们发现即便科特迪瓦边界一侧的优势减少一半，其优势也仍然巨大，大约为110美元。在国家层面上，即使人均棉花产量相当，但马里一侧边界地区在1993年的棉花产量很少，这使得科特迪瓦一侧边界地区的人均收入多出43美元。

由于铝土矿资源，几内亚比马里要更加富裕，但几内亚与科特迪瓦的不同在于几内亚的人均消费仅仅达到200美元（未列出）。此外，虽然矿区并不在边界地区，但调查对边界地区的对比表明几内亚一侧的边界地区并不比科特迪瓦贫穷（未列出）。

在马里和科特迪瓦边界，人均现金支出对数的"断点"甚至比在科特迪瓦和加纳边界地区的更高，根据不同宽度标准和考察的人口数量的估计，范围在+0.84至+2.02。但是回想一下前面的内容，对于模型识别来说，75千米的边界宽度可能将更加可靠（参见上文）。当选用这一边界宽度时，上限将降低到+1.52。将调查限定于曼德－沃尔特民族的户主，也就意味着排除了少数的科特迪瓦南方人，如派遣到北方的公务员，这样也就使得估计值有所下降。② 此外，如果我们进一步将国际移民

---

① 在本文的早期版本中，我们还对科特迪瓦与布基纳法索的边界进行了考察。然而，由于样本规模和分布的问题，识别有瑕疵。此外，还对科特迪瓦与北部邻国的边界进行了研究。参见附录第S3节。

② 曼德包括，特别是班巴拉族、波波族、贾拉、马林凯人和索颌人，沃尔特人或古尔人则包括洛比人、莫西人、塞努富人。曼德和沃尔特族群在语言上十分相近，在地图上也是相依相存的。民族归类并非同种；特别是对于马里的调查，记录的是采访语言而非"民族"。然而，科特迪瓦记录的是出生的地点而非语言，因此我们也就没有别的选择。

（移民到科霍戈这样的科特迪瓦地区性城市的相对富裕的马里人）排除在外，那么边界断点会变得更小，但仍然位于+0.8至+1.2之间。

由于马里与科特迪瓦都使用西非法郎，因此对货币性福利的比较就相对便利。我们承认，名义消费的边界断点可能会与实际消费和价格水平的断点混合在一起。然而，虽然牛肉是北方国家传统的出口物，而可乐果是树林丛生的科特迪瓦的传统出口品，但也还有许多货物（诸如大米或小米等谷物，纺织物和零部件，等等）根据市场需求沿边界的贸易通道流通，因此需要对持续的价格差异进行限制（Labazee，1993）。在国家层次上，世界银行1993年的数据表明马里的私人消费价格水平要低0.81；赫斯顿、沙美思和艾滕（2012）报告的比率为0.75。即便他们在边界地区处于绝对优势地位，这些数量也不会消除实际消费中较大的边界断点。1994年西非法郎的贬值使得比较产生了新的困难，这是因为对马里收入的调查是在年中（3月和6月之间）进行的，而对于科特迪瓦的调查则是在1992年底和1993年进行的。正如前文提及，用月度价格对通胀进行校正。马里现金支出的平均紧缩指数为0.90（1993年价格对当前价格的比例），这表明在货币贬值50%六个月之后，出现了10%的通货膨胀。随后，我们再次发现，即便在我们没有对马里的消费和收入变量进行折算的情况下，科特迪瓦的优势也依然是明显的。

此外，发育不良儿童比例的边界断点依然与消费数据一致，观察到的国家平均水平没有差异。在非洲，除了收入之外，气候与生态对身高具有决定性作用（Moradi，2012）。在西非，所有的人体测量数据都表明，来自大草原的人要比来自丛林的人身材高大，这是因为他们从乳制品和肉类中摄入了更多的蛋白质（由于存在采蝇，南部地区无法圈养牛）。在对马里的调查中，来自北部的儿童比靠近马里和科特迪瓦边界的儿童个子要高。因此，当将比较限定在同样的生态环境中时，我们发现了营养方面的重大"边界断点"：在我们所偏好的75千米边界宽度中，科特迪瓦边界一侧的儿童发育不良的比例要低13～21个百分点。下一章将给出证据说明父母收入可以在很大程度上解释这一"断点"。

最后，虽然科特迪瓦普通家庭用电率比马里家庭高出36%（第1列），但我们在边界地区未发现通电情况的断点。

在科特迪瓦与几内亚的边界区域中，不存在人均消费、发育不良或者用电方面的边界断点（表4下端一栏）。

四 公共政策的作用

我们认为，两个主要因素决定了科特迪瓦与其邻居在福利方面边界断点是否存在。第一个因素是调控经济作物领域（可可、咖啡和棉花）的公共政策，包括通过行政手段确定生产价格或农业推广以及产量补贴。第二个因素是公共投资，在全国或地方对诸如电力和净水的基础设施和公用设施进行投资。

由于经济作物收入主要来自于农村地区，但公用设施最初也仅能覆盖到城市，因此我们将城市结构引入分析之中。我们可以借助这一方法对边界断点估算的可靠性进行检验。我们利用地理因素部分中讨论过的一个变量，即1990年到人口超过5000人的城市的距离。由于规模较小，我们仅能将城市分为两类：距离城市5千米以内或距离城市超过5千米。随后，我们借助从同类城市最近邻居获取的基本抽样单位对新的"匹配断点回归"估量进行计算。[①] 我们报告了全样本和将边远农村地区（5千米以上）排除的样本的匹配断点回归估计结果，这样做的原因是我们对75千米边界宽度的选择情有独钟。结果表明"全样本"和"5千米"以上样本的估量几乎是一样的。确实，城市或者城市边缘地区（0～5千米）通常不会离边界太近，这是与那些"造成"边界断点的边远农村地区（表5）差距的主要原因。除了对"城市和农村"进行区分之外，我们对经济作物产出和收入也进行了"边界断点"分析。

在科特迪瓦与加纳的边界（1986～1988），现金支出对数的边界断点，对于区分城市/城市边缘（0～5千米）和边远地区，结果十分稳健。

---

① 对于其余的情况而言，估算保持一致；参见等式（4）。在马里边界，在75千米的边界带上，仅发现了5户城市或城市边缘居民基本抽样单位，我们将这5个基本抽样单位与最近的邻居相配对，也难以顾及城市化的分类等级。参见表5备注。

对全样本而言（第1a列），匹配断点回归估计结果+0.62与表3第4b列中+0.65的最初发现具有可比性。当样本限定于农村区域（第1b列）时，结果降低至+0.52，但仍然十分显著。在与马里接壤的边界地区（1993），大部分基本抽样单位都是农村地区，同样的限制导致了现金支出对数高达+0.86的显著边界断点。在与几内亚接壤的边界地区（1993），仍然未发现断点（第3栏）。

现在，我们再次对经济作物产出和收入进行探讨。

表5 经济作物渠道

	加纳 1986~1988年		马里 1993年		几内亚 1993年
到城市的距离（千米）：	全样本 75	5+样本 75	全样本 75	5+样本 75	全样本 75
边界宽度（千米）：	(1a)	(1b)	(2a)	(2b)	(3)
人均支出的对数	+0.62*** (0.13)	+0.52*** (0.13)	+1.52*** (0.64)	+0.86** (0.31)	-0.22 (0.22)
主要经济作物[c]人均产量（千克）	+29 (30)	+23 (46)	+733*** (211)	+664*** (84)	+9** (3)
经济作物人均[b]收入（美元）[a]	+194*** (43)	+184*** (65)	+237*** (68)	+214*** (27)	+16*** (2)
人均现金支出（美元）[a]	+177*** (52)	+120** (48)	+173** (61)	+117** (38)	+2 (37)
含控制的人均经济作物收入[d]	+135 (99)	-2 (77)	+48 (56)	-13 (32)	+63 (64)
含控制的经济作物收入和工资收入[e]	+21 (53)	-1 (65)	+39 (53)	-13 (39)	-31 (20)
6~59个月儿童发育不良率（%）	-26*** (6)	-32*** (5)	-20** (7)	-24*** (7)	+16 (13)
控制人均支出[f]	-10 (7)	-8 (5)	-5 (12)	-8 (14)	+14 (13)
通电率[g]（%）	+28** (13)	+22** (11)	-2 (6)	-6 (4)	+0 (4)

续表

到城市的距离（千米）：	加纳 1986~1988 年		马里 1993 年		几内亚 1993 年
	全样本 75	5+样本 75	全样本 75	5+样本 75	全样本 75
边界宽度（千米）：	(1a)	(1b)	(2a)	(2b)	(3)
N	19/40	10/30	13/11	10/9	27/22

范围：边界宽度窗口中的基本抽样单位（距离对应的边界 75 千米）。

备注："匹配的断点回归"设定 75 千米的边界宽度。基本抽样单位与边界另一侧最近邻国相应的城市类型匹配：1990 年，0~5 千米或距最近城市（5000 居民以上）5 千米以上。随后在等式（4）中对匹配的差异进行分析（参见文中）。在马里边界一侧，0~5 千米类型的城市中仅有 5 个基本抽样单位，根据该类型分类，"全样本"估计结果（第 2a 列）便无法与基本抽样单位相配，因此这与表 4 第（4a）列中的情况完全一样。控制变量包括：纬度（加纳和几内亚）或经度（马里）、降雨量、海拔以及距离河流的距离等。

a 第（1a-b）列中的 1988 年价格和汇率；第（2a-b）和（3）列中的 1993 年价格和汇率。

b 第（1a-b）和（3）列中的可可和咖啡销量；以第（2a-b）列中的官方生产价格对棉花产量进行评估。

c 可可产销量列于第（1a-b）和（3）列中；人均棉花产量列于第（2a-b）列中，以千克为单位。

d 人均现金支出边界断点，增加人均经济作物收入作为控制变量。

e 同上，将经济作物收入和工资收入总数作为控制变量。

f 儿童发育不良率断点，将人均现金支出和其平方作为控制变量。

g 1992~1993 年，在科特迪瓦和加纳边界地区，通电率："所有" +30** (s.e.13)；'5+'：+37** (16)。

正数表明有利于科特迪瓦。圆括号内为标准误。***：$p<0.01$；**：$p<0.05$；*$p<0.10$。

资料来源：笔者的分析以本文中列出的数据为基础。

在加纳与科特迪瓦的边界地区，可可产量未发现边界断点；当时，边界两侧皆为重要的可可产区。[①] 然而，科特迪瓦实际的可可生产价格是加纳的两倍多：以 1988 年的价格计算，科特迪瓦在 1986~1988 年，可可的实际生产价格平均为 1.55 美元每千克，而加纳的实际生产价格仅为 0.65 美元每千克。相反，对咖啡而言，由于加纳在历史上将咖啡的生产者价格管制在较低的水平，所以没人生产这种作物，这导致咖啡产出有一个很大的断点。在农村，我们发现了可可和咖啡人均收入存在着 +184 美元的巨大边界断点

[①] 在国家层次上，科特迪瓦在可可产量上的优势得益于中部和西部地区，而非东部地区树龄较小的可可树。

(表5，第1b列)。进一步的分解（未展示）表明可可和咖啡分别为这一边界断点贡献了2/3和1/3。1990年之前，可可生产价格差异使得科特迪瓦边界可可豆的走私情况异常严重（Bulir，1998）。然而，我们的边界断点结果表明走私的情况也并未严重到消除边界两侧收入差距的地步。当经济作物收入变量被作为边界断点估计的控制变量加入之后，曾经在农村地区十分普遍的现金支出边界断点便被迅速消抹，从 +120 美元下降至 -2 美元。请记住现金支出和收入的数据来自调查问卷的两个独立部分。① 当将城市和城市边缘的乡村都纳入时（第1a列），现金支出的断点仅仅从 +177 美元下降至 +135 美元，尽管统计上并不显著。然而，如果我们将家庭成员的正规工资收入计入经济作物收入，然后对这一新的收入变量进行控制，便可将现金支出边界断点成功降低至微不足道的 +21 美元。②

在马里与科特迪瓦的边界，我们发现了农村地区人均棉花产量的巨大边界断点： +664 千克（第2b栏）。与科特迪瓦和加纳的边界不一样，棉花收入的边界断点主要来自于科特迪瓦边界一侧的高产量，其生产价格也相对较高（90 西非法郎对马里的 85 西非法郎）。此外，科特迪瓦在这一领域的优势仅仅存在于边界地区；国家的官方销售量和调查数据都表明，这两个国家的棉花产量大体一致（参见表2）。实际上，马里边界一侧并没有生产大量棉花。在马里，从历史上讲，棉花生产源于更北部的地区，位于库佳拉城附近，大部分在20世纪70年代中期才得到飞速发展。在科特迪瓦，政府通过半国营公司（马里纺织发展公司）对棉花生产进行严格管制和补贴。我们再次通过经济作物收入的断点对农村地区消费断点进行解释。正如在加纳边界（出产可可和咖啡）的例子一样，当控制棉花收入时，现金支出的边界断点便从 +117 美元下降至 -13 美元。没有报告的结果同样表明较为富裕的农民会投资养牛。我们还识别了家庭拥有的牛、山

---

① 这一程序隐含着两个假设：(i) 边界两侧国家经济作物收入的储蓄率相同，以及 (ii) 该储蓄率可以通过OLS获得一致估计。
② 1986～1988年，科特迪瓦公务员和外国企业工人的年平均收入达到了5223美元，而加纳仅为663美元。科特迪瓦私营企业的工作人员年均收入为3498美元，而加纳仅为540美元。科特迪瓦的最低工资标准（1400美元）是加纳最低工资标准（240美元）的6倍。

羊和绵羊（+0.53，s.e. = 0.10）在数量上的断点（+1.76，s.e. = 0.32）。此外，由于科特迪瓦在很早之前就与寄生虫病（盘尾丝虫病、昏睡病或锥虫病）展开了斗争，因此公共卫生政策同样也会产生影响。

在几内亚和科特迪瓦边界地区，在几内亚边界一侧几乎没有种植可可，咖啡也仅种植了大约一半，经济作物收入方面的边界断点尽管统计上很显著，但实际上却很小（+16 美元）。对加纳和马里的情况进行比较，我们认为由于在经济作物收入方面的差异较小，也就解释了人均消费或儿童发育不良率几乎不存在边界断点的原因。

关于后一变量，表5还表明边界断点的大部分都由家庭消费所导致。在加纳的情况中，控制了人均现金支出和它的平方后，农村地区（所有样本中 -26%）儿童发育不良率的断点从 -32% 降至 -8%。在马里，也发现了同样大幅度的下降，从乡村的 -24% 降至 -8%（所有样本为 -20 至 -5%）。结合考虑经济作物收入的结果，对于经济作物收入决定了家庭消费和儿童营养方面的大部分边界断点的结论，最终结果是支持的。

在加纳和科特迪瓦边界地区，科特迪瓦边界一侧的乡村已经通电，而加纳边界一侧则完全未能通到。对这一简单的情况进行转化，那就是 +22% 的边界断点（所有的样本为 +28%，参见表5最后一行）。1993年，边界断点被加强：农村地区 +37%，全样本 +30%（参见表5备注）。同样发现在安全饮水上也如此。相反，在其他两个边界地区，所有的边缘农村地区都未通电。虽然科特迪瓦地区性城市比北方城市更容易通电，但它们离边界太远，因此对边界断点也就没有什么影响。在解释这些情况时，很难将纯粹的财富效应和公共投资随意的不均衡分配区分开。[1]

近期的历史表明，在捐赠方压力下的结构调整期间，价格政策会逆转。1989~1990年，科特迪瓦将其可可和咖啡的生产价格降低了一半，并在1994年西非法郎贬值之前又重新提价。同时，加纳则大幅度提高了其可可生产价格，因此在20世纪90年代末，这两个国家可可的生产价格已经几乎一样了。在经济作物生产方面的变化很慢，但还是发生了。1994~

---

[1] 虽然科特迪瓦北部家庭更为富裕，但也难以承担接通电力所需的费用。

2001年，马里通过对新土地的大规模开垦将其南部地区的棉花产量提高了一倍以上，但棉花的种植仍然未能达到最南端的边界地区（Dufumier, Bainville, 2006）。相反，科特迪瓦的"可可前线"已经向西推进，并到达了几内亚南部边界。随着这些发展，我们所认定的20世纪的某些边界断点可能会发生变化。2002年后，科特迪瓦的内战和直至2007年的南北五年分离更加缩小了科特迪瓦在北部边界地区的优势。在南部地区，加纳一路追赶其邻居（Eberhardt, Teal, 2010）。虽然基础设施在1993年和1998年得到了持续发展，边界差距有所缩小，不过，我们所搜集的数据并未包括这些最新的经济变化。

五 结论

就地理、人口和前殖民历史而言，科特迪瓦与其邻国之间的边界划分出了非常有可比性的区域。20世纪80年代末期和90年代，科特迪瓦已成为这些国家之中最富裕的，这归功于它出口的农作物。基于家庭调查数据，借助断点回归，我们发现，在科特迪瓦与加纳和马里边界地区，较高的富裕程度转化成了消费和儿童发育不良率持续的大断点。我们的证据表明，经济作物收入、价格政策可以在很大程度上解释断点。在几内亚与科特迪瓦的边界，我们在经济作物收入方面并没有找到经济意义上显著的断点，也没有发现消费或营养方面的断点。在加纳与科特迪瓦边界，即便在存在大量公共投资的科特迪瓦南部乡村，我们在用电和净水方面仍然发现了持续的边界断点。在北部边界，唯有科特迪瓦的城市接通了电力，而农村地区尚未通电。

因此，我们得出了一个平衡的结论。科特迪瓦与西非的边界地区监管并非十分松懈，抽象的边境线对于两侧社区的福利没有影响。然而，我们的分析表明，边界断点反映了可逆的公共政策，而不是看不见的制度特点（尽管政治和结构因素可以对政策改变的时间作出解释）。在农村地区，消费断点来自经济作物产量和收益的差异。这些差异并非永久存在的，而是会受到政策改变、政治变动和中期农艺技术的发展而发生改变。我们希望，我们在过去观测到的福利边界断点，能够继续反映未来国家政策的差异。

表6　北部边界地区地理条件

边界宽度（千米）	线性断点回归		多项式断点回归		匹配断点回归	
	75	100	75	100	75	100
A栏：1993年科特迪瓦/马里相对基本抽样单位权重[a]	-0.19 (0.28)	-0.51 (0.88)	-0.17 (0.22)	-0.73* (0.39)	-0.24 (0.21)	-1.05* (0.47)
降雨量（毫米每日）[b]	-0.002 (.057)	+0.093 (.086)	+0.062 (.070)	+0.072 (.049)	+0.055 (.030)	+0.11*** (.029)
海拔（米）	-18 (22)	-7 (24)	+9 (16)	+1 (13)	+9 (12)	+17 (11)
与最近河流的距离（千米）	-3.8 (3.7)	-5.1 (4.3)	+0.2 (4.7)	-2.6 (2.8)	-2.1 (2.5)	-2.7 (3.5)
1960年与人口超过5000人的城市距离（千米）	+26.8* (13.1)	50.3* (25.8)	+19.3 (15.6)	+9.6 (11.7)	+33.5** (11.0)	+46.2** (16.0)
1990年与人口超过5000人的城市距离（千米）	-7.8 (15.7)	-6.6 (20.4)	-13.1 (19.7)	-11.6 (11.8)	-10.2 (17.6)	-9.3 (21.0)
1990年人口密度（人口数量/平方千米）	+11.2** (5.0)	+24.6* (13.0)	+11.5* (5.6)	+17.5*** (6.4)	+7.6 (6.4)	+11.5 (8.4)
与首都城市的距离（千米）	+290*** (28)	+254*** (37)	+310*** (30)	+301*** (23)	+284*** (47)	+271*** (56)
B栏：1993年科特迪瓦/几内亚相对基本抽样单位权重[a]	-1.01 (1.30)	-0.09 (1.21)	-0.43 (0.57)	-0.27 (0.52)	-0.24 (0.26)	-0.18 (0.17)
降雨量（毫米每日）[b]	-.029 (.087)	+.102 (.132)	+.093 (.095)	-.084 (.079)	-.118 (.096)	-.054 (.059)
海拔（米）	-190** (90)	-103 (115)	-87 (65)	-135** (58)	-130 (72)	-80 (51)
与最近河流的距离（千米）	-26.7** (10.6)	-7.4 (12.6)	-9.2 (10.0)	-22.8** (10.5)	-17.5* (8.5)	-7.8 (6.7)

边界地区的发展：科特迪瓦与周边国家的政策和国家一体化进程

续表

边界宽度（千米）	线性断点回归		多项式断点回归		匹配断点回归	
	75	100	75	100	75	100
1960年与人口超过5000人的城市距离（千米）	+9.8 (35.4)	+57.9 (40.0)	+19.9 (14.6)	-23.9 (28.2)	+7.6 (38.4)	+44.1 (34.8)
1990年与人口超过5000人的城市距离（千米）	+8.3 (18.3)	+1.4 (23.3)	-3.4 (18.3)	-8.3 (15.3)	+2.8 (9.6)	+3.6 (10.2)
1990年人口密度（人口数量/平方千米）	-26.0 (20.4)	-29.6 (25.1)	+16.8 (23.2)	-4.6 (17.2)	+20.1 (16.5)	-25.7 (22.6)
与首都城市的距离（千米）	-69*** (20)	-93*** (24)	-76*** (20)	-59*** (20)	-60*** (25)	-80*** (19)

范围：边界宽度窗口中的基本抽样单位（距离相应的边界75千米或100千米）。

备注：估计量参见等式（2）、（3）和（4）。对于"边界断点回归"和"匹配断点回归"，唯一的控制变量是经度（马里）或纬度（几内亚）。如果边界宽度为100千米，由于规模较小，我们将使用二次方程式计算到边界的距离，而非简单的线性方程。

a, b：参见表1。

正数表明差异有利于科特迪瓦。圆括号内为标准误。***：$p<.01$；**：$p<.05$；*$p<.10$。

资料来源：作者的分析以本文中列出的数据为基础。

表7 调查

国家	调查名称	调查类型	时期	家庭数量	地质学文献咨询方案
1986~1988年					
科特迪瓦	CILSS2-4	IS	1986年2月至1989年5月	4814	是
加纳	GLSS1-2	IS	1987年3月至1989年4月	6336	是
1992~1994年					
科特迪瓦	ENV1	IS	1992年4月至1993年10月	9598	是
科特迪瓦	DHS 1994	DHS	1994年6月至1994年11月	5914	是
加纳	DHS 1993	DHS	1993年9月至1994年2月	5804	是
加纳	GLSS3	IS	1991年9月至1992年9月	6336	否
马里	EMCES	IS	1994年3月至1994年6月	9554	是
几内亚	EIBC	IS	1994年1月至1995年2月	4417	是
1998年					
科特迪瓦	ENV2	IS	1998年9月至1998年12月	4178	否

续表

国　家	调查名称	调查类型	时　期	家庭数量	地质学文献咨询方案
科特迪瓦	DHS 1998-99	DHS	1998年9月至1999年3月	2115	是
加纳	GLSS4	IS	1998年4月至1999年3月	6016	是
加纳	DHS 1998	DHS	1998年11月至1999年2月	5983	是

备注：科特迪瓦前三个（CILSS2-4）和加纳前两个（GLSS1-2）的调查数据被放置在一起以便获得覆盖1986~1988年数据的大样本。IS：收入调查，LSMS-类型。DHS：人口统计学和健康调查。

资料来源：家庭调查文件。

参考文献

Aker, J. C., M. W. Klein, S. O'Connell, and M. Yang. 2010. "Borders, Ethnicity and Trade." NBER Working Paper 15960. National Bureau of Economic Research, Cambridge, MA.

Alesina, A., W. Easterly, and J. Matuszevski. 2012. "Artificial States." *Journal of the European Economic Association* 9 (2): 246-277.

Amselle, J. -L., and E. M'Bokolo (eds). 1985. *Au coeur de l'ethnie*. Paris: La De'couverte.

Asiwaju, A. I 1976. *Western Yorubaland under European Rule*, 1889-1945. Atlantic Highlands (NJ): Humanities Press.

Bach, D. 1997. "Frontiers versus Boundary-Lines: Changing Patterns of State-Society Interactions in Sub-Saharan Africa." *Welttrends* 14: 97-111.

Barbour, K. M. 1961. "A Geographical Analysis of Boundaries in Inter - Tropical Africa." In K. M. Barbour and R. M. Prothero, eds., *Essays on African Population*, 303-23. London: Routledge and Kegan Paul.

Bloom, D. E., and J. D. Sachs. 1998. "Geography, Demography and Economic Growth in Africa." *Brookings Papers on Economic Activity* 1998 (2): 207-295.

Brownlie, I. 1979. *African Boundaries - A Legal and Diplomatic Encyclopaedia*. London: C. Hurst and Company, Berkeley and Los Angeles: University of California Press, for the

Royal Institute of International Affairs (London).

Buli'r, A. 1998. "The Price Incentive to Smuggle and the Cocoa Supply in Ghana, 1950 – 96." Working Paper 98/88. International Monetary Fund, Washington, DC.

Bubb, R, 2012. "The Evolution of Property Rights: State Law or Informal Norms?" Law and Economics Research Paper Series, WP NO. 12 – 1. New York University Law School, New York.

Cogneau, D., and R Jedwab. 2012. "Commodity Price Shocks and Child Outcomes: The 1990 Cocoa Crisis in Côte d'Ivoire." *Economic Development and Cultural Change* 60 (3): 507 –534.

Dell, M. 2010. "The Persistent Effects of Peru's MiningMita." *Econometrica* 78 (6): 1863 –1903.

Dufumier, M., and S. Bainville. 2006. "Le de'veloppement agricole du Sud Mali face au de'sengagement de l'E' tat." *Afrique contemporaine* 217: 121 –133.

Easterly, W., and R. Levine. 1998. "Troubles with the Neighbours: Africa's Problem, Africa's Opportunity." *Journal of African Economies* 7 (1): 1203 –1250.

Eberhardt, M., and F. Teal. 2010. "Ghana and Côte d'Ivoire: Changing Places." *Revue internationale de politique de de'veloppement* 1: 33 –49.

Englebert, P. 2000. *State Legitimacy and Development in Africa*. London and Boulder: Lynne Rienner Publishers.

Englebert, P., S. Tarango, and M. Carter. 2002. "Dismemberment and Suffocation, a Contribution to the Debate on African Boundaries." *Comparative Political Studies* 35 (10): 1093 –1118.

FAOSTAT. 2012. http://faostat3.fao.org/home/index.html

Gibbons, S., S. Machin, and O. Silva. 2009. "Valuing School Quality Using Boundary Discontinuities." SERC working paper DP0018. London School of Economics.

Griffiths, I. 1996. "Permeable Boundaries." In P. Nugent, and A. I. Asiwaju, eds., *African Boundaries. Barriers, Conduits and Opportunities*, 65 –83. London –New York: Pinter.

Gopinath, G., P. – O. Gourinchas, C. – T. Hsieh, and N. Li. 2011. "International Prices, Costs, and Markup Differences." *American Economic Review* 101 (6): 2450 –2486.

Hahn, J., P. Todd, and W. Vander Klauuw. 2001. "Identification and Estimation of Treatment Effects with a Regression –Discontinuity Design." *Econometrica* 69 (1): 201 –209.

Hargreaves, J. D. 1985. "The Making of African Boundaries: Focus on West Africa." In A. I Asiwaju. ed., *Partitioned Africans, Ethnic RelationsAcross Africa's International Boundaries 1884 - 1984*. New York: St. Martin's Press.

Herbst, J. I. 2000. *States and Power in Africa: Comparative Lessons in Authority and Control*. Princeton, NJ: Princeton University Press.

Heston, A., R. Summers, and B. Aten. 2012. "Penn World Table Version 7. 1." Center for International Comparisons of Production, Income and Prices at the University of Pennsylvania.

Huillery, É. 2009. "History Matters: The Long Term Impact of Colonial Public Investments in French West Africa." *American Economic Journal: Applied Economics* 1 (2): 176 - 215.

Labazée, P. 1993. "Les e'changes entre le Mali, le Burkina Faso et le nord de la Côte d'Ivoire." In E. Gre'goireP. Labazée, eds., *Grands commerçants d'Afrique de l'Ouest. Logiques et pratiques d'un groupe d'hommes d'affaires contemporain*, 125 - 173. Paris: Karthala - Orstom.

Lee, D. S. 2008. "Randomized Experiments From Non - Random Selection in US House Elections." *Journal of Econometrics* 142 (2): 675 - 697.

Levy, B., and J. S. Kpundeh, eds. 2004. *Building State Capacity in Africa: New Approaches, Emerging Lessons*. Washington DC: World Bank.

Lewis, M. P., ed. 2009. *Ethnologue*. 16th Edition. Dallas, TX: SIL International.

MacLean, L. M. 2010. *Informal Institutions and Citizenship in Rural Africa. Risk and Reciprocity in Ghana and Côte d'Ivoire*. New York: Cambridge University Press.

McCrary, J. 2008. "Manipulation of the Running Variable in the Regression Discontinuity Design: A Density Test." *Journal of Econometrics* 142 (2): 698 - 714.

Michalopoulos, S., and E. Papaionnou. 2012. "National Institutions and African Development: Evidence from Partitioned Ethnicities." Working Paper 18275. National Bureau of Economic Research, Cambridge, MA.

——. 2013. "Pre - colonial Ethnic Institutions and Contemporary African Development." *Econometrica* 81 (1): 113 - 152.

Miguel, E. 2004. "Tribe or Nation? Nation - Building and Public Goods in Kenya versus Tanzania." *World Politics* 56 (3): 327 - 362.

Miles, W. F. S. 1994. *Hausaland Divided. Colonialism and Independence in Nigeria and Niger*. Ithaca, NY: Cornell University Press.

Moradi, A. 2012. "Climate, Height and Economic Development in Sub – Saharan Africa." *Journal of Anthropological Sciences Forum* 90: 1 – 4.

Murdock, G. P. 1959. *Africa: Its Peoples and Their Culture History*. New York: McGraw – Hill Book Company.

Nugent, P. 2002. *Smugglers, Secessionists and Loyal Citizens on the Ghana – Togo Frontier: The Life of the Borderlands since* 1914. Athens: Ohio University Press.

Posner, D. 2004. "The Political Salience of Ethnic Difference: WhyChewas and Tumbukas are Allies in Zambia and Adversaries in Malawi." *American Political Science Review* 98 (4): 529 – 545.

Posner, D. 2005. *Institutions and Ethnic Politics in Africa*. New York: Cambridge University Press.

Robinson, J. A. 2002. "States and Pover in Africa by Jeffrey I. Herbst. A Review Essay." *Journal of Economic Literature* 40 (2): 510 – 519.

Schultz, T. P. 1998. "InequalityIn the Distribution of Personal Income in the World: Phow It is Changing and Why." *Journal of Population Economics* 11 (3): 307 – 344.

Spolaore, E., and R. Wacziarg. 2005. "Borders and Growth." *Journal of Economic Growth* 10: 331 – 386.

Terray, E. 1982. "L'économie politique du royaume abron du Gyaman." *Cahiers d'études africaines* 22 (87 – 88): 251 – 275.

World Bank. 2012. *African Development Indicators*. Washington, DC: World Bank publications.

开放条件下发展中小国的最优食品价格稳定政策

克里斯多夫·古尔（Christophe Gouel）
塞巴斯汀·让（Sebastien Jean）*

本文分析了对外开放的发展中小国利用仓储和贸易政策以实现食品价格稳定。运用包含风险规避型消费者和不完全市场的理性预期仓储模型，最优稳定政策得以界定。在不进行公共干预的情况下，价格的变化取决于国内生产冲击和国际价格。就政策本身而言，我们发现最优仓储政策对消费者造成损害，因为它的稳定收益外溢到了国际市场。相比之下，仓储和贸易政策的最优组合则能够有效稳定国内食品价格。然而，研究表明，这样一种最优组合必然伴有两个严重缺陷：相对于效率带来的收益而言，其在分配方面的影响很大；此外，由于扭曲了超额供给曲线，它可能加剧国际价格高涨。JEL 代码：D52, F13, Q11, Q17, Q18。

---

* 克里斯多夫·古尔（本文通讯作者）是法国农业科学研究院（INRA）公共经济学部（Économie Publique）的初级研究员，并在法国国际经济学研究中心（CEPII）任副研究员；他的电子邮件地址是：cgouel@ grignon. inra. fr。塞巴斯汀·让是 CEPII 中心主任和 INRA 公共经济学部的资深科学家，他的电子邮件地址是：sebastien. jean@ cepii. fr。感谢让－马克·波尔金（Jean－Marc Bourgeon）、爱德华·查勒（Edouard Challe）、克里斯托弗·吉尔伯特（Christopher Gilbert）、米歇尔·居拉德（Michel Juillard）、威尔·马汀（Will Martin）和布瑞安·莱特（Brian Wright）提出的修改意见。本文的附录可在如下网址下载：http: // wber. oxfordjournals. org/。

在发展中国家，口粮往往占据了贫困家庭预算的主要份额。许多穷人在防备不利的价格冲击方面能力有限。价格骤升给不能自给自足的贫困家庭带来麻烦，这类骤升常常会危及这类家庭养活自己的能力。发展中国家政府对此问题的一项重要应对措施，就是实施食品价格稳定政策。然而，对这类政策的已有研究主要局限于封闭经济条件下，强调的是仓储的作用（参见Wright，2001年的综述）。从理论角度来看，对于贸易政策在价格稳定计划中有哪些作用，人们依然所知甚少，哪怕这类政策已经得到了广泛运用。为应对价格波动而诉诸贸易政策的做法常见于多数亚洲国家，其中心目标是稳定国内大米价格（Dorosh，2008；Islam and Thomas，1996；Timmer，1989）。中东和非洲各国对小麦，部分情况下针对玉米和大米，同样也采用了多种贸易政策（Dorosh，2009；Wright and Cafiero，2009）。在拉丁美洲，因为多数国家是粮食净出口国，问题可能没有那么严重，但它并非无关紧要，一个证据是：智利对小麦和其他食品推行了价格带制度（Bagwell and Sykes，2004）。更加普遍的情况是，安德森和内尔根（Anderson and Nelgen，2012）利用一个大型的农业价格扭曲数据库表明，各国倾向于通过调整其农业名义支持率，以求削弱国际价格变动对国内价格的影响。

贸易和贸易政策是研究发展中国家粮食安全和价格稳定必须考量的关键因素。这类政策提出了诸多问题，其中最重要的问题可能就是：应该如何组合运用仓储和贸易政策以实现价格稳定。经常有人提议更多依靠国家层面的缓冲库存，以此作为发展中国家面临国际价格剧烈波动时的一个应对之策。那么缓冲库存本身可以成为独立于贸易干预政策的一种连贯性政策吗？多洛西（Dorosh，2008）指出，更多依赖国际市场，使得孟加拉国远比印度更低成本地稳定了价格；后者几乎完全依赖巨额公共库存和严格的进口禁令。可以认为更大的贸易开放度，或者更加"响应式的"贸易政策，能够把库存减少到恰好足以实现既定稳定目标的水平吗？这种局面又在多大程度上是有望实现的呢？

出口禁令还造成许多其他问题。针对2007~2008年食品危机的多数分析人士一致认为，贸易政策在助长国际价格飙涨方面扮演了重要角色（Braun，2008；Headey，2011；Mitra and Josling，2009）。特别是一些大米出口国实施的出口禁令，似乎很大程度上推动价格达到那个惊人的水平（Slayton，2009）。注意到在 1973~1974 年危机中也发生过类似情况，马丁和安德森（Martin and Anderson, 2012）强调了出口禁令造成的集体行动问题：某些国家为免受价格骤升影响而采取的这类禁令，反而进一步加剧了其他国家所面临的问题（也可参见 Bouët and Laborde Debucquet, 2012）。俄罗斯在 2010 年干旱发生后实施的谷物出口禁令，只是进一步增加了这种忧虑。想要解决这个问题，第一步是要更好地理解出口禁令的动因和后果。基于马歇尔的剩余分析，多位作者所得出的结论是，这类政策对推行它们的国家是有害的。此类政策真的会造成损害，或者说，对于一个开放的小型经济体实施出口禁令有经济上的合理性吗？就后一种情况而言，不去实施出口禁令对于相关国家来说是一种重大牺牲吗？采取特定的配套政策是否更加可取？

许多研究考察了不确定性如何对贸易理论的结论产生影响，如下一节中我们所讨论的。然而，口粮类产品的特点是，它们是可以仓储的，这一点在多数相关研究中并没有考虑到。仓储及其影响是单独的一类文献主题，其中包括对仓储、贸易和贸易政策间关系的一些分析。尽管已经有了对一些情况的研究，但这类研究并没能够界定最优政策。相比之下，本文在理性预期仓储模型中运用最优动态政策分析工具，提出了针对开放小型经济体的一种最优稳定政策设计。本文重点在于发展中国家的粮食安全问题，假定消费者是风险规避的，且不存在保险的可能性，并且假定，总体而言该国是自给自足的。

这一政策设计具有挑战性，因为理性预期、非负仓储和贸易禁令三者的组合，使得（无法取得封闭解的）模型难以求解，沿动态路径实现优化就更加困难。为了实现模型的易处理性，并得出典型结论，有必要进行一些简化。出于这个原因，我们聚焦于消费者的风险规避，因其与粮食安全顾虑最为直接相关，而忽略生产者的风险规避问题。发展中国家中相当一部分贫农实际上是食物的净购买者（World Bank, 2007），因此，他们的规避行为更类似于消费者而非生产者的风险规避。我们也不考虑供给的反应，尽管这可能是一种重要机制，但是在价格骤升一次的时间跨度范围内，其定量意义上的重要性往往有限。此外，为简单起见，我们使用一个单一国家模型。为了得到对出口限制问题的初步洞察，我们评估了发展中国家避免实施这类禁令会造成什么后果。简洁起见，本文专注于仓储和贸易政策，尽管社会援助政策也是应对食品价格波动影响的主要政策工具，不过，我们把对它们的分析放在一个比较框架中，留待未来研究（关于仓储政策与安全网的比较，可参见 Larson, Lampietti, Gouel, Cafiero and Roberts, 2012）。

一 贸易、不确定性和仓储：相关文献

不确定性普遍被认为是可能会影响贸易理论的主要结论。大卫·李嘉图（David Ricardo, 1821, 第19章）断言，对谷物征收临时关税的合理性可能在于避免了农户的巨额损失，因为他们提升产量并因此加大了资本投入，可是一旦贸易形势突变，比如发生战争，其在危机前夕市场形势下的短期收益将会面临严重损失。对这个问题的首次正式研究是布雷纳德和库珀（Brainard and Cooper, 1968）完成的。基于组合方法，两位作者表明，初级产品出产国的分散化能够降低国民收入的波动，而如果该国是风险规避的，这样做就能够增进国民福利。基于在生产决策面临不确定性情况下纳入风险规避因素的比较分析框架，还有几篇文献对不确定性下的自由贸易最优性理论提出了质疑（Anderson and Riley, 1976; Batra and Russell, 1974; Turnovsky, 1974）。

赫尔普曼和拉辛（Helpman and Razin, 1978）指出，这个结论是否成立关键取决于不完全风险分摊市场这一假设。两位作者指出，李嘉图和赫克歇尔－俄林（Heckscher－Ohlin）国际贸易理论的主要结论，包括自由贸易的最优性，在风险能够合理分摊的前提下，仍然适用于不确定性条件的情况。在他们的模型中，因为股票市场令家庭实现资本分散化，同时金融资产的跨境交易开启了国际性风险分担安排的可能性，从而使得风险得到分摊。

赫尔普曼和拉辛的拓荒性贡献澄清了在哪些条件下标准理论的结论可能发生变化，并为富有洞察力的阐释铺平了道路。然而，也有很多理由，说明其结论所依赖的条件可能并不成立，例如，家庭可能需要把资本投入特定活动，而没有任何可能分散化、投保应对或是交易对应的风险。在这种情况下——对于发展中国家农村家庭来说尤其可能如此，伊腾和格罗斯曼（Eaton and Grossman，1985）表明，对于小型开放经济体而言，最优贸易政策并非自由贸易。总体而言，最优政策必然伴随着反贸易的倾向。如果市场不完全性是因缺少金融资产的跨国交易而致，也会得到类似结论（Feenstra, 1987）。在一个包含风险规避型要素所有者的特殊要素模型中，卡辛、希尔曼和隆（Cassing，Hillman and Long，1986）表明，状态依存的关税政策能够提升所有主体的期望效用。纽贝瑞和斯蒂格利茨（Newbery and Stiglitz, 1984）将分析拓展到两国模型，对贸易禁令潜在的保险功能给出了另一种例证。纽贝瑞和斯蒂格利茨表明，当保险市场缺位时，自由贸易相对于断绝贸易可能是帕累托次优。实际上，闭关自守使得国内价格和国内产量直接挂钩，在单位需求价格弹性下，这就为农户提供了完全收入保险。

这些情况表明，在没有其他安排可行的时候，偏离自由贸易可能是为了实现风险分摊目标。① 在研究发展中国家的粮食安全问题时，假定保险市场不完全应当是合理的。贫困家庭很少有机会通过投保应对多变食品价格带来的实际收入风险，而贫困农户（以及许多其他类型的贫困工人）无法使其收入来源分散化，至少对于短期来说是这样。鉴于本文聚焦于发展中国家粮食安全问题，我们采取这种市场不完全性假定，同时也假定消费者是风险规避的，没有保险计划可资利用。

研究粮食安全问题，需要考虑口粮产品可以存储的这个事实。可存储性之所以特别重要，是因为仓储是这类市场的一个核心特征，也可以被当作一种跨期风险分摊的方式。粮食安全相关研究长期以来一直将仓储视为一种主要特点。对仓储－贸易互动关系的早期分析依据的是一种理想化或是套利性的仓储技术（Bigman and Reutlinger，1979；Feder，Just and Schmitz，1977；Pelcovits，1979；Reutlinger and Knapp，1980）。尽管这些分析方法有助于确保模型易处理性，可是这类简化表示方法并非根植于对主体行为的一致性描述，也没能准确反映出仓储的风险分摊性质。视乎其在多大程度上未能考虑政策对主体预期的影响，这类表示方法也很容易面临

---

① 值得指出的是，对于"在信息问题导致不完全市场情况下，保险市场缺位提供了进行贸易政策干预理由"这种看法，迪克西特（Dixit，1987，1989）提出了批评。

卢卡斯批判。因此，理性预期、无限期界框架引起了人们的兴趣。

除了对原油相关问题的具体分析——在这类问题中国际价格是不确定性的首要来源（Teisberg，1981；Wright and Williams，1982b），威廉姆斯和莱特（Williams an Wright，1991，第9章）首次在理性预期、无限期界框架下研究了仓储-贸易互动关系问题，他们认为，小型开放市场在两国模型中是一种极端情形。①斯瑞尼瓦森和贾（Srinivasan and Jha，2001）对印度农产品市场与国际市场间关系进行建模。他们考虑了稻米市场——于此印度是一个大国；以及小麦市场——于此印度是一个小国。在两个市场上，都存在竞争性的私营仓储商。国际价格在不考虑序列相关性的情况下随机生成。两位作者发现，国际贸易具有稳定效果，哪怕国际价格比国内价格波动更大。布伦南（Brennan，2003）对孟加拉国稻米市场的考察表明，将市场对贸易开放，具有同某些公共政策（诸如，补贴私营仓储商，或是实施价格上限）一样的稳定效果，而且还没有财政成本。在上述所有研究中，都是利用各类剩余变化对福利加以度量。与前文提及的不确定性下贸易的理论分析不同，这类仓储-贸易模型聚焦于评估既定的外生性政策。对于哪种才是最优政策，这类模型并未给出任何提示。本文将不确定性环境中贸易理论的规范分析拓展至包含理性预期下仓储活动的跨期框架。鉴于在动态情景下设计最优政策非常困难，我们只考虑单一国家模型。我们效仿威廉姆斯和莱特的洞见，将国际价格表示为由仓储模型生成，且将其视为对该国而言外生给定。②

二　模型

我们考虑一个小型开放经济体中的可存储商品市场。国际价格是给定

---

① 米兰达和格劳伯（Miranda and Glauber，1995）证实了威廉姆斯和莱特的结论，并提出一种改进的数值方法。马基、特维腾和米兰达（Makki，Tweeten and Miranda，1996，2001）给出了这一模型的政策应用。基于包含欧盟、美国和其他所有国家的三国模型，他们分析了取消出口补贴等现有政策扭曲的影响。科尔曼（Coleman，2009）通过考虑贸易所需时间，拓展了威廉姆斯和莱特的工作；船运时间构成了进行仓储的一种新的动机。
② 国家层面的价格隔绝政策可能会影响国际价格形成（Martin and Anderson，2012），但这种情况在现有框架中很难加以考量。

的,单位运输成本保持不变。消费者是风险规避型的,国内食品价格波动则受随机性产出和随机国际价格的驱动。产量由外生性的随机冲击界定,因此在模型中没有明确设定生产者,不过,后面在我们考虑政策对其福利影响的时候,会将其引入模型。

消费者

在该经济体中居住着风险规避型的消费者,其最终食品需求具有如下等弹性设定:$D(P_t) = dP_t^{\alpha}Y^{\eta}$,其中,$d>0$ 是标准化参数,P_t 是 t 期价格,而 α($\alpha<0$ 且 $\alpha \neq -1$)和 $\eta \neq 1$ 分别是价格弹性和收入弹性。假定收入 Y 不随时间变化,这样可以控制住状态变量的数量,并且使模型结果能以图形展示。假定只有两种物品,且以第二种物品为计价物,则对这一消费函数积分,给出如下瞬时间接效用函数(Hausman,1981):

$$\hat{v}(P_t, Y) = \frac{Y^{1-\eta}}{1-\eta} - d\frac{P_t^{1+\alpha}}{1+\alpha} \tag{1}$$

这一效用函数的相对风险规避系数等于需求的收入弹性大小。为了将收入弹性和风险规避系数区分开来,我们效仿赫尔姆斯(Helms,1985a);假定 $\hat{v}(P_t, Y)$ 为正值,并对间接效用函数进行单调变换:

$$v(P_t, Y) = \frac{[\hat{v}(P_t, Y)]^{1+\theta}}{1+\theta} \tag{2}$$

其中,当 $\theta \to -1$ 时,$v(P_t, Y) \to \ln\hat{v}(P_t, Y)$。这种设定方式仍然与等弹性需求函数吻合,但其相对风险规避系数变为:

$$\rho(P_t, Y) = \eta - \theta \frac{Y^{1-\eta}}{\hat{v}(P_t, Y)} \tag{3}$$

其中,θ 标志了风险规避程度。

简洁起见,假定代表性消费者采取"现挣现吃"的行为方式:他消费光当期收入,而不用储蓄来平滑收入波动。整个动态过程都得以简化,因为不必把消费者的"留存现金"纳入状态变量。这一假定忽略了通过储蓄实现的自我保险功能。然而,在许多发展中国家,特别是对贫困家庭而言，除其他因素外，由于存在借贷约束，且口粮占据很大一块预算份额，这种自我保险在实践中也仍然少见，而且也不能提供类似完全市场所提供的那种保护。

由于不进行储蓄，消费者不用求解跨期问题。在每一期，他只关注当期需求，而这一需求不受风险规避程度的影响。故此，贸易商和仓储商的空间套利和跨期套利也不受消费者风险规避影响，因为需求函数独立于风险规避程度。这种独立性带来了公共干预的必要性。

仓储商

假定单个代表性投机仓储商是风险中性且表现出竞争性行为。仓储使得某一商品得以从一期转移到下一期。将数量 S_t 从 t 期仓储至 $t+1$ 期需要采购成本 P_tS_t、仓储成本 kS_t，其中，k 表示仓储的单位物理成本。还考虑了对私营仓储的（正值或负值）单位补贴 ζ_t。在 t 期的收益来自销售前期库存所得的实收款项：P_tS_{t-1}。仓储商按照如下的加总现金流公式追求期望利润最大化：

$$\max_{\{S_{t+i}\geq 0\}_{i=0}^{\infty}} E_t \left\{ \sum_{i=0}^{\infty} \beta^i [P_{t+i}S_{t+i-1} - (P_{t+i} + k - \zeta_{t+i})S_{t+i}] \right\} \tag{4}$$

其中，E_t 表示以时点 t 上可获得信息为条件的数学期望算子，β 是折现因子。考虑角点解的可能性（仓储有非负值的约束条件），由上述问题的一阶条件可推出下述互补条件：[①]

$$S_t \geq 0 \perp \beta E_t(P_{t+1}) + \zeta_t - P_t - k \leq 0 \tag{5}$$

式（5）意味着，当仓储的预期边际收益弥补不了边际成本时，库存为零；对于正值的库存，套利方程以等号成立。因此，在当前价格相比其预期未来价格而言足够低的情况下，仓储商才会买入。

国际贸易

因为此模型刻画的是小型开放经济体中的同质性产品，国际贸易问题

---
① 下文中的互补条件都采用垂直号（⊥）表示。这个符号的意思是两个不等式都必须成立，而且至少有一个以等号成立。

建模简化为两个套利条件：一个是国内价格之间的套利，另一个是出口或进口平价之间的套利。这几个方程可表述为下述互补形式：

$$M_t \geq 0 \perp P_t - v_t^M - (P_t^w + \tau) \leq 0 \quad (6)$$

$$X_t \geq 0 \perp (P_t^w - \tau) - P_t - v_t^X \leq 0 \quad (7)$$

其中，M_t 和 X_t 是进口和出口；P_t^w 是国际价格；而 τ 则表示单位进口和出口成本，假定其为常数且相等。v_t^M 和 v_t^X（取正值或负值）表示对进口和出口征收的单位税。贸易互补方程（6）和（7）表明，国内价格如有任何变化，都会被限制在国际价格、贸易成本和贸易税所界定的如下动态范围内：

$$P_t^w - \tau - v_t^X \leq P_t \leq P_t^w + \tau + v_t^M \quad (8)$$

递归均衡

将 t 期的收获量记为 ε_t^H，它是一个独立同分布（i.i.d.）的随机变量。模型包含三个状态变量：S_{t-1}、ε_t^H 和 P_t^w。在任何时期，前两个状态变量都可以合并为可获得性这一个变量（A_t），它等于产量和私人结转库存的总和：

$$A_t = S_{t-1} + \varepsilon_t^H \quad (9)$$

在下一节中会给出其定义的另一个状态变量——国际价格 P_t^w，服从连续型马尔科夫链，并可利用下述转换函数加以刻画：

$$P_{t+1}^w = f(P_t^w, \varepsilon_{t+1}^w) \quad (10)$$

其中，ε^w 是国际市场上的随机产量，假定其与国内产量冲击不相关。[①] 市场均衡可以表示为下式：

$$A_t + M_t = D(P_t) + S_t + X_t \quad (11)$$

基于上述设定，我们可以定义不进行公共干预情况下的递归均衡：

[①] 如果有必要的话，允许产量冲击具相关性也并不困难。

定义：不存在稳定政策的情况下（$\zeta_t = v_t^M = v_t^X = 0$），递归均衡是一组函数，$S(A, P^w)$、$P(A, P^w)$、$M(A, P^w)$ 和 $X(A, P^w)$，在状态 $\{A, P^w\}$ 下和转换方程（9）-（10）中分别定义了私人仓储、价格、进口量、出口量，从而使得（i）仓储商求解出方程（4），（ii）贸易满足套利方程（6）-（7），以及（iii）市场出清。

国际价格

对国际价格的动态变化建模是一个关键问题。国际价格水平通过出口平价与进口平价的套利直接影响国内价格。此外，通过影响仓储决策和国内价格预期——而这两者是此处所讨论问题的关键所在——国际价格也可能会影响对未来价格水平的预期。

在单一国家模型中，国际价格通常表示为服从标准分布的随机过程，在某些情况下包含一阶自相关（Brennan, 2003; Srinivasan and Jha, 2001）。这种简化与农产品价格的特征事实并不相符（Deaton and Laroque, 1992），而这种特征事实似乎可以用仓储模型准确地加以刻画（Cafiero, Bobenrieth, Bobenrieth and Wright, 2011）。充分考察这种以仓储表示的国际价格，需要采用两国模型，将其他所有国家同所考察的经济体放在一起加以研究。这个做法的复杂性成本可能会很高，且很难契合我们界定最优政策的研究目标。效仿威廉姆斯和莱特（Williams and Wright, 1991, Ch.9），解决这个难题的一种做法是，把小型开放经济体模型视作两国模型在两国间规模差异增大时的一种极端情况。在这种极端情况下，小型开放经济体相对大国而言可以忽略不计，意味着无须关注所研究的小型经济体，就可以对其他所有国家建模。换而言之，忽略经济体对国际市场的影响，建模时就可以将国际价格当作从该经济体角度看外生的一个独立过程。这一价格接受型经济体假定，使我们不必考虑与政府决策对国际市场影响相关的动机，也大大简化了分析。

因此，假定国际价格由包含随机性无弹性产量的仓储模型所决定。它们被设定为对等于（5）、（9）和（11）三方程构成的方程组，而不包含进口和出口变量，也不存在仓储补贴。这个方程组有一个状态变量：可获得性。对应于国际市场的所有变量和函数都标注了上标 w。给定这一模型结构，利用价格观测值，我们就能够界定方程组的状态；价格动态变化因此也可以定义为一个连续状态马尔科夫链。利用方程（9）和决策准则，$P^w(A^w)$ 和 $S^w(A^w)$，可以推导出如下表达式：

$$P^w_{t+1} = P^w(A^w_{t+1}) \tag{12}$$

$$= P^w(S^w(A^w_t) + \mu\varepsilon^w_{t+1}) \tag{13}$$

$$= P^w(S^w((P^w)^{-1}(P^w_t)) + \mu\varepsilon^w_{t+1}) \tag{14}$$

由此得到方程（10）。μ 是一个尺度参数，允许国际产量分布发生漂移。

我们想要聚焦于不受经济体与其他所有国家间结构差异影响的经济机理，因此我们考虑完全对称的情况，也就是校准国际市场时采用的参数取值与本国国内一样（因此，在基准校准时参数 $\mu=1$）。有鉴于此，我们考虑一种渐近性的情况，也就是所有其他国家相比该国而言无限大，贸易不影响国际市场均衡，校准也不用考虑任何规模差异。假定所有其他国家和该经济体之间的对称性可能显得有些武断。例如，可以认为，在属于所有其他国家的众多国家间分摊风险，将会令产量波动减弱。如果所有其他国家平均而言比研究对象的那个国家更加富裕，那就也可以认为，应当假定所有其他国家的价格弹性也相对更低。这一假定可能是合理的，尽管此处所采取的对称性假定意味着国际贸易不是受结构差异的驱动，而仅仅只是因为单个国家有着与全球性冲击不相关的产量冲击。在本文附录中给出了这一结论对于自给自足假定，以及由此对于该国与国际市场间对称性的敏感度分析（S4 节，请访问：http://wber.oxfordjournals.org/）。

模型校准

理性预期仓储模型无法得出闭式解；而必须以数值方法近似求解。我们使用的数值算法是基于一种映射方法，并在附录中给出了详细说明。

价格、产量、消费量和可获得性的参数在非随机稳定状态均衡中都设定为 1，而进口和出口量都设定为 0（参数值请参见表 1）。因此，该国在稳定状态是自给自足的，没有任何贸易发生。

折现所使用的年利率是5%。除了其他考虑，特别是基于科瑞内科和索尔丁（Korinek and Sourdin，2010）的研究，我们将贸易成本设定为20%。这一成本比本研究中引述的农产品平均贸易成本略高，反映出我们对贫穷国家粮食产品的关注。[①]

西奥和雷格密（Seale and Regmi，2006）估计了144个国家的食品消费弹性。从他们的研究中，我们选取了对于低收入国家谷物而言的典型弹性数值：价格弹性取-0.4，收入弹性取0.5。我们假定消费者在稳定状态下将 $\gamma=15\%$ 的收入花费在口粮上，这也是针对亚洲贫穷家庭和富裕家庭稻米消费情况观测到的中间取值（Asian Development Bank，2008）。因为稳定状态的消费量和价格都等于1，假定保持不变的收入也就等于商品预算份额的倒数，$1/\gamma$。在稳定状态下，我们假定，相对风险规避系数是2，这意味着 $\theta=-2.62$。

我们效仿布伦南（Brennan，2003），假定单位仓储成本是稳定状态价格的6%（$k=0.06$）。这一物理仓储成本与机会成本合在一起，令稳定状态的总仓储成本达到稳定状态价格的11.3%。对于国家层面的产量，我们假定随机产量 ε^H 和 ε^w 服从贝塔分布。采用贝塔分布的优点在于有经验证据支持、常用于地区层面的随机产量建模（除其他文献外，可参见Babcock and Hennessy，1996；Nelson and Preckel，1989），而且其支撑集有界，因而便于计算。我们假定分布的形状参数是2和2，这使其在0.5上单模，同时我们也假定它是对称分布。这一分布经转换和重新调整后，在0.75~1.25之间变化，这意味着其变异系数是11.2%。

表1 参数设定

参　数	经济含义	赋　值
β	年折现因子	0.95
η	收入弹性	0.5
α	自价格需求弹性	-0.4

[①] 国际贸易也常常要承担高于平均水平的国内运输成本。

续表

参 数	经济含义	赋 值
γ	商品预算份额	0.15
Y	收入	6.67
d	需求函数标准化参数	0.39
θ	风险规避参数	-2.62
k	物理仓储成本	0.06
τ	贸易成本	0.2
μ	国际产量分布的标准化参数	1
$\varepsilon^H, \varepsilon^w$	产量的概率分布	B(2, 2)·0.5+0.75

三 不存在公共政策时的动态变化

为了弄清楚公共政策的影响，可以将不存在公共政策时的情况当作一个自然且有用的基准。因为本文所采用的模型与前文讨论过的文献中所采用的存在显著差异，我们会比较详细地分析这一基准情况。[①]在国际价格四种不同取值下，图1（a）给出了作为可获得性函数的库存、价格和贸易行为。图1还在分栏（b）-（d）中包含了进行政策干预情况下的类似图示，后文会予以讨论。

为了理解此图，首先考虑中间一栏，这里将国内价格表示为可获得性的函数。不存在仓储也不进行贸易情况下的需求函数以浅灰色表示，是一个有用的基准。例如，考虑对应于国际价格等于0.9的黑色实线。当可获得性比1至少低3%时，国内价格等于1.1，仓储为零（参见左栏的仓储行为图），该国按照等于国际价格（0.9）加上运输成本（0.2）的进口平价（1.1）进口。反过来，当可获得性足够大（这种情况下，当其比1高至少2%）时，由于存在仓储，国内价格比需求函数所决定的价格更高。这种情况下没有贸易发生（参见右栏的贸易行为图），因为国内价格始终高于出口平价（本例中是0.7）。

---

① 在本文的工作论文版中，讨论了不进行公共干预情况下，不同贸易成本和仓储成本的影响（Gouel and Jean, 2012）。

开放条件下发展中小国的最优食品价格稳定政策

（a）不存在公共干预时

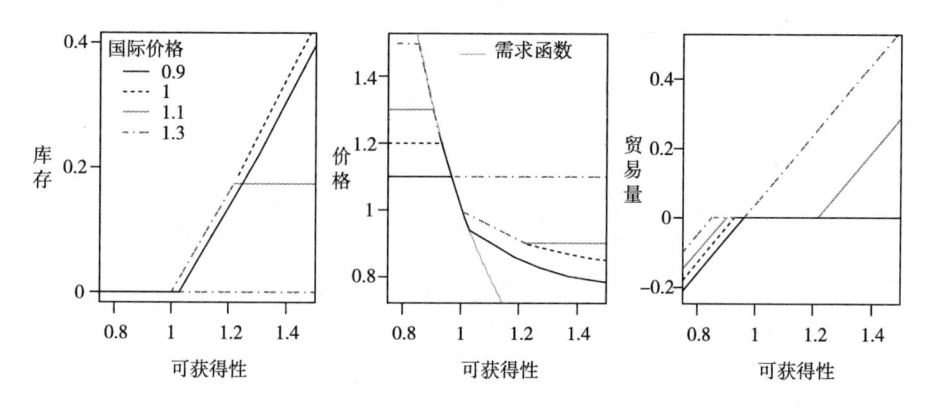

（b）最优贸易政策

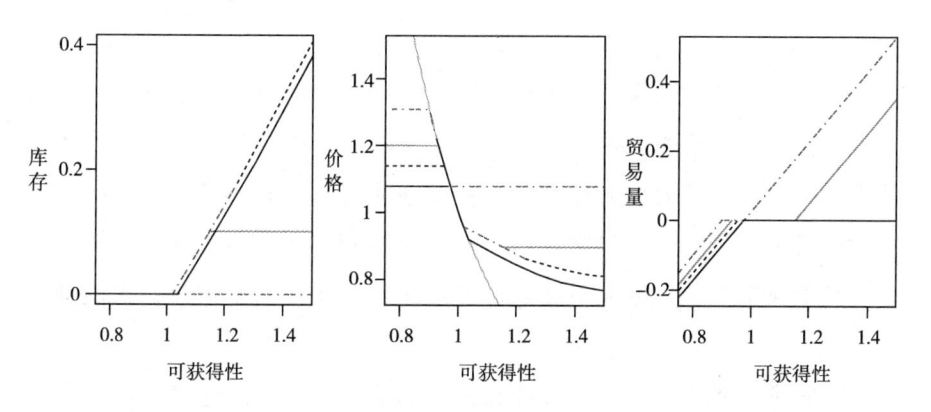

（c）最优仓储补贴

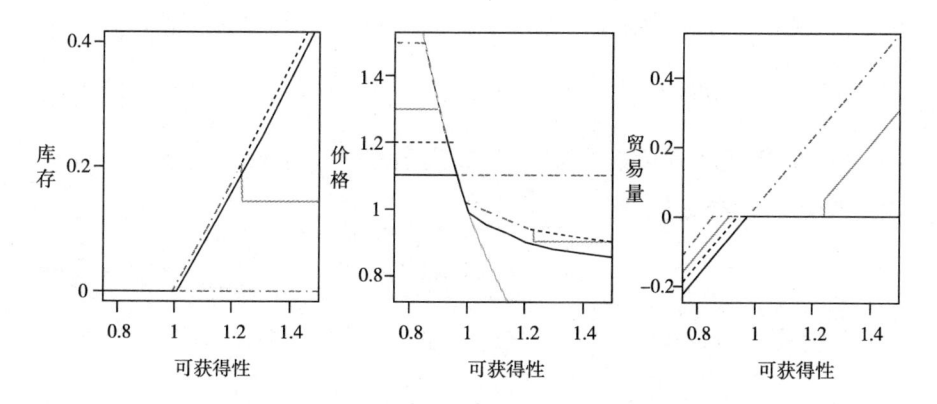

(d) 同时采用两种工具时的最优政策

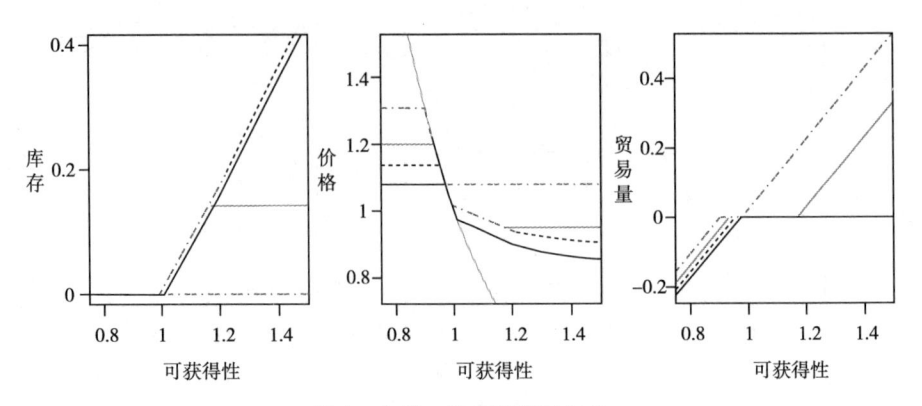

图1　仓储、价格和贸易行为

备注：贸易量取负值表示进口。中间一栏中的灰色线代表不存在仓储也不进行贸易情况下的需求曲线。

更一般的，对于这个不征收任何贸易税的小型开放经济体，国内价格必然位于国际价格加减贸易成本所界定的一个变动范围内。与封闭经济体相比，这种局面很大程度上改变了仓储行为及其影响。充裕的可获得性通常有利于仓储，但出口则是另一种赢利渠道；当短缺发生时，在进口竞争所带来的价格上限面前，售出库存所发挥的稳定效应可能纯属多余。

第一个显著特征是，当该国进口的时候，不存在仓储（参见图1（a））。为了理解为何这种情况必然属实，请留意在该国进口的时候，国内价格恰好等于国际价格加贸易成本。方程（5）因此可以重写如下：

$$\beta E_t(P_{t+1}) - P_t - k = \beta E_t(P_{t+1}) - P_t^w - \tau - k \tag{15}$$

由于（给定国际价格的决定方式，这里假定）仓储套利条件（5）对于其他所有国家都成立：

$$-P_t^w - k \leq -\beta E_t(P_{t+1}^w) \tag{16}$$

故而式（16）和式（15）结合，可得：

$$\beta E_t(P_{t+1}) - P_t - k \leq \beta E_t(P_{t+1} - P_t^w) - \tau \tag{17}$$

根据式（8），国内价格总是低于或等于进口平价，取期望后此关系仍然成立。于是有：

$$\beta E_t(P_{t+1}) - P_t - k \leq (\beta - 1)\tau < 0 \qquad (18)$$

这个方程表明，在有进口时国内仓储无利可图，因为下一年度的国内和国际价格之差的期望值没能超过贸易成本。

这个特征，特别是如威廉姆斯和莱特（1991）的两国框架所强调的，表明当国内和国外的跨期套利等同之时，为仓储而进口在经济上绝对不划算。把是否有必要进口的决策推迟到下一年度总是更加可取的。

当可获得性相对较为充裕的时候，仓储和出口可以并存。当该国出口时，国内价格等于出口平价，仓储套利方程变为：

$$S_t \geq 0 \perp \beta E_t(P_{t+1}) - P_t^w + \tau - k \leq 0 \qquad (19)$$

在足够高的国际价格下，预期国内价格高不到足以令投机性仓储有利可图；由于出口比仓储更有赚头，所以不会有仓储发生。只有在中等水平国际价格才能观察到仓储和出口并存，因为这个价格相对国内价格而言够高，能使出口赢利，但又不至于高到让第一个单位的仓储比出口赚的还少。[①] 仓储和出口之间的互动关系如国际价格等于1.1时的仓储曲线所示（参见图1（a）的左侧一栏），其中，相对较高可获得性下的平坦仓储曲线代表的是出口。当国际价格等于1.3时，出口总是比仓储更加有利可图，因此仓储曲线从头到尾都是平坦的。

即使不进行贸易，当前国际价格也会影响国内仓储。事实上，由于国际价格是由仓储模型生成的，因而存在正的自相关。因此，更高的当前价格必然伴随着对下一期国际价格的更高预期。相应的，当国际价格更高时，除贸易量以外的仓储量会略向上移。这种关系在图1（a）中以国际价格分别等于0.9和1的两种情况加以说明。在两种情况下，国际价格都太低，出口无利可图。当可获得性超出稳定状态时，仓储商会增加库存，但是因为存在对未来国际价格上涨的预期，国际价格等于1时

[①] 因其对预期的未来国内价格有负面影响，仓储收益会降低。

的库存水平要高于国际价格等于 0.9 的时候,从而提升了仓储的赢利。增加的这种赢利也会转化为国际价格为 1 时更高的国内价格,因为库存积累增加了。

在小型经济体假定下,出口意味着国内价格和可获得性之间完全脱节,正如图 1 (a) 中间一栏,国际价格等于 1.1 及以上、有足够高的可获得性时,在价格曲线上观察到的平坦部分所示。同样的,在可获得性有限的情况下,当国内价格达到进口触发价格,也就是等于国际价格加上贸易成本,此时国内价格与可获得性也会脱节。在这两种情况之间,有仓储时的价格曲线具有标准形状,在某个给定门槛以下,可获得性曲线急剧向下倾斜,在这个门槛以下将没有仓储发生,其后的曲线更加平滑。对于贸易而言,假定国际价格外生,意味着只要贸易量不为零,净贸易曲线就具有单位斜率。

对世界和国内价格的样本模拟可以说明它们之间的关系(见图 2)。当国际价格较低时,国内价格往往会按进口平价设定,而在国际价格较高时,则会按出口平价定价。大部分国际价格骤升会通过贸易输入至国内市场。

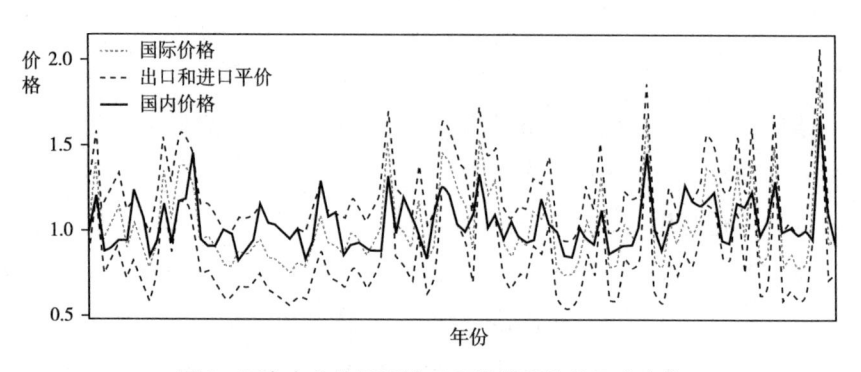

图 2 　不存在公共干预情况下的模拟价格历史走势

四　最优稳定政策

在对仓储和贸易政策间关系建模时,我们不希望只是分析一些特例;

我们也想评估如何最好地运用这些政策。为了进行这种评估，我们假定政府对于远期政策不会僵化恪守，而必定会追求具有动态一致性的政策。为了设计这一最优稳定政策，我们需要提出富有意义的政策目标。接着，就可以围绕这一相机抉择型最优政策界定最优化问题。

社会福利函数

政策设计通常是基于所有主体剩余总和的最大化原则。这一标准做法在这里却行不通，因为对于风险规避型消费者而言，预期剩余并不是其福利的恰当指标。相反，赫尔姆斯（Helms，1985b）表明，事前等价变异才是有意义的福利指标。这个指标相当于这样一个收入数额，它能够在不进行干预的价格体制中，带来与本文所关注干预措施同样大小的期望效用变化。在本文所采用的未考虑储蓄的跨期框架中，这一等价收入的跨时配置并不是中性的。[①]假定这种等价变异具有恒定的收入流形态，则 t 期的对应数额 EV_t 由下式隐性决定：

$$E_t\{\sum_{i=0}^{\infty}\beta^i[v(\tilde{P}_{t+i}^t,Y+EV_t)-v(P_{t+i},Y)]\}=0 \quad (20)$$

其中，$\tilde{P}_{t+i}^t$ 表示当政策干预到 t 期终止时，$t+i$ 期的价格。将第一项围绕不再进行更多干预的路径做一阶泰勒序列展开，可得：

$$EV_t\approx\frac{1-\beta}{w_t}E_t\sum_{i=0}^{\infty}\beta^i[v(P_{t+i},Y)-v(\tilde{P}_{t+i}^t,Y)] \quad (21)$$

其中，$w_t=(1-\beta)E_t\sum_{i=0}^{\infty}\beta^i v_Y(\tilde{P}_{t+i}^t,Y)$ 是收入以期望形式表示的未来边际效用的折现均值。可以将消费者的这一事前等价变异和其他主体的剩余结合起来度量社会福利[②]：

$$W_t=\frac{1}{w_t}E_t\sum_{i=0}^{\infty}\beta^i[v(P_{t+i},Y)-v(\tilde{P}_{t+i}^t,Y)]$$

[①] 在一个不同的背景下，格利耶（Gollier，2010）说明了储蓄行为怎样使得随时间流逝重置收入的各种分配模式一定相互等同。

[②] 注意如果收入弹性和相对风险规避系数都等于零，这一定义会使得 w_t 等于 1，于是社会福利函数实际上就是各剩余的经典加总。

$$+ E_t \sum_{i=0}^{\infty} \beta^i [P_{t+i} \varepsilon_{t+i}^H + P_{t+i} S_{t+i-1} - (P_{t+i} + k - \zeta_{t+i}) S_{t+i} - Cost_{t+i}] \quad (22)$$

其中，$Cost_{t+i}$ 表示 $t+i$ 期公共政策的财政成本。

我们忽略征税造成的扭曲成本，所以，政策干预的财政成本就是对私人仓储进行补贴的成本，再加上贸易政策的净税收成本：

$$Cost_t = \zeta_t S_t - v_t^M M_t - v_t^X X_t \quad (23)$$

根据式（9）和式（23），社会福利可以简化为：

$$W^t = E_t \sum_{i=0}^{\infty} \beta^i \left\{ \frac{v(P_{t+i}, Y) - v(\tilde{P}_{t+i}^t, Y)}{w_t} + P_{t+i} A_{t+i} - (P_{t+i} + k) S_{t+i} + v_{t+i}^M M_{t+i} + v_{t+i}^X X_{t+i} \right\}$$
$$(24)$$

单位仓储补贴以正值计入私营主体的利润，以负值计入公共开支，所以它在社会福利函数中发挥的作用并非一目了然。

尽管具有理论上的精确性，但社会福利的这种设定在动态框架下却很难处理。特别是，这一设定不适用于标准的递归动态设定，因为 w_t 是随时间变化的。不过，收入期望边际效用的这种时间变异性在实践中是有限的，且局限于二阶。为了技术处理的方便，可以假定 w_t 不随时间变化且等于其 $t=0$ 期的取值：$w_t \approx (1-\beta) E_0 \sum_{i=0}^{\infty} \beta^i v_Y (\tilde{P}_i^0, Y) = w$。在下面给出的模拟中也采用这一假定。

最优化问题

社会福利函数是一个天然的政策最优化目标。在表述这个问题的时候，假定政策从 0 期开始推行，而且是不可预料的。对政策的恪守在多数国家都不太可能，特别是在发展中国家；因此，假定政策是相机抉择式的。可以采用三种状态依存型的政策工具来稳定价格：对私人仓储征税，或是给予补贴，以及贸易政策（进口和/或出口税或补贴）。假定初始状态变量处于其非随机稳定状态水平（$A_0 = 1$，以及 $P_0^w = 1$），且假定初始库存为零。

尽管也会对私人仓储进行补贴（通常是采用利率补贴的形式，参见

Gardner and Lopez, 1996), 但仓储政策通常还是采取公共储备的形式。在许多国家, 公共储备往往是由半国营机构经营的, 这类机构被委以粮食贸易和储备的垄断经营权 (Rashid, Gulati and Cummings, 2008)。对私营仓储的最优补贴额, 可以理解为由一个依照最优仓储规则行事且具有效率的垄断公共机构所造成的损失。此外, 由于我们关注的是仓储补贴, 因此不再有必要研究私营仓储和公共储备之间的互动关系, 这就减轻了计算方面的负担。

对于这个最优相机抉择问题, 我们假定不存在声誉机制, 且聚焦于克莱因、克鲁塞尔和瑞厄斯 - 鲁尔 (Klein, Krusell and Ríos - Rull, 2008) 以及安穆勒和佩尔格林 (Ambler and Pelgrin, 2010) 所定义的马尔科夫完美均衡。在每一期, 最优化要求在私营主体行为和市场均衡所施加的约束条件下, 实现社会福利函数折现值的期望之和最大化。将远期变量视为给定, 而围绕当期内生变量和控制变量进行如下最优化:①

$$\max_{\substack{S_t \geq 0, P_t, M_t \geq 0, \\ X_t \geq 0, A_{t+1}, \zeta_t, v_t^M, v_t^X}} E_t \sum_{i=0}^{\infty} \beta^i \{ v(P_{t+i}, Y) + w[P_{t+i}A_{t+i} - (P_{t+i} + k)S_{t+i} + v_{t+i}^M M_{t+i} + v_{t+i}^X X_{t+i}] \} \quad (25)$$

受约束于方程 (5) ~ (7) 和 (9) ~ (11), 给定的 A_t 和 P_t^w, 以及当 $i \geq 1$ 时 $\{S_{t+i}, P_{t+i}, M_{t+i}, X_{t+i}, A_{t+i+1}, \zeta_{t+i}, v_{t+i}^M, v_{t+i}^X, P_{t+i}^w\}$ 的预期值。由于方程 (5) 涉及仓储商对下期价格的预期, 这一最优化问题并不是一个标准的最优控制问题。效仿克莱因、克鲁塞尔和瑞厄斯 - 鲁尔 (2008), 通过将相应的政策函数代入预期变量, 可以求解出这一问题。相关细节请参见附录。

上述问题界定出一个同时采用仓储和贸易政策或补贴的最优稳定政策。从目标函数和约束条件中, 删去所有 ζ 项可以界定贸易政策, 或是删去所有 v^M 和 v^X 项, 从而界定仓储政策, 就可以很方便地定义只采用两种

---

① 通过将式 (24) 社会福利函数乘以 w 并减去不受政策选择影响的项——它反映了不进行干预情况下的消费者效用, $v(\bar{P}_{t+i}^l, Y)$, 得到这个目标函数。

工具之一的政策。

五　最优公共干预的特征和影响

上文界定的分析框架，使我们得以勾勒出最优公共干预措施。本文考虑三种情况，分别对应于如何最优地单独运用贸易政策、单独运用仓储政策，以及联合运用两种政策。我们首先描述这些政策干预措施的性质，并且分析其对决策规则的影响。接着，我们对由此造成的福利影响进行评估。

最优贸易政策

在不采用任何仓储政策的情况下，贸易政策的最优运用可以扼要刻画为包含两类干预措施。第一类干预措施是在可获得性较低时补贴进口。

相应的补贴额度可能很高，而对于价格分布的右尾产生显著的截断效果。通过比较图1（a）和1（b）的中间一栏，可以观察到这一影响。在贸易政策下，因为存在补贴，进口时的通行价格低于不进行干预的时候。因此，对于小型开放经济体而言，进口补贴是避免过高价格的一种有效方式。尽管存在成本，但在国内短缺刚好碰上国际高价时，高于15%的从价补贴被证明是最优的。采取进口补贴可能会引起质疑，因为它们在实践中是不太常用的政策工具。进口补贴在我们的框架中出现，是因为我们的基准情景是自由贸易。在实践中，即便是结构性的食物进口国，也倾向于保持正向的贸易壁垒，这是出于政治经济的动机（Grossman and Helpman，1994），或是组织财政收入的需要。在这种正值关税的替代基准下，进口补贴可以解读为一种关税减免，对此我们有很显著的证据（Anderson and Nelgen，2012）。

第二类干预是在可获得性充裕且国际价格高企的时候，对出口征税。这类干预降低了出口平价，且避免了通过出口而输入国际市场价格尖峰。相应的征税水平仍然是温和的，通常低于5%，甚至在国际价格高达1.4

的时候也是如此。

对于价格的渐近分布，这类最优贸易政策导致均值降低（2.4%），标准偏差则减少20%（见表2）。这种波动性的减弱是非常不对称的，如分位数变化所显示；这主要是进口补贴和出口税令高价大幅降低（价格分布的最高分位数从不进行政策干预时的1.63降至1.41，与平均价格的偏差则被降低了1/3）。对于可存储商品而言典型的价格分布不对称性也被大幅削弱，偏度只有基准情况下的一半。

毫不令人意外，这类贸易政策干预措施导致进口增加、出口减少。截去价格分布的右尾也降低了仓储的赢利性。结果，仓储曲线被移向右方，在渐近分布中平均库存水平降低了将近20%。

表2 渐近分布的描述性统计

	基 准	贸易政策	仓储政策	同时采用两种工具
价格				
均值	1.045	1.020	1.054	1.034
变异系数	0.173	0.141	0.159	0.121
偏度	1.248	0.641	1.524	0.995
相关系数				
与国内冲击的	−0.474	−0.569	−0.414	−0.482
与国际价格的	0.788	0.729	0.807	0.780
分位数				
1%	0.790	0.787	0.837	0.837
25%	0.915	0.900	0.940	0.942
50%	1.000	1.015	1.001	1.008
75%	1.131	1.107	1.123	1.100
99%	1.628	1.410	1.625	1.406
平均库存量	0.033	0.027	0.048	0.047
平均进口量	0.018	0.021	0.016	0.018
平均出口量	0.028	0.024	0.031	0.028

备注：所有统计量都是基于渐近分布的非条件矩计算的。

最优仓储政策

在封闭经济中,以不完全保险市场下消费者风险规避为动因的最优仓储政策,相比不进行干预时会增加仓储水平(Gouel,2013)。在本文不进行贸易政策干预的小型开放经济体背景中,当仓储与出口没有直接竞争关系时,亦即在可获得性有限同时/或者国际价格没有高到过分,因而国内价格仍然高于出口平价的情况下,仓储量的这一增长就会发生。这种情况下,仓储补贴会同时增加仓储量并提高国内价格,从而有助于减弱国内市场的跨期价格波动性。

为了理解最优仓储补贴,应当指出,在不同时点上,仓储对价格有两种影响:库存累积提升当期价格,而随后的库存释放一旦发生,则会压低价格。因为消费者是风险规避型的,最优政策倾向于将国内价格稳定在其均值水平附近。提升库存水平可能有助于实现稳定目标,特别是在当期价格低于均价而预期价格高于均价的时候,但并不会总是这样。当国际价格等于1.1,且可获得性中等(1~1.2)的情况下,如果出口无利可图就会发生仓储(参见图1(c))。在这种情况下,可以对仓储进行补贴,直到国内价格达到出口平价水平。到了这个点,对仓储征税就变成最优政策。因为当期国内价格被钉在出口平价,仓储没有即期影响,额外库存只会打压远期价格,而远期价格已经被预计会低于其均值。因此,对私人仓储征税不会影响当期价格,但能够提升预期价格使其靠近平均价格水平。故而,在可获得性为1.1时的仓储曲线和出口曲线上观察到了不连续性。超出这个水平之后,仓储与贸易同时并存,最优政策仍然是对仓储征税(征税额度相当于稳定状态价格的3%)。这一结果是自相矛盾的:公共干预是因消费者风险规避而起,但却倾向于遏制仓储行为。直觉上,这是一种可获得性过于充裕的情况,此时社会偏好通过出口调剂产品更甚于通过库存保留产品,哪怕仓储商只是盈亏平衡而已。

当仓储与出口并存的时候,并不总是要征收仓储税。对于高企的国际价格(因此国内价格也相对较高),仓储可盈利性很快被压低到零。因此,额外的仓储不会影响当期价格,但会使预期价格更加接近其均值水平,这就证明了补贴仓储的合理性。

这类最优仓储政策对渐近价格分布的影响,受到对外贸易的严重约束。只要该国一开始出口或是进口,其国内价格就会由国际价格决定,因为假定没有采取任何贸易干预政策。这一最优仓储政策通过两种主要渠道影响国内价格。第一种,当高于平均水平的可获得性遇上温和或较低的国际价格,建仓时仓储补贴就会抬高国内价格,除非是前面提到的在仓储与出口并存时开征仓储税的情况。第二种,随后在库存售出的时候,更高的库存水平会拉低价格,但这种情况往往会和国际贸易的形势重叠在一起,从而限制了价格下跌幅度。

结果,最优公共仓储政策提升了渐近分布的平均价格(参见表2)。这一提升看起来是自相矛盾的,因为针对封闭经济体所得到的标准结论是,引入私营仓储或是通过公共干预增加库存水平会打压平均价格(Gouel, 2013; Miranda and Helmberger, 1988; Wright and Williams, 1982a)。为了解释这种令人困惑的结果,正如纽贝瑞和斯蒂格利茨(1981, p.251, 定理2)所指出的,不妨将这一通过仓储实现稳定的政策视作当价格更高($p_1 < p_2$)时,将需求从 t_1 期转移至 t_2 期的一种结果。任何额外的仓储都会减少消费者需求,当所存储的数量最终售出时(如果不发生浪费的话),需求量又会增加相同数量。为了看出需求转移怎样影响价格,让我们将市场出清方程(11)对库存量求取微分:

$$D'(P_t) \frac{\partial P_t}{\partial S_t} + 1 + \frac{\partial (X_t - M_t)}{\partial S_t} = 0 \qquad (26)$$

在封闭经济中,最后一项没有意义,此方程缩减为 $\partial P_t / \partial S_t = -1/D'(P_t)$。只要需求函数像常弹性函数那样是凸性的,此偏导数就是价格的增函数,意味着其在 t_2 期比 t_1 期更大。于是,调整库存使得消费量从 t_1 期少量转移到 t_2 期,会降低 t_2 期的价格,而其幅度要高于 t_1 期价格被抬高的幅度。这一结果解释了为何在封闭经济中通过额外仓储稳定价格的做法通常会打压平均价格。

相反,在开放经济体中,式(26)中右侧最后一项非零。可能的情况是,在发生消费转移时,该国会出口。这种情况下,足够小的额外仓储量不会把出口拉低到零，意味着其不会影响国内价格，国内价格仍然等于国际价格减去运输成本。反过来，当存在贸易时，售出额外库存也不会打压国内价格。在实践中，起主导作用的是后一种影响，主要是因为这种影响意味着该国无法使本国市场绝缘于极端高价阶段。这种情况下，国内库存（在国内库存的国内消费取代了进口时，无论直接或是间接地）被销往国际市场。价格水平较高的时候，售出国内库存有利可图，但这并不能遏止国内价格上涨。因此，仓储政策在避免高价时期出现方面成效有限。

尽管这一最优仓储政策将价格的标准差降低了大约7%，但只有通过拉升低价才能实现稳定；这对事关消费者福利的公共干预措施而言，实在是一个自相矛盾的结论。渐近价格分布上分位数的变动相比基准情况而言很小，然而第一分位数增加了6%（见表2）。

贸易所受的影响绝非微乎其微。明显更高的库存平均水平会降低国内可获得性紧缺以及相应大规模进口的发生频率。平均而言，进口可以降低11%。出于同样的原因，充裕的可获得性将会更加常见，而这会增加出口量。当仓储与出口同时发生，这一出口强化效应会因前文提到的仓储税而被进一步放大，这将会减少仓储需求，进而增加被国际市场吸收的国内产量。平均而言，出口能增加11%。正如国内和国际价格间增强的相关性所表明的，这种出口的重要性上升也成为国内价格波动的重要驱动因素。总体而言，尽管没有实施贸易政策，这一政策也可以被视为贸易条件的一种机会，具体则取决于多大程度上该国会在国际价格低迷时倾向于鼓励仓储，而在国际价格足够高时阻遏仓储。

最优贸易及仓储政策

贸易和仓储政策最优组合可以作为一种有效的稳定政策，使国内价格的标准偏差相比基准情况降低1/4。鉴于贸易政策在防止国内价格达到高位方面非常有效，而仓储则是避免过度低价的一种有力工具，这个结果并不让人感到意外。因此，最优政策组合的基础就是利用进口补贴和出口税，截断国内价格分布的右尾，而利用仓储补贴截断其左尾。国内价格波动性的降低同时来自分布两端，相比基准情况而言，分布两端都向均值大幅靠近（参见表 2 给出的分位数）。这个结果类似于对于低分位数应用仓储政策，并利用贸易政策干预高分位数所得到的结果。

然而，这些工具并不是彼此独立的，当某国同时出口和进行仓储时，其相关性尤其明显，恰如国际价格处于中等水平（图 1（d）中的 1.1）而可获得性充裕的情况下。当同时结合运用两种工具时，最优政策是在补贴仓储的同时补贴出口（对于 1.1 的国际价格，单位补贴 ζ 是 0.04，或者说是稳定状态国内价格的 4%）。尽管库存水平更低，但其结果却使得国内价格高于不进行干预时的通行价格（更加接近分布的均值）。这种变化有助于减小价格波动性。然而，对于更高的国际价格，仍然应对私营仓储进行补贴，但是要对出口征税，以避免国内价格达到过高水平。

渐近分布的平均价格比基准情况下略低；这个结果介于贸易政策和仓储政策各自所得结果之间。就价格在国内价格与国际价格和国内冲击的相关性而言，也只是处于中等水平。对外贸易的影响貌似也是中等程度，介于单独采用某种政策工具的影响之间，其平均进口量略有增长，平均出口量则略微下跌。尽管其具有干预性质，且可能必然伴有高额的出口税，但是一般说来，这样一种最优政策并不会限制贸易。

这一最优政策会带来 0.63 的平均价格传导弹性（通过将对数国内价格对非零贸易的对数边界价格做回归得到）。这个弹性值符合经济计量分析的证据。例如，安德森和内尔根（Anderson and Nelgen，2012）发现，对于 75 个国家，稻米、小麦、玉米和大豆的平均短期价格传导弹性分别是 0.52、0.47、0.57 和 0.72。不过，与近期粮食危机中发生的事件相反，这一最优政策绝对不会涉及彻底的贸易禁令。

福利变化的分解

通过改变价格的分布，稳定政策在各主体间既转移了风险也转移了资源。为了理解这类政策的分配效应，在表 3 中给出了对应于三类最优政策的福利变化。在这个表格中给出了转移动态，意味着各个数值都是在 0 期开始实施政策时的预期福利取值。

表3 最优政策对转移动态（以占稳定状态商品预算份额的百分比表示）的福利影响

	贸易政策	仓储补贴	同时运用两种工具
消费者	2.47	-0.94	1.05
生产者	-2.53	1.08	-0.92
政府	0.12	-0.12	-0.03
仓储补贴	—	-0.12	-0.17
贸易政策	0.12	—	0.14
总计	0.06	0.03	0.10

消费者收益由事前每期等价变异 EV_0 给出[定义见式（20）]。由于产量由外因随机冲击定义，生产者没有明确设定，但他们因价格变化而受到政策影响。他们的福利变动定义为其收益的平均变动：$E_0 \sum_{t=0}^{\infty} \beta^t \Delta (P_t \varepsilon_t^H)$。政府经费支出是方程（23）定义的年化加总预期折现成本。[①]由于仓储商平均而言在零利润水平下运营，因此忽略了仓储商剩余的变动，并且，我们假定第一期没有任何库存。

令人吃惊的是，总收益相比分配效应而言是很小的。为了保护消费者免受价格波动影响，公共干预造成了生产者剩余的相对较大变动。这种转移主要源自两种效应。第一种是平均价格的变化。作为最优运用贸易政策或两种工具同用的结果，更低的均价以生产者为代价让消费者获益。在只运用仓储政策的情况下则刚好相反。价格与产量冲击协方差的变化同样引发生产者和消费者之间的转移，但其重要性更为有限。政策的财政成本则是转移的另一个来源；贸易政策干预带来财政收入，而进行仓储补贴则需承担成本。尽管相比对生产者的影响而言，这些财政方面的影响有限，但其强度却是高于总收益的。

消费者收益包含表3中没有进行细分的三个部分。[②]前两个部分包含在消费者剩余中：对应于平均支出变化的转移项，以及源自平均消费量变动（剩余分析中的传统福利三角部分）的效率收益。第三个部分是源自消费

---

① 福利项都是折现后的无限加总。这些项利用递归表达式变换和值函数迭代加以计算。
② 参见纽贝瑞和斯蒂格利茨（1981，第6章和第9章）对价格稳定措施效率和转移收益的讨论。本文的工作论文版本进行了相应的分解（Gouel and Jean，2012）。

者风险规避的福利变动。最后一个组成部分必然为正值，因为所有政策都降低了不确定性，而前两个部分可能为正也可能为负，具体取决于价格分布的变化，特别是平均价格的变化，其揭示出平均支出和平均消费量的变化。

不采取贸易政策干预的最优仓储补贴有着违反常理的影响。尽管公共干预是因消费者风险规避而起，但却在实际上造成消费者的损失。高价下的平均消费量缩水抵消了价格波动性的降低。因为风险降低带来了效率方面的收益，政策对整个社会来说仍属有益，但它并未增进消费者福利。在不采取贸易政策的情况下，仓储补贴损害了消费者福利，因为库存大多是在价格受到建仓影响的时候累积，但却是在经济体与国际市场相关联的时候售出（参见表2中对分位数的影响）。[1]

在最优贸易政策下，消费者享有均价和价格波动性同时降低，特别是价格骤升更少发生所带来的显著收益。但是，这种收益要以从生产者那里大幅转移为代价。两种效应的数量级都是2.5%，整个经济体的净收益是0.06%。

虽然贸易和仓储政策最优组合的影响放到单一工具政策中就只算中等程度，但这些影响更类似于贸易政策效应。消费者享有的收益主要体现在防止价格骤升政策的有效性，其成本则是生产者福利的恶化。不过，公共干预在这种情况下更为有效：消费者的收益达到1%，而总社会收益则达到0.1%。利用更少的转移，这一政策实现了更大的收益。这一发现说明，贸易和仓储政策间存在着很强的互补性。

对实施出口禁令加以约束的影响

利用贸易政策应对价格波动可能存在问题，因为此类政策是非合作政策，对合作伙伴国家可能会造成负面影响。特别是，当某个国家采用贸易政策使其国内市场与国际市场的极端价位相隔绝，其行动可能会进

---

[1] 这个结果类似于Myers（1988）结果的本质：当生产者风险规避情况下，完善市场可以产生总福利收益，但可能降低生产者福利水平，因为风险降低，导致供给反应和随之而来的均价降低。

一步推高国际价格。如果所有贸易国都采取这种政策，集体行动问题可能会达到一种程度，导致单个国家将本国隔绝于国际高价的努力彼此抵消（Martin and Anderson，2012）。2007~2008 年粮食危机期间各国采取出口禁令的情况突出反映出这个问题。出口禁令对价格飙升产生了显著影响，促使各方呼吁对此类工具的利用施加多边约束（一个例子是 Mitra and Josling，2009）。

本文采取的小型开放经济体设定无法明确分析国际合作方面的问题。不过，这个问题源自采取价格隔绝政策国家被扭曲的超额供给曲线，这类曲线可以根据给定国际价格水平下净进口的预期值而加以刻画。基于渐近分布，针对无政策干预的基准情况和不同的最优政策设定，在图 3 中绘出了这类曲线。就其本身来说，所有国际价格下最优贸易政策都会降低超额供给。对于高过 1.2 的国际价格，偏差幅度最为明显，证实了采取贸易政策可能令国际价格飙涨时期雪上加霜。然而，当贸易政策与仓储政策最优组合在一起，同基准情况间的偏差就不再那么明显。只有在国际价格高于 1.35 时，预期超额供给才显著降低，由于仓储政策对渐近可获得性的正向影响，中等水平国际价格下的预期超额供给略有增加。后一种影响解释了为何只采取仓储政策，超额供给总是会增加。

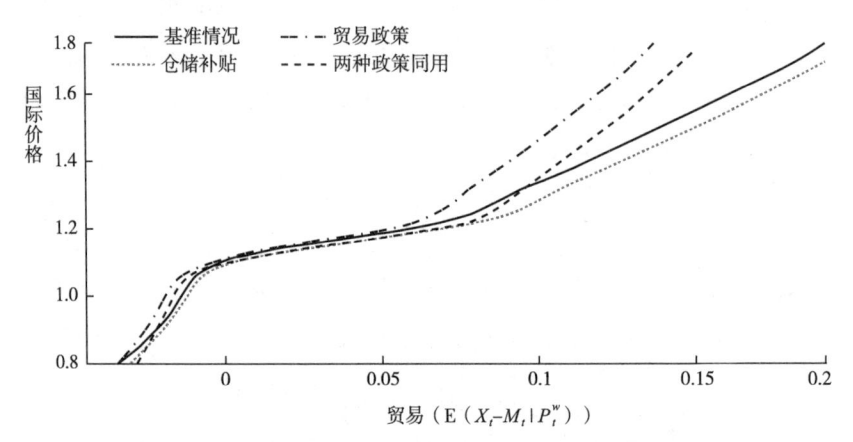

图 3　渐近超额供给曲线（基于渐近分布 1000000 次观测值的贸易 - 国际价格关系平滑样条）

这些结果证实了贸易政策干预可能显著扭曲超额供给曲线。对于高价格而言这一影响尤甚，表现出征收出口税的效果。因此，考虑对出口禁令施加多边约束是颇为合理的。为了评估施加这种约束要付出哪些代价，我们考察发展中国家因承诺不采取任何贸易限制措施而偏离其最优政策时，会面临什么后果（基于已有的约束，我们还假定出口补贴也被禁用）。

禁用出口税使得一国在国内可获得性足够充裕的时候无法自我隔绝于国际高价。禁用出口税大幅增加了国内高价的发生频率，相比无约束的最优政策情况而言，其价格分布的右尾更靠近无干预的基准情况（第1、25、50、75和99分位数分别是0.84、0.94、1.00、1.11和1.61）。因为最优仓储补贴凭借增加库存水平降低了低价发生的可能性，总体效应是平均价格相对基准情况略微上涨（达到1.048），而不是因无约束最优政策造成的下跌。

随着波动性的有限程度降低（国内价格的变异系数是0.15），对消费者的福利影响受到上涨后均价的支配，因此，这一政策造成消费者损失，就像只实施仓储政策的情况一样。出口约束因此必然伴随着从消费者到生产者的高额转移。总的来说，相对于无约束最优政策的情况而言，整个经济的收益折损过半。总之，出口税似乎是有利于消费者的价格稳定政策的关键组成部分。对于诸多贫穷国家而言，对出口限制施加可能的多边约束，其代价可能会很高。

六　结论

为了分析如何运用贸易和仓储政策实现食品价格稳定，本文诉诸理性预期仓储模型。我们的分析聚焦于小型发展中经济体的最优政策设计，其进行公共干预的理由是风险规避型消费者在价格波动面前缺少保障。据我们所知，这是在开放经济条件下设计最优动态食品价格稳定政策的首次尝试。本文的模型只能以数值方法求解，易处理性要求采取简单设定，因此模型忽略了供给反应和生产者风险规避。不过，本文提出的框架可以通过调整参数和模型设定而用于分析其他情况。

我们的结果表明，对于正常情况下能够自给自足的国家，存在风险规避时的最优贸易政策包括在国内价格高企阶段对进口进行补贴并征收出口税。[①]这一政策截断了价格分布的右尾，财政成本也不高，因为出口税收弥补了进口补贴的成本。进口补贴可以缓解传统的粮食短缺约束（其非负性）。当库存为零时，补贴进口可以避免价格飙涨。

在只采用仓储补贴谋求价格稳定时，并不能改善消费者福利。额外的仓储通过对建仓的额外需求提拉低价，但在避免价格飙涨方面没有效果。在一个小型开放经济体中，当国际价格高企时往往会发生价格骤升，这种情况下，任何额外库存都会在国际市场上售出。尽管国内价格一定程度上得以稳定，但对于消费者的潜在收益却因为均价上涨而消除。在国际价格相对较高时，通过对出口投入更多资源，这类政策会改善该国的贸易平衡状况，但并不会给消费者带来好处。仓储政策通常被视作帮助消费者的一种方式，上述结果表明，设计时没有安排贸易政策加以配合的仓储政策，可能是非一致性的。贸易成本所能提供的有限隔绝下——特别是在其相对较小时——不容许谋求任何单独的食品价格政策。相反，精心设计的贸易、仓储税和补贴政策组合，可以成为具有成本效益的价格稳定政策。

这类政策有一个重要的共同缺陷：它们会在分配方面造成比总收益还大很多的福利影响。在开放经济体中，通过调控价格减少消费者所承担风险的做法，可能会因为这个原因而遭到强烈抵制。虽然也可以利用社会援助计划缓解这种分配影响，但这个结论所强调的却是相对于专门针对贫困家庭的政策而言稳定政策具有的缺点。

我们的结果表明，贸易和仓储政策的最优组合可以同时截去国内价格分布的左尾和右尾。因此，本文界定的最优政策仍然是福利增进的，即便是在生产者风险规避情况下，因为他们应该会看重消除低价。关于供给弹性问题也有同样的结论：因为没有显著影响预期价格，供给反应应当仍是有限的。

我们发现出口税对于设计有利于消费者的价格稳定政策至关重要。这

[①] 在附录中给出了对自给自足假设的敏感性分析。

个结论不应该被理解成是在诉诸实施出口禁令,此类禁令的失稳效应已有充分文献证明,也是多边层面一个合理且严肃的担忧根源(Mitra and Josling, 2009)。不过,本文的分析有助于更好理解为何出口禁令如此频繁出现。本文分析可能也有助于准确评估潜在的多边约束要付出什么代价。特别是对那些最贫穷国家,全面废除出口禁令可能存在政治上的困难,至少如果未能采取实质性补贴措施的话。出口禁令造成的集体行动问题当然也有必要更加深入考察。不论是在哪种情况下,这类约束虽然令人不安,却最好还是直面它,而不是故意视而不见。

资助

本文的工作得到了欧洲委员会贸易总司第七届研发框架项目(Ag-FoodTrade:212036,及 FOODSECURE:212036)和应对变革知识计划(Knowledge for Change Program)的资助。

参考文献

Ambler, S., and F. Pelgrin. 2010. "Time-consistent Control in Non-linear Models." *Journal of Economic Dynamics and Control* 34 (10): 2215-2228.

Anderson, J. E., and J. G. Riley. 1976. "International Trade with Fluctuating Prices." *International Economic Review* 17 (1): 76-97.

Anderson, K., and S. Nelgen. 2012. "Trade Barrier Volatility and Agricultural Price Stabilization." *World Development* 40 (1): 36-48.

Asian Development Bank. 2008. "Food Prices and Inflation in Developing Asia: Is Poverty Reduction Coming to an End?" Special report. Asian Development Bank, Economics and Research Department, Manila, Philippines.

Babcock, B. A., and D. A. Hennessy. 1996. "Input Demand under Yield and Revenue Insurance." *American Journal of Agricultural Economics* 78 (2): 416-427.

Bagwell, K., and A. O. Sykes. 2004. "Chile - Price Band System and Safeguard Measures Relating to Certain Agricultural Products." *World Trade Review* 3 (03): 507-528.

Batra, R. N., and W. R. Russell. 1974. "Gains from Trade Under Uncertainty". *The American Economic Review* 64 (6): 1040 −1048.

Bigman, D., and S. Reutlinger. 1979. "Food Price and Supply Stabilization: National Buffer Stocks and Trade Policies." *American Journal of Agricultural Economics* 61 (4): 657 −667.

Bouët, A., and D. L. Debucquet. 2012. "Food Crisis and Export Taxation: the Cost of Non −cooperative Trade Policies." *Review of World Economics* 148 (1): 209 −233.

Brainard, W. C., and R. N. Cooper. 1968. "Uncertainty and Diversification in International Trade." *Food Research Institute Studies* 8: 257 −285.

von Braun, J. 2008. "Rising Food Prices: What Should Be Done?" Policy Brief 1. International Food Policy Research Institute, Washington, DC.

Brennan, D. 2003. "Price Dynamics in the Bangladesh Rice Market: Implications for Public Intervention." *Agricultural Economics* 29 (1): 15 −25.

Cafiero, C., E. S. A. Bobenrieth, J. R. A. Bobenrieth, and B. D. Wright. 2011. "The Empirical Relevance of the Competitive Storage Model." *Journal of Econometrics* 162 (1): 44 −54.

Cassing, J. H., A. L. Hillman, and N. V. Long. 1986. "Risk Aversion, Terms of Trade Uncertainty and Social −Consensus Trade Policy." *Oxford Economic Papers* 38 (2): 234 −242.

Coleman, A. 2009. "Storage, Slow Transport, and the Law of One Price: Theory with Evidence from Nineteenth −Century U. S. Corn Markets." *Review of Economics and Statistics* 91 (2): 332 −350.

Deaton, A., and G. Laroque. 1992. "On the Behaviour of Commodity Prices." *Review of Economic Studies* 59 (1): 1 −23.

Dixit, A. 1987. "Trade and Insurance with Moral Hazard." *Journal of International Economics* 23 (3 −4): 201 −220.

——. 1989. "Trade and Insurance with Adverse Selection." *Review of Economic Studies* 56 (2): 235 −247.

Dorosh, P. A. 2008. "Food Price Stabilisation And Food Security: International Experience." *Bulletin of Indonesian Economic Studies* 44 (1): 93 −114.

——. 2009. "Price Stabilization, International Trade and National Cereal Stocks: World Price Shocks and Policy Response in South Asia." *Food Security* 1 (2): 137 −149.

Eaton, J., and G. M. Grossman. 1985. "Tariffs as Insurance: Optimal Commercial Policy When Domestic Markets Are Incomplete." *The Canadian Journal of Economics* 18 (2): 258 −272.

Feder, G., R. E. Just, and A. Schmitz. 1977. "Storage with Price Uncertainty in International Trade." *International Economic Review* 18 (3): 553 -568.

Feenstra, R. C. 1987. "Incentive Compatible Trade Policies." *The Scandinavian Journal of Economics* 89 (3): 373 -387.

Gardner, B. L., and R. Lo' pez. 1996. "The Inefficiency of Interest -Rate Subsidies in Commodity Price Stabilization." *American Journal of Agricultural Economics* 78 (3): 508 -516.

Gollier, C. 2010. "Expected Net Present Value, Expected Net Future Value, and the Ramsey Rule." *Journal of Environmental Economics and Management* 59 (2): 142 -148.

Gouel, C. 2013. "Optimal Food Price Stabilisation Policy." *European Economic Review* 57: 118 -134.

Gouel, C., and S. Jean. 2012. "Optimal Food Price Stabilization in a Small Open Developing Country." Policy ResearchWorking Paper 5943. The World Bank, Washington, DC.

Grossman, G. M., and E. Helpman. 1994. "Protection for Sale." *The American Economic Review* 84 (4): 833 -850.

Hausman, J. A. 1981. "Exact Consumer's Surplus and Deadweight Loss." *The American Economic Review* 71 (4): 662 -676.

Headey, D. 2011. "Rethinking the Global Food Crisis: The Role of Trade Shocks." *Food Policy* 36 (2): 136 -146.

Helms, L. J. 1985a. "Errors in the Numerical Assessment of the Benefits of Price Stabilization." *American Journal of Agricultural Economics* 67 (1): 93 -100.

Helms, L. J. 1985b. "Expected Consumer's Surplus and the Welfare Effects of Price Stabilization." *International Economic Review* 26 (3): 603 -617.

Helpman, E., and A. Razin. 1978. *A Theory of International Trade under Uncertainty*. New York: Academic Press.

Islam, N., and S. Thomas. 1996. "Foodgrain Price Stabilization in Developing Countries: Issues and Experiences in Asia." *Food Policy Review* 3. International Food Policy Research Institute, Washington, DC.

Klein, P., P. Krusell, and J. -V. Ríos-Rull. 2008. "Time - Consistent Public Policy." *Review of Economic Studies* 75 (3): 789 -808.

Korinek, J., and P. Sourdin. 2010. "Clarifying Trade Costs: Maritime Transport and Its Effect on Agricultural Trade." *Applied Economic Perspectives and Policy* 32 (3): 417 -435.

Larson, D. F., J. Lampietti, C. Gouel, C. Cafiero, and J. Roberts. 2012. "Food Security and Storage in the Middle East and North Africa." *Policy Research Working Paper Series* 6031. The World Bank, Washington, DC.

Makki, S. S., L. G. Tweeten, and M. J. Miranda. 1996. "Wheat Storage and Trade in an Efficient Global Market." *American Journal of Agricultural Economics* 78 (4): 879 −890.

——. 2001. "Storage − Trade Interactions under Uncertainty − Implications for Food Security." *Journal of Policy Modeling* 23 (2): 127 −140.

Martin, W., and K. Anderson. 2012. "Export Restrictions and Price Insulation During Commodity Price Booms." *American Journal of Agricultural Economics* 94 (1). ASSA Meeting Invited Paper Session: 422 −427.

Miranda, M. J., and J. W. Glauber. 1995. "Solving Stochastic Models of Competitive Storage and Trade by Chebychev Collocation Methods." *Agricultural and Resource Economics Review* 24 (1): 70 −77.

Miranda, M. J., and P. G. Helmberger. 1988. "The Effects of Commodity Price Stabilization Programs." *The American Economic Review* 78 (1): 46 −58.

Mitra, S., and T. Josling. 2009. "Agricultural Export Restrictions: Welfare Implications and Trade Disciplines." Position Paper Agricultural and Rural Development Policy. International Food and Agricultural Trade Policy Council, Washington, DC.

Myers, R. J. 1988. "The Value of Ideal Contingency Markets in Agriculture." *American Journal of Agricultural Economics* 70 (2): 255 −267.

Nelson, C. H., and P. V. Preckel. 1989. "The Conditional Beta Distribution as a Stochastic Production Function." *American Journal of Agricultural Economics* 71 (2): 370 −378.

Newbery, D. M. G., and J. E. Stiglitz. 1981. *The Theory of Commodity Price Stabilization: A Study in the Economics of Risk*. Oxford: Clarendon Press.

Newbery, D. M. G., and J. E. Stiglitz. 1984. "Pareto Inferior Trade." *Review of Economic Studies* 51 (1): 1 −12.

Pelcovits, M. D. 1979. "The Equivalence of Quotas and Buffer Stocks as Alternative Stabilization Policies." *Journal of International Economics* 9 (2): 303 −307.

Rashid, S., A. Gulati, and R. W. Cummings, eds. 2008. *Parastatals to Private Trade: Lessons from Asian Agriculture*. Baltimore, MD, and Washington, DC: Johns Hopkins University Press and International Food Policy Research Institute.

Reutlinger, S., and K. C. Knapp. 1980. "Food Security in Food Deficit Countries." Staff Working Paper 393. TheWorld Bank, Washington, DC.

Ricardo, D. 1821. *The Principles of Political Economy and Taxation.* 3rd edition. reprinted 2004. New York: Dover Publications.

Seale, J. L., Jr., and A. Regmi. 2006. "Modeling International Consumption Patterns." *Review of Income and Wealth* 52 (4): 603 −624.

Slayton, T. 2009. "Rice Crisis Forensics: How Asian Governments Carelessly Set the World Rice Market on Fire." Working Paper 163. Center for Global Development, Washington, DC.

Srinivasan, P. V., and S. Jha. 2001. "Liberalized Trade and Domestic Price Stability. The Case of Rice and Wheat in India." *Journal of Development Economics* 65 (2): 417 −441.

Teisberg, T. J. 1981. "A Dynamic Programming Model of the U. S. Strategic Petroleum Reserve." *The Bell Journal of Economics* 12 (2): 526 −546.

Timmer, C. P. 1989. "Food Price Policy: the Rationale for Government Intervention." *Food Policy* 14 (1): 17 −27.

Turnovsky, S. J. 1974. "Technological and Price Uncertainty in a Ricardian Model of International Trade." *Review of Economic Studies* 41 (2): 201 −217.

Williams, J. C., and B. D. Wright. 1991. *Storage and Commodity Markets.* New York: Cambridge University Press.

World Bank. 2007. *World Development Report* 2008. *Agriculture for Development.* Washington, DC: The World Bank.

Wright, B. D. 2001. "Storage and Price Stabilization." In B. L. Gardner, and G. C. Rausser, eds., *Marketing, Distribution and Consumers.* Vol. 1B, part 2. Handbook of Agricultural Economics. Amsterdam, The Netherlands: Elsevier.

Wright, B. D., and C. Cafiero. 2011. "Grain Reserves and Food Security in the Middle East and North Africa." *Food Security* 3 (Supplement 1): 61 −76.

Wright, B. D., and J. C. Williams. 1982a. "The Economic Role of Commodity Storage." *The Economic Journal* 92 (367): 596 −614.

——. 1982b. "The Roles of Public and Private Storage in Managing Oil Import Disruptions." *The Bell Journal of Economics* 13 (2): 341 −353.

全球供应链和贸易政策对 2008 年危机的反应

基肖·贾万德（Kishore Gawande）

伯纳德·胡克曼（Bernard Hoekman） 崔悦（Yue Cui）*

2008~2009 年，贸易崩溃，产能缩减，堪比 20 世纪 30 年代的大萧条，许多国家的情况甚至更糟糕。然而，与经济大萧条不同的是，猖獗的保护主义并未随之而来。全球价值链的产业分工的兴起——垂直专业化——从某种程度上遏制了保护主义的抬头，但是这一点在之前的文献中没有得到重视。各种机构也限制了贸易保护主义者的反应程度。世贸组织的规则提高了对成员国使用贸易政策的成本，并且已成为过去 50 年稳定而开放的多边贸易体系基础。以上这些和其他因素对贸易政策在 2008 年金融危机中的反应有一定影响。本文利用贸易和贸易保护数据，对这种影响进行了实证研究。数据来源于有积极实行贸易政策历史的七

---

* 基肖·贾万德（本文通讯作者）是德州农工大学布什政府和公共关系学院经济和政府学教授，他的电子邮件地址是 kgawande@ tamu. edu。伯纳德·胡克曼是欧洲大学研究所罗伯特·舒曼高级研究中心的全球经济项目主任，他的电子邮件地址为 bernard. hoekman@ eui. eu。崔悦是安永会计师事务所的一名资深转让定价分析师，她的电子邮件地址是 yue. cui@ ey. com。在合作撰写本文期间，她还是布什学院的在读研究生。本文为全球贸易和金融体系结构的项目做出了贡献，此项目由英国支持。感谢纪尧姆·多丹（Guillaume Daudin）提供的数据，以及参与研讨会的 CERDI、欧洲大学研究院、彼得森国际经济研究所、韩国首尔国立大学、布什学校、德州农工大学的参与者们，感谢他们有益的建议。本文根据审稿专家和编辑提出的意见进行了修订。文责自负。本文补充附录的链接 http: //wber. oxfordjournals. org/。

个新型经济大国,并采用了工具变量策略来识别其影响。本文发现,全球价值链中的参与程度是决定贸易政策走向的决定性因素。JEL 代码:F13,F5,L52。

2008 年金融危机后,贸易崩溃,产能缩减,堪比 20 世纪 30 年代的经济大萧条时期早年的景象。艾肯格林和奥罗克(Eichengreen and O'Roarke,2012,图 2)平行对比了经济大萧条和 2008 年金融危机后贸易崩溃的程度和速度。

2008 年金融危机爆发两年内,贸易下降速度比经济大萧条的前两年更快。[①] 在经济大萧条时期,贸易崩溃伴随着世界各地关税的上升,各个国家开始闭关自守,保护国内生产者,防止失业率的进一步上升。相比之下,2008 年的危机及其余波并没有助长猖獗的保护主义。

大多数发展中国家和新兴市场国家有充分的政策优势,提高关税的同时仍能履行其与世界贸易组织达成的承诺。表 1 列出了危机前后七大新兴市场国家进口双边关税的平均值。简单进口加权平均数和实际采用的比率(t)具有相关性。[②] 显然,经济大萧条时期的场景并没有出现,也没有成为我们讨论的一部分。阿根廷、巴西、土耳其的加权平均关税有轻微的上升,然而在危机后其他四个国家终止了这两项措施。2008 年金融危机后,尽管关税没有多大改变,贸易保护主义还是通过其他方式有了抬头的机会,但是贸易份额所受的影响有限。基、内亚古和尼奇塔(Kee,Neagu and Nicita,2013)的安德森-尼尔里(Anderson-Neary)贸易限制指数的计算(Anderson and Neary,1994;Kee,Nicita and Olarreaga,2009)表明,不到 2% 的贸易崩溃可以归因于贸易保护主义。

---

① 投资品和耐用消费品需求的减少是 2008 年的贸易崩溃的一个主要原因,而贸易融资流动性约束条件可能加剧了危机,关于这一点人们逐渐形成了共识。见伊顿等(Eaton et al.,2011)以及列夫琴科、刘易斯和特萨(Levchenko,Lewis and Tesar,2010)前面的论述以及楚和马诺娃(Chor and Manova,2012)以及安、阿米蒂和温斯坦(Ahn,Amiti and Weinstein,2011)后面的论述。一些大的贸易崩溃的初步分析见鲍德温(Baldwin,2009)。

② 对一个国家来讲,比如印度,与其他国家的双边关税的平均值 t_{ip},随合作伙伴 p 和商品 i 发生变化。简单均值仅取自非零进口的国家。加权平均权衡 t_{ip} 与进口 m_{ip}。由于关税降低了进口量,加权平均低估了关税,简单均值忽视了大宗商品进口,所以关税被高估了。

本文的主要目的在于揭示 2008 年后的深度经济衰退并没有引起广泛的贸易保护主义的原因。与经济大萧条时代对比可以看出，萧条时期高关税的原因是采用死板的金本位制，货币持有者并不愿意让他们的货币贬值（Irwin，2012）。这个对于贸易保护主义上升的主流宏观经济解释源于各个国家对凯恩斯主义政策的不熟悉。凯恩斯主义政策在很久之后为大家所知。[①] 然而由于背负高额债务和赤字上升，政府采用大规模放松财政的余地是有限的。当宏观经济政策的效果因此受限时，贸易保护主义是否会暗潮涌动？

表1 简单平均和权重平均，HS – 6 代码协调制度双边关税

		简单平均			进口权重平均		
		应用关税	约束关税	最惠国关税	应用关税	约束关税	最惠国关税
		(t)	(tBND)	(tMFN)	(t)	(tBND)	(tMFN)
阿根廷	2006 – 8	10.37	31.69	12.12	5.46	31.94	11.89
	2009	9.85	31.23	11.50	5.96	31.98	12.90
巴西	2006 – 8	12.51	30.67	13.76	7.16	30.23	9.35
	2009	13.31	30.69	14.75	7.83	30.49	10.61
中国	2006 – 8	8.84	9.47	9.30	4.80	5.22	4.97
	2009	8.04	9.58	9.23	4.22	5.02	4.59
印度	2009 前	13.13	38.08	13.37	9.38	30.22	9.54
	2009	9.31	37.99	9.53	8.69	32.99	8.85
墨西哥	2009 前	7.23	34.97	14.07	2.66	35.61	12.54
	2009	4.78	34.97	11.11	1.81	35.41	8.36
土耳其	2009 前	2.43	19.67	4.66	1.97	20.62	4.79
	2009	2.89	20.06	5.17	3.04	22.11	5.60
南非	2006 – 8	7.84	20.52	9.72	6.29	21.86	7.33
	2009	7.40	20.10	9.78	6.21	21.25	7.65

备注：1. 如下国家在 2009 年前三个年份为：印度：2005，2008；墨西哥 2005 ~ 2006，2008；土耳其 2005 ~ 2006，2008。

2. 在国家贸易协定中进口权重应用汇率明显更低（阿根廷、巴西、墨西哥）。

资料来源：作者基于 WITS 数据库关税数据（如文中所示）的分析。

[①] 在 20 世纪 30 年代，金本位制的国家使用固定汇率，导致实际汇率上升，从而降低了产品的竞争力。现如今，很少有贸易大国使用固定汇率，而是施行货币政策。

贸易理论充分显示了情况可能并非如此。涉及两个行业的最终消费商品的单向贸易已经被同一行业内的中间投入品的双向贸易所取代。贸易中间体从本质上阻碍了贸易保护主义，因为它减少了国内依赖进口的下游企业。这个过程在过去的二十年里加快了，原因在于贸易改革和技术进步带来的贸易成本降低，使得贸易专业化程度进一步提高。第二个趋势是过去十年运输和通信成本的迅速下降，一个产品的不同生产阶段可以在不同的国家进行，形成国际供应链。一个经典案例是墨西哥边境加工厂进行劳动密集型的汽车零部件生产，之后运回美国作进一步处理，这样的案例已经屡见不鲜。苹果手机（Iphone）的供应链——穿越十多个国家，最终在中国组装——是时下最"新"。跨国公司及其分支机构与触手可及的供应商需要双边供应链的发展，因此急需降低贸易保护主义，以实现链上活动的最低成本。[①]

虽然集成供应链的增长会抑制贸易保护主义，但关税暨贸易总协定/世界贸易组织规则和纪律对抑制保护主义起着同样重要的作用。近50年以来，这些机构已成为建立稳定多边贸易关系的基础。正是由于稳定性，全球供应链得以快速发展。高收入的经合组织国家都作出了有约束力的关税承诺，约定大部分关税保持在较低水平——5%或更少。在经济危机期间，没有一个经合组织国家提高关税，而是通过贸易政策，采取相机保护措施，如反倾销和保障措施（Bown，2011a）。

相比之下，发展中国家有更大的关税提高额度，因为世界贸易组织对它们的约束条件还不完备，最大限额往往远高于执行关税。如表1所示，对大多数发展中国家来说约束税率（t_{BND}）远远超过实际执行的最惠国税率（t_{MFN}）。这个"水分"允许这些国家提高保护水平，而不必担心经合组织贸易伙伴的报复。由于经合组织国家没有增加最惠国关税的政策空间，

[①] 供应链也可能在贸易崩溃时更容易恢复。阿尔托蒙特和奥塔维亚诺（Altomonte and Ottaviano，2009）假设，建立供应链的沉没成本使企业将整条供应链调整为集约边际（每个供应商的价值），而不是扩展边际（供应商的数量），并且找到了支持这一假说的证据。在供应链中心的大型跨国公司减少供应商的流动性约束，从而保护供应链不受资金短缺影响。

因此本文重点分析表1所列的七大新兴市场行为：阿根廷、巴西、中国、印度、墨西哥、南非和土耳其。我们使用危机前和危机后的贸易和保护数据，研究并解释贸易政策应对策略，分析国际分工——对全球价值链的参与——在抑制贸易保护主义中的重要作用。

本文写作思路如下：第一部分给出了七个国家贸易保护趋势的统计数据，即本文的研究对象；第二部分简要介绍了可以鼓励或抑制保护主义的经济利益和经济机构的力量以及它们如何在经济学模型中计量；第三部分给出经验分析结果，通过辨识策略对这些力量产生的影响，以及危机前后产生影响的不同进行推断；第四部分总结。

一 关税和相关政策的趋势

如前所述，本文对阿根廷、巴西、中国、印度、墨西哥、南非和土耳其的贸易保护数据进行了分析。除了上述国家都是贸易依赖型国家外，它们被选作研究对象的原因是（i）它们的世界贸易组织约束税率超过其实际执行的最惠国税率，给了它们贸易政策空间[①]；以及（ii）它们是世界贸易组织允许的相机保护措施使用国，如反倾销和保障措施。这些国家迥然而异，因此需要我们设计一个稳健的研究方案。有些国家是关税同盟的成员，而其他国家只是制定了优惠贸易协定（PTAs）；一些国家的执行关税接近约束税率，而其他国家的执行关税则远远低于约束税率；有些是大的开放的国家，并能够为贸易中特定货物制定规则，而其他则是没什么市场力量的小国；有些国家毗邻大市场，而其他国家则与之相距甚远。

所有这些国家的共同点是都有通过产业政策、经济发展和非经济目标驱动实行积极贸易政策的悠久历史。因此，有关在这些异质性国家的贸易保护主义一致的推论表明这样的研究结果可能具有普遍意义。

[①] 这里唯一例外的是中国，中国在2001年加入世界贸易组织时就把执行关税与约束关税绑定。如前所述，发达国家和地区如加拿大、欧盟、日本和美国无法提高关税，也是因为它们的执行关税与约束关税进行了绑定。

分析中使用的贸易保护的量度是从 WITS 数据库 [http://wits.worldbank.org/wits/（最后一次访问为 2012 年 9 月）] 中提取的协调制度 (HS) 下的 6 数字级别的双边关税。6 层级的划分很必要，因为贸易保护是在产品级别而不是行业级别确定的。最惠国关税 $t_{i,MFN}$ 是指一个国家决定对任何一个世贸组织成员国征收的进口商品税率。这个一视同仁的规则也有例外的时候。当一个国家加入进来与其他国家签订优惠贸易协定时，它对优惠贸易协定伙伴征收更低的进口关税 $t_{i,PRF}$，（$\leq t_{i,MFN}$）。因此，一个国家对进口商品 i 的实际执行关税 t_i 根据伙伴关系的不同而等于 $t_{i,PRF}$ 或者 $t_{i,MFN}$（如果商品进口国是一个非世界贸易组织国家，关税可能更高）。附录表 S.1（附录查看地址 http://wber.oxfordjournals.org/）显示了七个国家对它们前十五个合作伙伴所征收的进口关税的平均值 t。例如，美国向阿根廷出口的（贸易加权）平均关税为 7.40%，而向巴西出口是零关税。2008 年经济危机前后的平均执行关税差 (ΔT) 显示，危机前后关税变化不大，一些非典型案例除外，如：阿根廷对法国进口的加权平均执行关税上涨 3.04%（从 5.27% 至危机后的 8.31%）；巴西对朝鲜的进口执行关税上涨 4.12%；印度对来自中国香港的进口执行关税上涨 4.22%；墨西哥对巴西的进口执行关税上涨 3.69%；土耳其对俄罗斯和乌兹别克斯坦的进口执行关税分别上涨 2.89% 和 3.89%（很可能是一个增加收入的手段，因为这些都是初级产品的进口，主要包括石油和天然气）。关税差 ΔT 列显示上述都是明显的例外；平均关税的增加在整个合作伙伴中几乎难以察觉，而且在许多情况下，危机后的平均关税实际更低。

约束关税税率（$t_{i,BND}$）是世界贸易组织成员国对多边贸易中的商品 i 协商确定的税率。约束税率指一个国家对商品 i 所能征收的最高的最惠国关税。世界贸易组织成员能够而且确实保持执行的最惠国关税低于约束水平。这样做既可以灵活地增加其执行关税，同时也遵守世界贸易组织的规则。如果一个国家承诺遵守约束税率，意味着约束税率是这个国家实际执行税率的上限。如表 1 所示，大多数新兴市场国家的平均约束关税是平均执行关税的 3 倍，这意味着其中有很大的"水分"存在。表 S.1（在线附录）最后一栏显示的是对重要合作伙伴实际税率和约束税率的差值 Δ（t –

t_{BND})= $\Delta t - \Delta t_{BND}$ 的平均值。① Δ（$t - t_{BND}$）一栏显示，除了上述少数情况，可用的政策自由度并未使用。除关税外的其他渠道——反倾销税（AD）、反补贴税、保障措施和其他非关税壁垒（NTBs）——并未被过度使用，尽管这七个国家曾积极使用以上这些措施。② 鲍恩（2011a）表示，这些国家并未显著增加相机保护措施（临时贸易壁垒，如反倾销税）的使用。最后，全球贸易预警（GTA）数据库显示贸易保护主义的整体涨幅仍然有限。③ 该数据库记录除了明确的非关税壁垒，如反倾销和反补贴税（CVD）等之外的非关税措施的贸易量。在以下各部分主要围绕为什么贸易冲击并没有转化为显著关税增加的问题进行讨论。

二　贸易政策的计量模型和识别

模型

实证分析建立在基于利益和基于机构的两种冲突的解释之上。两者都与贸易明确相关，经济模型将其影响予以量化。下面的计量经济模型假定一个国家的双边关税由下面因素组成：

$$t_{ip} = S_{ip}\Delta + R_{ip}B + \mu_p + e_{ip}$$

其中，t_{ip} 是国家从贸易伙伴 p 进口商品 i 的执行关税，S_{ip} 是度量机构的向量。R_{ip} 是度量利益的向量。系数向量 Δ 和 B 分别计量两者对贸易保护

---

① 由于当（$t - t_{BND}$）≤0，如果 Δ（$t - t_{BND}$）>0 时这意味着执行税率是从下方接近约束税率；也就是说，实际税率在2009年比危机前几年更接近约束汇率。
② 全球贸易警报（GTA）数据库（http://www.globaltradealert.org/）记录了2008年12月后的最新非关税贸易壁垒（NTBs）。附录中的表 S.2（在线）分类给出了旨在保护国内生产者的措施（Evenett，2010）。截至2011年3月，共有1385起歧视外国生产商的行动（"红色"措施），包括针对特定行业的担保、补贴、税收减免、出口信用保险和贷款。因为全球贸易警报开始于2008年11月，要评估措施是否在2009年增加是不可能的。从数据来看，经济危机后新增的非关税壁垒的数量相对稳定，每年几乎无变化。
③ 参见鲍恩（2011b，图2）。鲍恩表示在2007年经济衰退开始之前，非关税贸易壁垒使用趋势已经在增强。在同一文章中的表2显示，只有中国在危机后的进口商品临时贸易壁垒有明显上升。

的边际影响。机构和利益措施带有鲜明的行业特征（见后述），μ_p 代表固定贸易伙伴的影响。该模型的误差项 e_{ip} 很可能与某些回归量相关联，并且可能具有商品内部相关性。一个有效的工具变量（IV）策略解释了内生性和修正聚类相关性。该模型扩展后可以检测七国在危机后的结构变化是否以及如何影响关税。

利益。本文提出了一种新的基于利益的解释：垂直专业化。成为现如今与经济大萧条时代分水岭的重大变革是运输和通信成本几何级数般的成倍降低。不仅贸易规模大幅扩大，较低的成本也使生产阶段得以分离而无需担心最低生产成本地点的地理位置。全球供应链现在支持不同阶段的中间产品在多个国家同时制造，然后运送到目的地加工成为最终产品。

结合投入产出数据与双边贸易数据，约翰森和诺格拉（Johnson and Noguera, 2012）通过计算出口产品中的国内含量或附加值产品出口与出口总额的比——"VAX 比"，从而量化多国生产共享的程度。如果没有中间产品的贸易，则 VAX 比等于 1；跨国的生产共享会降低这一比值。[①] 美国的双边 VAX 比在加拿大的 0.57（大量生产共享）和日本的 0.96（少量生产共享）之间变化。而进口的这一比例在 0.62（加拿大）和 1.07（日本）之间变化。通常，美国与欧盟伙伴如法国、英国及德国的 VAX 比大于 1；而与地理位置相近的贸易伙伴如加拿大、墨西哥，以及亚洲的合作伙伴如马来西亚、中国台湾、中国大陆、韩国，VAX 比下降至 0.6 左右。与这些贸易伙伴的进口比例也是 0.6 左右。

以上发现表明有贸易保护的需求。如果产量正在下降，保护主义并不能保护国内市场。保护一个生产阶段与保护一个没有生产共享的产品市场是不同的。对某个生产阶段的贸易保护，提高了垂直专业化

---

① 这也意味着，两国出口总值将中间产品的出口纳入国家附加值是不正确的。正确的计量方法应该是除去最后交付成品之前的跨境生产共享的生产阶段。如果日本的半成品进入新加坡，在那里加入少量附加值，然后运往印度消费，则新加坡－印度的出口总额夸大了新加坡真正的国内含量（附加值），日本－印度出口总额则低估了日本对印度的出口真正的国内含量，因此 VAX 比例要远小于新加坡－印度出口值，而大于日本－印度出口值。

中这一中间产品从该生产阶段到达向下游生产阶段的成本，而下游生产阶段可能位于贸易伙伴国，从而降低了对受保护阶段产品的需求。随着跨境生产共享，生产阶段可能交替跨越国界（美加汽车配件贸易），中间产品的下游产品又回到了国内，于是贸易保护动机会更小，因为它提高了使用贸易保护主义的国家本身的成本。对大型垂直一体化企业来说，生产的不同阶段在同一家公司进行，如果进行贸易保护则无疑最终提高了自身的成本。这种情况说明了一个简单的原则：生产共享（参与国际供应链）的程度越高，则当地生产者对进口保护的需求越低。[①]

为了实证这一原则是否成立，采用了两种度量垂直专业化的方法。这些度量指标是在胡梅尔斯、石井和易（Hummels, Ishii and Yi, 2001）以及易（Yi, 2003）[②] 的基础上，由多丹、里夫拉尔和施魏斯古特（Rifflart and Schweisguth, 2011）提出的。第一项度量指标，VS，是一个行业直接和间接的进口份额，即嵌入本国的出口中间产品的份额。第二项度量指标，VS1，是其他国家将行业的出口作为中间产品的比重。这项指标反映了反贸易保护主义的两个压力来源的强度。某个行业进口产品的高关税削弱了大量使用这些进口产品的行业的出口竞争力。投入产出表表明，一个行业进口产品最大使用者仍然是该行业。因此，该行业的出口企业正是反贸易保护主义的一个来源，它们游说反对提高关税，因为关税的提高会增加它们的投入成本，从而降低竞争力。反贸易保护主义的第二个来源是依赖中间产品进口的外国专家的游说（比如，Gawande, Krishna and Robbins, 2006）。进口国的低关税或零关税是最理想的状态，因为它们投入成本可以随之降低。对于国际关联较少的行业，VS 和 VS1 很低，限制贸易的动机依然存在。

---

① 在美国金融危机期间产能的崩溃导致贸易的崩溃，由国际供应链（Bems, Johnson and Yi, 2009）的联动效应放大。反过来说，如果产能回升，贸易也会迅速增加。2011 年之后确实如此。

② 感谢纪尧姆·多丹提供的分类数据。垂直专业化的衡量建立在 57 个行业的 GTAP 层面上，并根据 GTAP 的索引映射到 HS-6 代码水平。

一般来讲，任何基于利益的贸易政策都应该考虑到中间产品的贸易占世界贸易的 2/3 这一事实。中间产品贸易的爆炸式增长似乎验证了西尔（Ethier，1982）提出的贸易的巨大收益理论，肯定了西尔通过扩大中间产品的贸易可以扩大生产范围的想法。这可能是潜在的强烈的反贸易保护主义的压力源。中间产品的下游生产商自然是降低此类商品的边境关税说客，因为关税只会增加他们的投入成本。例如，汽车制造商要求钢铁低关税或无关税。贾万德、克里希和奥拉里亚加（Olarreaga，2012）证明下游生产商的游说可以抗衡上游生产企业为竞争而产生的贸易保护的需求。在他们的模型中，其他变量保持不变，关税应该同整个商品中间产品使用与总产出的比例成反比。①中间产品使用与总产出的比例是用于反映对保护上游产业的措施下游生产商的游说力度。这个变量（% IntermediateUse）是使用矩阵汇总经合组织各行业的投入产出比构建而来的。②

起源于 20 世纪 80 年代的"新"贸易理论为解释双向产业内贸易提供了另一种思路。对于成品贸易，克鲁格曼（Krugman，1981）的模型描述了不同国家不同品种的同类产品较大的贸易收益。然而，国内外双头垄断

---

① 贾万德、克里希和奥拉里亚加（2012）扩展了格罗斯曼和赫尔普曼（Grossman and Helpman，1994）的理论，提出了以下反游说模型：$\frac{t_1}{1+t_1} = \frac{1}{a} \left[\frac{z_i}{e_i} - \frac{z_i}{e_i} \sum_{j=1}^{\infty} \frac{a_{ij} y_i}{y_i} \right]$，其中 z_i 是行业 i 的逆进口与总产出的比例，e_i 是行业 i 的绝对进口需求弹性，a 表示政府投入的福利与游说者贡献的工业价值之间的相对权重的政治经济参数，$\sum_{j=1}^{\infty} \frac{a_{ij} y_i}{y_i}$ 是产品 i 的中间产品使用量，其中 a_{ij} 表示生产一单位的产品 j 所需的产品 i 的单位数，以及 y_j 是产品 j 的总产出。如果使用中间产品（$a_{ij} = 0$），该模型将恢复到格罗斯曼和赫尔普曼（1994）的模型。

② 产品 i 的% IntermediateUse 的定义为 $\sum_{j=1}^{\infty} \frac{a_{ij} y_i}{y_i}$，参见上一条脚注。它使用 OECD 投入 - 产出（I - O）表，参见 http：//www.oecd.org/sti/inputoutput/。该表由 48 个行业构建（OECD 的 STAN 系统），首先被映射到 ISIC rev.3（德贝克和山野，De Backer and Yamano，2008，表 2），之后被映射到 HS - 6 代码水平。投入 - 产出表是根据可得性选择的 2005 年前后的数据。七个国家投入 - 产出矩阵数据选用的年份如下：阿根廷，1997；巴西，2005；中国，2005；印度，2003 ~ 2004；墨西哥，2003；土耳其，2002；南非，2005。

的贸易模型表明——与假设零利润垄断或完全竞争的模型不同——产业内贸易并不一定意味着自由贸易,因为市场结构允许租金通过战略关税政策从国外转向国内企业。虽然这两个国家的最优行为是降低关税,单边激励是政府利用关税玩的零和游戏。如果关税是有战略意义的,那么产业内贸易和租金之间的正相关关系则表示关税应积极与产业内贸易相联系。[1]

产业内的产品贸易使用的是格鲁贝尔-劳埃德（Grubel-Lloyd,1971）度量方法,用 HS-6 代码进行定义为 IIT = 1 - | 进口 - 出口 | / | 进口 + 出口 |。IIT 介于 0（无产业内贸易）和 1（双向等量贸易等量）之间。在更高的聚集水平下度量 IIT（比如现行的 ISIC 的 4 位编码）可以横向计算和纵向计算 IIT,因为更高的聚集水平可以包含中间产品以及具有特定的 4 位行业编码的相对成熟的产品的贸易。分散水平的 HS-6 代码允许 IIT 更好地描述差异化产品的双向贸易。IIT 与 VS 措施和% IntermediatesUse 的相关程度,取决于在每种度量方法中是否应该分离支持和反对贸易保护的动机。

机构。当生产商在面临出口市场缩小、国内竞争加剧的冲击时,机构（如世界贸易组织和优惠贸易协定组织）就会对关税的上涨幅度进行约束。下文所述的机构克服负外部性的机制,是解释这些机构产生和持续存在的关键。

一个关于机构普遍的解释是关税及贸易总协定/世界贸易组织解决贸易条件（TOT）外部性的能力,如果没有这些机构,国与国之间会相互征收最优关税（Baywell and Staiger,1999;Johnson,1954）。奥萨（Ossa,2011）进一步完善了这一观点,除去贸易条款外部性问题,世界贸易组织还允许各国政府将生产地点的外部性内化。[2] 这种说法与世界贸易组织抑制地方保护主义的作用相符合,因为每个国家都希望使用政策把生

---

[1] 约根森和施罗德（Vorgensen and Schroder,2006）证明存在一个最优关税,低于该关税,国内产品种类会急剧减少导致社会福利相应减少,而高于该关税,则会造成国内产品的效率低下而成本高昂。

[2] 通过提高国外产品在国内市场的价格,关税将消费支出转移至国内生产。国内市场的高利润诱发国内生产商的产品中心在移入国内市场的同时,退出国外市场。由于贸易的地理成本,这一转移增加了国内福利,降低了国外福利。受到贸易成本的影响,国内消费者消费商品的份额减少,而国外消费者消费商品的份额增加。

产转移到国内——这也是 20 世纪 30 年代关税爆炸性增长的原因——而不是选择最优关税（TOT）。世界贸易组织的互惠和非歧视原则使政府可以对限制其生产地迁建能力的规则进行谈判，从而将内化外部性。

加入世贸组织为政府提供了一种机制，可以转移国内保护主义压力。遵守世界贸易组织承诺和规则可以成为政府拒绝保护主义游说的正当理由，因为遵守世界贸易组织的规则限制了其政策的自由度。这同样适用于贸易协定（Ethier，1998）。贸易协定作为契约工具的角色是政策手段的核心要素（Hoekman and Kostechi，2009），斯泰格和塔贝利尼（Staiger and Tabellini，1999）以及马吉（Maggi，1999）对此进行了理论研究，并且马吉和罗德里格斯 - 克莱尔（Rodriguez-Clare，1998）在区域贸易协定的背景下做了进一步的理论研究。鲍恩（2004）对此观点提供了实证支持。

无论是对某些外部性的消除，还是为政府提供逃避强大游说团体影响的契约手段，世界贸易组织规则和贸易协定组织都起到了预防贸易战的作用。这也是贸易保护主义并未伴随 2008 年的金融危机爆发的另一个潜在原因。

为了衡量这些机构对关税的影响，本文采取了一种草根方法。一个国家在多边谈判中想争取高约束税率战略的原因是争取未来提高关税的政策空间。因此，衡量机构的影响是基于 $t_{i,BND}$（如下）。这个衡量方法的政治经济学基础是，参照之前的单方面决定结构，约束税率很大程度上由关税削减公式确定。由于约束税率的结构反映了历史的结构和嵌入结构中的政治经济，于是执行税率应当按同等比例降低，以使政治现状在新的执行关税结构中得到维持。在极端情况下，执行税率结构就是约束税率的线性表达式。在没有其他解释变量的情况下，回归（1）就是每个国家的公式。

对约束（和最惠国）税率的偏离明显存在。[1] 主要例子是优惠关税和贸易协定组织中的互惠关税。福莱蒂等（Foletti et al.，2011）指出，贸

---

[1] 通过为进入市场的成本设一个上限，关税约束减少了出口商面临的不确定性。这种不确定性阻碍了对生产或市场的投资，减少政策的不确定性将增加风险调整后的回报率，刺激更大资本进入，提高社会福利（Francois and Martin，2004；Handley and Limão，2012）。

易协定是关税约束的力度高于政策自由度的主要原因。贸易协定合作伙伴之间的优惠关税通过约束关税的上涨幅度降低了关税中的"水分"。① 变量 $t_{ip,BNDPRF}$ 表示机构的影响水平,与世界贸易组织对商品 i ($t_{i,BND}$) 的约束税率相等,但在实际应用时,取而代之的是贸易协定组织关税($t_{ip,PRF}$)时。②

本文分别收集了七个国家及其贸易伙伴的 6 位编码的 HS 数据。表 2 给出了分析中使用变量的描述性统计。

识别

为解决三个变量 VS、VS1 和% IntermediatesUse(中间产品使用占比)的内生性问题,本文使用了工具变量(IV)策略。内生性是因为行业 i 关税的提高使行业 i 的进口成本提高。投入产出表采用 ISIC 4 位编码的数据,表明某一行业产品使用量最大的往往就是该行业自身。关税的增加提高了投入成本,降低了行业的产出竞争力,而增强了同一产品的全球供应商的竞争力。因为制造部门是自身最大的用户,随着产能缩减,同一产业的用户需求也会缩减。因此,中间产品使用占比受到关税冲击的影响。此外,竞争力的丧失也意味着行业外用户需求的减少。由于需求的下降中也包括其他国家用户需求的下降,因此 VS 和 VS1 也受到影响。如果不考虑这些,内生性将导致三个变量的估计系数偏小。

工具变量策略很简单:将美国的变量作为样本国家对应变量的工具变量。因此,美国的 VS、VS1 和中间产品使用占比变量用来作为印度 VS、VS1 和中间产品使用占比变量的工具变量。下面以印度为例阐明为什么工具变量策略是有效的。印度行业 i 关税的增加,对使用该行业中间产品投

---

① 福莱蒂(Foletti)等提出的另一个原因是,如果约束税率太高,则会超过禁止性关税,这种情况下进口下降到零。所以,禁止性关税确定了有效约束汇率的边界。尽管如此,他们认为多数国家仍然有大量的提高执行关税的余地。政策空间仍然存在,平均而言,有 60% 以上的"水分"(执行税率和约束税率之间的差额)。

② 更确切地说,世界贸易组织成员国(非贸易协定组织成员国)的进口关税 $t_{ip,BND PRF} = t_{i,BND}$,而贸易协定组织成员国的进口关税 $t_{ip,BND PRF} = t_{i,PRF}$。需要注意的是整个世界贸易组织成员国的 $t_{i,BND}$ 相同(因此没有标 p),但非成员国的合作伙伴可能不同。

表 2 描述统计

变量	ARG 阿根廷 平均值	ARG 阿根廷 标准差	BRA 巴西 平均值	BRA 巴西 标准差	CHN 中国 平均值	CHN 中国 标准差	IND 印度 平均值	IND 印度 标准差	MEX 墨西哥 平均值	MEX 墨西哥 标准差	TUR 土耳其 平均值	TUR 土耳其 标准差	ZAF 南非 平均值	ZAF 南非 标准差
t	10.185	7.253	12.734	7.471	8.786	6.069	11.889	12.085	7.114	9.721	2.660	11.266	12.605	12.639
t_{BND}	31.601	6.228	30.631	6.865	9.665	6.130	38.052	26.123	35.023	3.514	20.212	20.069	27.652	24.119
t_{BNDPRF}	26.990	12.324	27.706	10.831	8.964	6.136	36.594	26.312	16.475	17.002	8.372	18.610	21.887	24.342
IIT	0.075	0.196	0.104	0.223	0.197	0.276	0.181	0.274	0.079	0.198	0.132	0.243	0.085	0.206
中间产品使用占比	0.774	0.263	0.638	0.268	0.771	0.278	0.604	0.282	0.777	0.294	0.757	0.317	0.684	0.311
VS	0.290	0.085	0.166	0.054	0.266	0.059	0.257	0.075	0.266	0.138	0.291	0.077	0.192	0.049
VS1	0.206	0.090	0.210	0.097	0.226	0.097	0.236	0.082	0.125	0.076	0.220	0.068	0.206	0.111

备注: 1. 样本是对每个国家进行双边整理。仅包含大合作伙伴(在2009年从合作伙伴进口额 > $7.5亿)。
2. 阿根廷 145642; 巴西 199533; 中国 275344; 印度 75930; 墨西哥 232019; 土耳其 91401; 南非 119400。样本大小; HS-6代码约束税率,由HS-6代码优惠汇率替代,但是在适合情形下由t_{PRE}替代。来源: WITS数据库。
3. 分析包含农业、矿产及制造业部门。

变量
t HS-6代码关税。百分数。来源: WITS数据库。
t_{BND} HS-6代码约束税率。百分数。来源: WITS数据库。
t_{BNDPRF} HS-6代码优惠汇率替代。t_{BNDPRF} = t_{BND}。
IIT 双边产业间贸易; IIT = 1 − |进口 − 出口| / (进口 + 出口)[详见 公式 (1)]。
中间产品使用占比,其他部门作为投人的产出。来源: UNCTAD 输入输出数据 (48 部门汇总)。
VS 垂直专业化精施 1: 在同一个国家输出的中间产品的%作为出口者的中间物 (来自 2011 Daudin 等的 VS)。由 GTAP 的 55 个输入输出部门的汇总,最后映射为HS-6进口。
VS1 垂直专业化精施 2: 在同一个国家输出的%作为出口者的中间物 (来自 2011 Daudin 等的 VS1)。由 GTAP 的 55 个输入输出部门的汇总,最后映射为HS-6代码。

入的产品的印度用户,其影响要远大于对使用印度产品的美国用户的影响。即使美国用户都依赖于印度的进口,他们仍可以在世界上寻找到成本最低的生产商。在一般情况下,投入产出表表明,相比于进口,下游行业更依赖于国内生产商,这反映了地理和其他因素对贸易成本的影响。因此,美国的中间产品使用占比行业 i 与印度的中间产品使用占比行业 i 相比,受到印度关税上升的影响更小。

同样,美国行业 i 的 VS 不受印度关税增加的影响,由于关税增加降低了印度该行业的产品在世界出口市场的竞争力,其程度大于它降低的美国该行业产品的竞争力(严重依赖从印度进口的行业除外)。同样的道理也适用于 VS1。与其他大多数开放性国家相比,美国的消费者更倾向于选择本国生产的产品,从这个意义上说,美国是内需型国家。就如同一个重力模型,国内庞大的消费市场给美国创造了本土偏好。美国的变量受其他国家的关税提高影响不大,因此,用美国的变量作为工具变量是合适的。将美国各行业的变量变化与采样国的相应数据进行对比,得出工具变量的实证相关性。由于各个国家生产的中间产品的使用相差不大,因此不会存在弱工具变量问题。

t_{BNDPRF} 的外生性保持不变。约束税率是通过多边谈判确定的。约束税率决定执行关税,反过来执行关税并不能决定约束税率。在动态意义上,由于实际关税和关税中的"水分",约束税率可能会在谈判过程中降低,但这种情况并不多见,即便发生也是一个短期外生的过程,同时肯定超过本文使用数据的期限。由于类似的原因,优惠税率通常被认为是外生性的。产业内贸易也在分析中被认为是外生的,虽然它有可能影响关税并且抑制 IIT。因此 IIT 系数是低估的。在实证上,IIT 与其他变量并不相关,因此 IIT 系数的偏差不会影响其他变量的系数。

三 结果

基准 IV 模型

表 3 呈现了由(1)估计的一系列基准分析结果。这些结果是为了展

示符合"利益和机构"规范的七个国家在 HS-6 代码水平下跨行业的双边关税模式。虽然根据用户的不同利益变量 VS、VS1 和% IntermediateUse 对行业产品的使用进行了区分,但它们仍然相互关联。① 例如,对于印度和南非,共线性要求每次包含一个变量。表 3 给出了不同利益变量组合下三个模型的结果,包括合作伙伴固定效应。对 HS-6 代码的产品群进行了标准误差校正;否则,标准误差比实际偏低。

四个主要结果如下:②

(i) 约束税率系数的明确估计。然而,除中国外,它们并不接近于 1,这表明有大量可用的政策空间。在其他国家,t_{BNDPRF} 并不是唯一的,甚至不是最重要的决定执行税率结构的因素。尽管阿根廷和巴西属于南方共同协议,t_{BNDPRF} 系数远远低于 1,并且利益在确定哪些行业会受到或者不会受到贸易保护中起着至关重要的作用。③ 印度、墨西哥、南非、土耳其也是如此。

(ii) 外国出口商对一个国家中间产品的使用 (VS1) 是所有样本国家反对保护主义的强大力量。VS1 的负系数表明,本国政府都热衷通过减少国内出口的投入成本及上游产品关税,以提高与国外用户的竞争地位,来增加其出口商的利益。保持低关税水平的另一个理由是供应链在本国交错次数多。VS1 的负系数,也可以作为以下观点的证据——国外出口商可能在政治上影响关税,因为他们的竞争力依赖于国内生产商的低成本投入。这个目标达成的机制是给对方政府施加与本国谈判的压力,促使关税降低;另一种机制涉及直接游说本国政府。由于 VS1 与跨国公司及其附属

---

① 数据构建在 HS-6 位编码水平是因为关税政策(因变量)细化到这个级别。变量 VS、VS1 和% IntermediatesUse 构建在更高的水平,并在 HS-6 位编码水平上也有呈现。这是它们之间强相关性的原因。也可见第四部分末尾的稳健性和聚类分析讨论。
② 包含合作伙伴固定效应的同一模型的 OLS 估计结果见在线附录(表 3)。模型与数据匹合很高。尽管许多 OLS 估计支撑 IV 模型结果,但差异依然存在。我们的工作论文提供了相关细节。参见贾万德等 (Gawande et al., 2011)。
③ 如果关税暨贸易总协定/世界贸易组织保持对执行关税例行检查,那么 t_{BNDPRF} 小系数并不一定是贸易协定组织的特征(阿根廷和巴西)。t_{BNDPRF} 系数一行表明情况确实如此:t_{BNDPRF} 小系数是规则,而不是例外,即使对区域集团以外贸易往来频繁的国家也是如此。

表3 在HS-6代码的产品中采用合作伙伴影响固定及误差聚类的双边关税作用变量的基准模型

	阿根廷		巴西		中国		印度	
'BNDPRF (+)	0.143***	0.225***	0.152***	0.277***	0.315***	0.275***	0.212***	0.260***	0.253***
	[0.015]	[0.015]	[0.016]	[0.015]	[0.014]	[0.014]	[0.038]	[0.025]	[0.024]
约束或者优惠税率	1.757***	1.869***	1.207***	1.128***	1.573***	1.137***	-0.228	-1.072***	-1.073***
IIT (-)	[0.203]	[0.206]	[0.243]	[0.164]	[0.166]	[0.163]	[0.293]	[0.238]	[0.234]
产业内贸易	17.99***			28.18***			-40.09**		
VS (-)	[2.621]			[5.467]			[16.59]		
% 国内使用 X	-8.583***		-34.40***	-28.34***		-25.68***		-5.928***	-27.55***
VS1 (-)	[1.472]		[4.111]	[1.933]		[2.260]			[3.775]
% 国内+国外使用 X		4.469***	13.57***		-3.185***	3.699***		1.278	—
% 中间产品使用 (-)		[0.695]	[1.668]		[0.464]	[0.934]			
% 全部国内用户使用									
N	145228	144033	144033	199776	197671	197671	285365	271125	271125	75424	75259	75259
伙伴固定效应	Yes	Yes	Yes	Yes	Yes	Yes	Yes	Yes	Yes
工具变量个数	2	1	2	2	1	2	2	1	2	1	1	1
聚类数量	3823	3768	3768	4033	3980	3980	4122	3877	3877	2596	2593	2596
Kleibergen-Paap 弱工具变量统计量	1231	106526	6814	5192	165149	21191	7769	48239	2336	844.8	17198	368418
Anderson-Rubin (F)	16.74	43.33	51.94	165.9	47.96	140	12.71	4.069	12.76	6.681	21.71	53.96
Anderson-Rubin (p-val)	0.000	0.000	0.000	0.000	0.000	0.000	0.000	0.043	0.000	0.010	0.000	0.000

	墨西哥	土耳其	中国	南非
'BNDPRF (+)	0.227***	0.237***	0.236***	0.398***	0.400***	0.392***	0.268***	0.135**	0.201***
	[0.014]	[0.015]	[0.015]	[0.051]	[0.050]	[0.0474]	[0.071]	[0.060]	[0.062]
约束税率 (= preferential if applicable)									

134

续表

	墨西哥			土耳其		南非	
IIT（-）	0.14	-0.478***	-1.166***	-1.086***	-1.155***	-1.071***	0.682*	0.674	0.216
产业内贸易	[0.304]	[0.141]	[0.154]	[0.318]	[0.334]	[0.333]	[0.376]	[0.413]	[0.307]
VS（-）	-37.72***			5.114			104.6***		
%国内使用 X	[7.904]			[4.018]			[13.87]		
VS1（-）	-59.11***		-37.83***	-24.16***		-34.08***			-23.64***
%国内+国外使用 X	[7.799]		[2.583]	[3.713]		[12.28]			[3.242]
%中间产品使用（-）		-0.984***	4.988***		-3.708***	2.288		-13.55***	—
%全部国内用户使用		[0.337]	[0.654]		[1.031]	[2.868]		[1.962]	
N	261343	228664	228664	94983	90294	90294	239796	117107	239796
伙伴固定效应	Yes	Yes	Yes	Yes	Yes	Yes	Yes	Yes	Yes
工具变量个数	2	1	2	2	1	2	1	1	1
聚类变量	4181	3712	3712	1990	1868	1868	3880	1921	3880
Kleibergen-Paap 弱工具变量统计量	1319	153039	24090	7916	51662	3123	7899	43987	383549
Anderson-Rubin（F）	184.8	8.526	164.8	26.55	12.69	26.56	65.11	48.47	24.73
Anderson-Rubin（p-val）	0.000	0.00352	0.000	0.000	0.000376	0.000	0.000	0	0.000

备注：1. 方括号中为标准误；***p<0.01，**p<0.05，*p<0.10。
2. 工具变量为对应的美国变量。

资料来源：基于本文所描述数据的作者分析。

公司的跨国活动和外商直接投资（FDI）密切相关（Hummels, Ishii and Yi, 2001; Alfaro and Charlton, 2009），因此它可以很大程度上反映这些影响。VS1 的定量影响是惊人的。例如，巴西对贸易伙伴的出口份额由 0 增加到全国平均 0.21，巴西的关税下降了 5.95 个百分点（模型 1）。其他的样本国家有同样大的 VS1 估计系数。由此可以推断，如果中国的约束税率限制少一些，也会出现类似的情况。

（iii）国内对行业中间产品的使用（%IntermediatesUse）对提高关税的威慑力量仅限于不考虑 VS1 的模型中。当把 VS1 因素考虑在内，国内对行业中间产品的使用对保护主义反对效果就不再明显。一个可能的原因是样本中的新兴国家可能将对不大量出口国外的%IntermediateUse 产业征税（受 VS1 影响），作为财政收入的一种来源。

（iv）除阿根廷和巴西之外的所有国家中，产业内贸易（IIT）的系数为负，与克鲁格曼（1981）的最终产品收益差异化一致。这些国家的贸易收益压倒了其他要求关税上涨的动机。阿根廷和巴西的 IIT 的正系数表明，产业内贸易与增加关税有关。这可能表明了利润转移的动机、产业政策，或简单地利用提高关税来增加财政收入。

最后，表的底部的数据分析表明没有弱工具问题。Kleibergen – Paap 弱工具（WI）的统计数量很大，所以与普通最小二乘法（OLS）相比，内生变量系数的小样本偏差是非常小的。大弱工具统计量是大样本量的结果，主要在于说明 2SLS 工具系数偏差比 OLS 估计的系数偏差小 5%。安德森 – 鲁宾（Anderson-Rubin）（弱工具的稳健性）统计否定了内生变量的系数都为零的假设。因为工具变量的数目等于内生变量的数目，外生变量的系数恰好识别。论文的主要研究结果如下。

危机前和危机后

表 4 考虑每个变量都和危机后哑变量交叉的模型。这种方法能够让我们弄清表 3 中的关系在经过危机后是保持不变还是彻底被危机改变了。双重差分结果表明了在危机后贸易保护主义变化（如果有的话）的来源。[①] 在

[①] 为了简化，表 3 中没有报告与第二个模型对应的结果，如有需要，请联系作者。

表 4 双重差分 (DID)：2009 年前、后。HS-6 代码产品中，在伙伴影响固定及误差聚类方式下的工具变量

	阿根廷	阿根廷	巴西	巴西	中国	中国	印度	印度
tBNDPRF	0.142***	0.154***	0.266***	0.264***	0.973***	0.970***	0.233***	0.271***
	[0.015]	[0.016]	[0.016]	[0.014]	[0.005]	[0.005]	[0.038]	[0.025]
约束税率（= preferential if applicable）								
tBANDREF × I₂₀₀₉	0.006***	-0.008**	0.045***	0.044***	-0.032***	-0.032***	-0.0831***	-0.037***
	[0.002]	[0.003]	[0.003]	[0.003]	[0.006]	[0.006]	[0.027]	[0.012]
IIT	1.770***	1.164***	1.201***	1.223***	-0.088***	-0.085***	-0.540*	-1.290***
产业内贸易	[0.205]	[0.248]	[0.158]	[0.157]	[0.022]	[0.025]	[0.303]	[0.243]
IIT × I₂₀₀₉	0.037	0.338*	-0.179	-0.262*	0.069**	0.052*	1.402***	0.984***
	[0.167]	[0.191]	[0.130]	[0.134]	[0.027]	[0.032]	[0.266]	[0.209]
VS	19.61***		22.19***		1.887***		-31.81*	
	[2.573]		[5.049]		[0.511]		[16.33]	
% 国内出口商使用								
VS × I₂₀₀₉	-10.23***		24.19***		0.307		-35.18**	
	[1.500]		[2.637]		[0.490]		[15.44]	
VS1	-10.08***	-36.46***	-24.27***	-23.14***	-0.808***	-3.237***		—
	[1.418]	[4.153]	[1.791]	[2.169]	[0.180]	[0.898]		
% 国内 + 国外出口商使用								
VS1 × I₂₀₀₉	9.409***	12.32***	-16.25***	-10.27***	-0.373*	-4.753***		—
	[0.854]	[1.473]	[1.063]	[1.112]	[0.194]	[1.254]		
% 中间产品使用	—	13.64***	—	3.381***	—	1.450***	—	-5.365***

137

续表

	阿根廷	阿根廷	巴西	巴西	中国	中国	印度	印度
%全部国内用户使用		[1.672]		[0.899]		[0.467]		[1.274]
中间产品使用 × I_{2009}		−0.847 [0.527]		1.378*** [0.423]		2.417*** [0.667]		−2.127*** [0.652]
I_{2009}	0.453 [0.314]	−2.498*** [0.248]	−0.971*** [0.300]	0.956*** [0.150]	0.0494 [0.125]	−0.757*** [0.248]	8.630* [4.842]	−1.025** [0.403]
N	145228	144033	199776	197671	285365	271125	75424	75259
伙伴固定效应	Yes	Yes	Yes	Yes	Yes	Yes	Yes	Yes
工具变量个数	4	4	4	4	4	4	2	2
聚类数量	3823	3768	4033	3980	4122	3877	2596	2593
Kleibergen–Paap（弱工具变量）	503.2	3002	669.2	3106	1055	262	400.1	5719
Andersen–Rubin (F)	69.84	73.94	104.4	87.93	7.299	8.369	8.135	15.55
Andersen–Rubin (p-val)	0.00	0.00	0.00	0.00	0.00	0.00		

	墨西哥	墨西哥	土耳其	土耳其	南非	南非
'BNDPRF	0.238*** [0.014]	0.244*** [0.015]	0.381*** [0.052]	0.376*** [0.048]	0.197*** [0.063]	0.119** [0.056]
约束税率（= preferential if applicable）	−0.070*** [0.003]	−0.068*** [0.003]	0.049*** [0.015]	0.047*** [0.014]	0.153** [0.065]	0.184*** [0.056]
'BANDREF × I_{2009}						

续表

	墨西哥	墨西哥	土耳其	土耳其	南非	南非
IIT	0.307	−1.028***	−1.403***	−1.041***	−0.371	0.493
产业内贸易	[0.321]	[0.162]	[0.323]	[0.337]	[0.446]	[0.431]
IIT × I$_{2009}$	−0.400**	−0.176	−0.112	−0.0685	0.231	0.833**
	[0.165]	[0.132]	[0.174]	[0.179]	[0.325]	[0.407]
VS	−38.47***		4.45		123.7***	
	[8.035]		[3.929]		[16.90]	
% 国内出口商使用						
VS × I$_{2009}$	4.638*		2.082		−20.43***	
	[2.711]		[1.625]		[7.886]	
VS1	−59.35***	−39.47***	−22.92***	−31.96***	−47.20***	—
% 国外 + 国外出口商使用	[7.849]	[2.632]	[3.615]	[11.49]	[5.074]	
VS1 × I$_{2009}$	2.623	8.199***	−3.905***	−6.412	7.755*	—
	[2.659]	[1.270]	[1.420]	[4.265]	[4.154]	
% 中间产品使用		5.655***		2.001		13.55***
		[0.667]		[2.700]		[1.965]
% 全部国内用户使用						
中间产品使用 × I$_{2009}$		−3.167***		0.852		2.391
		[1.270]				
I$_{2009}$	−2.326**	0.473**	0.221	0.701***	−0.487	−5.646***
	[1.041]	[0.196]	[0.371]	[0.271]	[0.901]	[2.130]

续表

	墨西哥	墨西哥	土耳其	土耳其	南非	南非
N	261343	228664	94983	90294	239796	117107
伙伴固定效应	Yes	Yes	Yes	Yes	Yes	Yes
工具变量个数	4	4	4	4	4	2
聚类数量	4181	3712	1990	1868	3880	6136
Kleibergen-Paap（弱工具变量）	203.9	4661	3498	479	3383	141.3
Anderson-Rubin（F）	95.95	91.86	13.81	13.32	37.1	30.89
Anderson-Rubin（p-val）	0.00	0.00	0.00	0.00	0.00	0.00

备注：1. 方括号中为标准误；$***p<0.01$，$**p<0.05$，$*p<0.10$。
2. 假如 year=2009，则 $I_{2009}=1$。假如 year≤2009，则 $I_{2009}=0$。
资料来源：基于本文所描述数据的作者分析。

VS1 中对 % IntermediateUse 的推断是基于 VS1 的条件推断。当共线性不允许放入全部变量（印度、南非）时，VS1 变量被舍弃掉。

考虑交叉项 $t_{BNDPRF} \times I_{2009}$ 的系数。中国、印度和墨西哥统计显著的负系数表明，虽然关税的"水分"允许有自行决定的自由，但这些国家反而在 2009 年降低它们的关税。相反的，巴西、南非和土耳其则在面对压力时候提高它们的关税到 $t_{BANDPRF}$ 允许的范围。例如，在南非的情况下，相对于危机前的 0.12 系数，南非的 $t_{BANDPRF}$ 系数增大到 0.184（第二个模型），表明准备提高关税至约束边界水平。

对于巴西和中国，% IntermediateUse × I_{2009} 系数是正的并且十分显著，对于印度和墨西哥而言则是负的并且显著。而对于南非和土耳其来说，这个系数的影响并没有变化。对于巴西和中国的估计表明，在危机后其他的力量，比如收入目标，战胜了为下游行业提供更便宜投入的动机。那些最终产出供应国内市场（例如，公共事业、基建）的大量依赖中间产品投入的行业下游用户，并没有阻止政府对生产中间产品的行业上游用户征税。由于这些行业是有管理的甚至可能被管制，它们在出口市场中不具有其他下游行业用户所具有的谈判和游说权利。

相反，作为全球供应产业链中一部分的用户面临着更激烈的竞争，而且使用的数量对价格更为敏感。从垂直专业的双重差分结果 VS × I_{2009} 和 VS1 × I_{2009} 来看更为明显：两者中的一个表现出了关税减少的效应。巴西 VS1 × I_{2009} 有一个很大的负系数，表明在危机后的时期，巴西的合作伙伴国家在降低巴西关税中表现出强大的影响力，特别是对于它们从巴西进口来作为中间商品使用的产品。保持这些投入的低成本能增强它们的竞争力，从而能够增加和巴西供货商的交易并扩大巴西的出口。这些反贸易保护主义的来源在中国和土耳其也是很明显的。对于阿根廷、印度和南非，在危机后 VS 是反贸易保护主义的主要来源；国内出口商是要求降低广泛使用进口商品的贸易保护的最直接推动者。对于印度而言，在 2009 年 VS 和 VS1 对关税的影响没有明显的变化。

2009 年，各国的总结都强调经济来源和贸易政策政治压力的差异性。虽然阿根廷和巴西是南方共同市场的贸易合作伙伴，但阿根廷进一步增加了国内出口商的中间产品的使用自由度（VS），而巴西仅仅对国外出口商作出了反应。事实上，巴西在危机后增加了国内使用商和国内出口商的税收：$I_{2009} \times \text{IntermediateUse}$ 和 $I_{2009} \times \text{VS}$ 都具有统计意义显著的正系数。中国对中间商品的国内使用商提高了进口关税（IntermediateUse），而墨西哥对国内出口商采取了同样的措施（VS）。虽然中国在 WTO 承诺了保持现有较低的关税水平，采用中国产出产品（通过 VS1）的国外出口商在危机后的自由化表现十分明显。为制造者提供了进入欧洲供应链的机会并紧邻欧洲市场的土耳其，VS1 和 IIT 的自由化影响同样十分明显。南非则在危机后变得更加适应国内出口商。

总之，在 HS 商品级的关税中的两个新发现十分明显。第一，制度条件决定了关税的上限，尽管事实上大多数国家有显著的政策空间来提高关税，但是只有一小部分国家在危机后表现出使用该政策空间的意愿。第二，双重差分结果表明垂直专业化能够强烈地影响关税。在后危机时代的阿根廷、印度和南非，我们能看到产出被国内出口商作为中间投入的行业进一步自由化。在后危机时代的巴西、中国和土耳其，我们则能看到产出被国内和国外出口商作为中间投入的行业进一步自由化。

不巧的是，证据显示收入和产业政策动机会削弱自由化开放的积极性。国家倾向于对国内用户大量使用中间产品的行业提高税收。在 2009 年，巴西、中国和墨西哥提高了国内用户大量使用中间产品的行业的关税。

稳健性：反倾销调查的发生率

在首先对三个稳健性检验中，采用非关税措施来估计模型。作为一种补充或者替代办法，国家通过使用相机保护的工具来增加法定关税。对于像中国这样的国家，关税被约束在执行税率，这些非关税的工具会被应用于保护国内企业或者产业。这里，在 6 位代码的 HS 层次合并 WITS 数据和查德·鲍恩（Chad Bown）的临时贸易限制数据，以检验在危机后样本国家是否增加了相机保护工具（例如反倾销调查）的使用。[①] 因变量是反倾

---

① 见 http://econ.worldbank.org/ttbd/。

销调查的发生率，不论这些调查是导致了有利的判决还是被放弃了，或者被推翻了。

表 5 采用线性概率模型来表明对于五个有数据可查的国家——阿根廷、巴西、中国、印度和土耳其——在 2009 年反倾销调查的发生率是否发生了变化。这里，发生了调查的 HS-6 数字代码产品和其他（绝大多数）没有发生调查的案例进行了比较。相机保护措施数据的主要特点是他们很稀少，这就是文献中对反倾销调查的实证往往将样本限制在实施调查的案例的一个原因。① 在国家的样本中，由于数量极其有限，模型系数量级很小。

在表 5 中，执行关税交叉项 $t \times I_{2009}$ 的正系数表明，在危机后，对于关税很高的商品反倾销调查的发生率提升了许多（所有国家除了巴西），这样，一个国家的反倾销调查能够补充它的关税。而对于中国的情况，结果显示通过使用反倾销，中国有限制的关税政策空间能够得到扩张。系数的大小表明，虽然在这四个国家中增加反倾销调查的估计概率为正值，但是仍然十分低。

在 2009 年，垂直专业化未能阻止反倾销调查，但是较低的估计概率表明，在没有反贸易保护主义的影响下，反倾销调查可能比实际发生的更多。在印度，$VS1 \times I_{2009}$ 的系数为 0.114，在五个国家中是最高的。那样，在后危机时代 0.08 的 VS1 标准差的增加会增加反倾销调查的估计概率到 0.114×0.08 或者低于 1%。在危机前，VS1 的系数统计意义上不显著，但是在危机后变为正，这个事实令人担忧。看着新发生的反倾销调查的数字会过分夸大贸易保护主义的数量，但是这些结果表明（无条件的）保护倾向仍然很小。②

---

① 由于数据的稀疏性，线性概率比非线性 Logit 模型更容易估计。非线性模型估值中加入了工具变量。
② 只考虑样本中的进口商品或特定的贸易伙伴，可能会增加这些概率的估计值，但在这种研究背景下没有办法做到完全排除一些合作伙伴或者固定某个合作伙伴。对于一个特殊的合作伙伴没有变化的观测值的对比结果被删除了。之所以删掉这些观测值，是因为它们没有提供额外的信息。这个简化样品的结果（在线附录表）定性反映了表 5 中全部样本的推断。定量分析的结果也是大同小异。

世界银行经济评论（2015 No.1）
THE WORLD BANK ECONOMIC REVIEW

表5 双重差分（DID）：2009年前后反倾销调查的发生率。HS-6数字进制产品中在伙伴影响固定及误差聚类方式下的工具变量

	阿根廷	阿根廷	巴西	巴西	中国	中国	印度	印度	土耳其	土耳其
t	2.8e−05**	2.4e−05*	6.3e−05***	7.0e−05***	−1.5e−05***	−1.0e−05***	−0.028	−1.3e−05*	2.55E−06	−5.3e−06*
	[1.4e−05]	[1.4e−05]	[1.6e−05]	[1.7e−05]	[5.9e−06]	[5.2e−06]	[2.4e−05]	[7.6e−06]	[3.8e−06]	[2.8e−06]
执行税率	0.0001***	0.0001***	−5.5e−05***	−5.7e−05***	5.4e−05***	5.07e−05***	4.87E−05	1.94e−05*	1.85e−05***	1.9e−05***
t × I$_{2009}$	[4.6e−05]	[4.7e−05]	[1.4e−05]	[1.5e−05]	[2.0e−05]	[2.0e−05]	[3.0e−05]	[1.1e−05]	[1.0e−05]	[7.1e−06]
IIT	9.95E−05	9.58E−05	−0.0001	−0.00005	−0.0003*	−0.0002	−0.0004	−0.0001	0.0003***	0.0003***
	[0.0004]	[0.0004]	[0.0003]	[0.0003]	[0.00016]	[0.0002]	[0.0004]	[0.0005]	[0.0001]	[0.0001]
产业内贸易	0.0001	9.50E−05	4.21E−04	4.42E−04	−0.0002	−0.00008	2.23E−04	−0.0003	0.0005	0.0004
IIT × I$_{2009}$	[0.001]	[0.001]	[0.0004]	[0.0004]	[0.0003]	[0.0003]	[0.0006]	[0.0007]	[0.0005]	[0.0004]
VS	−0.003***		0.0045*	0.001			−0.007	−0.0006		
	[0.001]		[0.0014]	[0.001]			[0.011]	[0.001]		
% 国内出口商使用	0.0076**	−0.003	−0.005***		0.005**		0.020	0.0035**	−0.009**	
	[0.0038]	[0.003]	[0.0016]		[0.002]		[0.012]	[0.0018]	[0.004]	
VS1		0.00896		−0.00127		0.00953*		0.114**		0.009*
		[0.00552]		[0.00209]		[0.00568]		[0.0487]		[0.005]
% 国内 + 国外出口商使用		0.0015		−0.0008*		−0.002**		−0.027*	−0.002**	0.004*
VS1 × I$_{2009}$				[0.0004]		[0.0009]		[0.016]	[0.0006]	[0.001]
% 中间产品使用	0.0005		−0.0001		−0.002**		0.007**			
	[0.0005]		[0.0003]		[0.0009]		[0.003]			
% 全部国内用户使用										

144

续表

	阿根廷	阿根廷	巴西	巴西	中国	中国	印度	印度	土耳其	土耳其
中间产品使用 ×I_{2009}	-0.003* [0.001]	-0.005* [0.0028]	0.0005 [0.0003]	0.0005 [0.0006]	0.0002 [0.0003]	-0.004 [0.0025]	-0.007*** [0.0027]	-0.043** [0.018]	-0.002*** [0.0008]	-0.004** [0.0018]
I_{2009}	-0.0009 [0.001]	0.001 [0.001]	0.0009** [0.0003]	0.0002 [0.0002]	-0.002*** [0.0006]	0.0006 [0.0007]	-0.002 [0.002]	-0.0016* [0.001]	0.0006 [0.0006]	0.0009*** [0.0003]
N	144033	144033	197671	197671	271125	271125	106423	106423	18584	185864
工具变量个数	4	4	4	4	4	4	4	4	4	4
聚类数量	3768	3768	3980	3980	3877	3877	3432	3432	3742	3742
Kleibergen-Paap（弱工具变量）	663.8	1677	20170	1993	4905	264.6	74.82	76.55	5260	493
Anderson-Rubin (F)	2.417	1.181	3.636	2.938	2.968	3.455	5.68	5.627	3.261	2.871
Anderson-Rubin (p-val)	0.05	0.32	0.01	0.02	0.02	0.01	0.00	0.00	0.01	0.02

备注：方括号中为标准误差；***p<0.01，**p<0.05，*p<0.10。

资料来源：基于本文所描述数据的作者分析。

稳健性：其他工具变量

作为 IV 稳健性检验，美国的一系列工具变量被来自德国、法国、日本以及英国的变量扩充。所以，可以对每一个内生变量采用五个 IV。这些新的估计结果在性质上与表3和表4中所呈现的相似。工具变量的有效性也可从弱工具检验中得到确认。

这些国家的变量和内生性变量受到的冲击没有相关性（例如，印度的同一个变量），对这些国家而言，这个逻辑关系可能比美国还要微弱一些。与美国相比，这些国家更依赖于贸易，并且具有更少的本土偏好。可能由于这个原因，Hansen 检验并没有证实五个工具使用中排斥限制的假设。需要结果可以与作者联系。

稳健性：数据聚类

在报告的结果中，统计显著性基于 HS - 6 位数字层级的聚类误差，其逻辑是依附 MFN 将会导致贸易伙伴间的商品内聚类。事实上，报告的 t 值与没有采用聚类校正的值相比幅度要低3或者4。其他聚类的来源可能是在 ISIC 或 I - O 层次上的三个利益变量总体度量导致的。映射它们到更精细的 HS - 6 位数字层级来复制其价值。最近的文献介绍了一种最高总量层次的误差聚类校正（Cameron and Miller, 2011）。在 ISIC 层次来完成这些减少了利益变量的统计显著性，并且使得在更宏观的分类层次使用 IV 更为不利。对这些利益变量的真实经济和统计意义检验需要在更为精细的产品划分层次来进行测量。希望本文的结果能推动这个方向的工作。[①]

四　结论

WTO 与 PTA 的承诺在不同程度上约束成员国政府的政策空间，约束

[①] 最近看到的例子是在詹森、奎恩和威默斯（Jensen, Quinn and Weymouth, 2013）的研究中。这个例子使用的是企业和交易层次的微观数据来评估贸易争端的决定因素。

程度取决于承诺的深度。除中国（以及其他在1995年后加入了WTO的国家）外，大多数发展中国家和新兴市场都具有相当的自由度提高关税。然而实践中，大多数国家并没有在2008年金融危机后诉诸这种政策空间。针对各个国家有限使用显著的余量自由度，本文的分析给出了一个涉及全球贸易和生产结构变化的新解释。回归表明许多国家在全球供应链中，国内外出口商的地位发挥了抵消力作用。无论是供货商还是出口商的下游用户对便宜投入的需求，以及伙伴国家中的垂直专业制造者对出口的需求，在来自国内贸易保护主义的游说团体的压力下，都发挥了抵消作用。因此，用户和垂直专业化公司的经济利益在近几十年来（Baldwin，2010）已经成为推动单边自由的一个因素，并在危机中抑制了全球范围的贸易保护主义。本文调查的最大七个新兴国家的关税结构，受到依赖本国出口商为其输入的垂直专业化国外出口商的需求影响。在2008年后，在阿根廷、印度和南非，垂直专业化国内出口商的需求抑制贸易保护主义；在巴西、中国和土耳其，垂直专业化外国出口商的需求是支持关税减让和市场开放的更重要的因素。

在实施贸易政策时，不同的国家有不同的行为。虽然这种差异性是一个重要的发现，但是本文结论的主要观点则说明当今贸易的性质在反对贸易保护主义中产生了强大的作用。当然，诸如WTO及PTA等类型的机构促进了广泛的市场开放。然而，通过协商达成互惠协议将贸易外部性因素内部化以及形成对贸易壁垒施加压力的经济力量，只是削弱贸易保护主义的一个因素。本文的结果表明，更为强大的力量是贸易成本的减少和拥有大规模国际贸易的人口大国一体化进程所导致的专业化提高。WTO带来的最大好处可能是，在通过减少贸易政策的不确定性和支持长达数十年的贸易多边自由化的过程中，促进了在全球供应链中更大的专业化以及正在成为维护开放市场的潜在力量的外商直接投资（FDI）大发展。

基于不同国家的政策反应的差异性，本文的研究结果提供了一个长期的观点，而不仅仅是短时期的快照；危机后系数的变化包含有关未来发展趋势的重要信息。除了通货膨胀和货币升值外，贸易利益这一新格局能否承受萧条的世界经济和高失业，政府会因此面临压力采取促进国内经济活动的政策，这将最有可能成为这些新成果的最终考验。

参考文献

Ahn, J. B., M. Amiti, and D. Weinstein. 2011. "Trade Finance and the Great Trade Collapse." *American Economic Review*: *Papers & Proceedings* 101 (3): 298 –302.

Alfaro, L., and A. Charlton. 2009. "Intra – industry Foreign Direct Investment." *American Economic Review* 99 (5): 2096 –119.

Altomonte, C., and G. Ottaviano. 2009. "Resilient to the Crisis? Global Supply Chains and Trade Flows." In R. Baldwin, ed., *The Great Trade Collapse*: *Causes, Consequences and Prospects*, 95 –100. London: CEPR.

Anderson, J. E., and J. P. Neary. 1994. "Measuring the Restrictiveness of Trade Policy." *World Bank Economic Review* 8 (2): 151 –69.

Bagwell, K., and R. W. Staiger. 1999. "An Economic Theory of GATT." *American Economic Review* 89 (1): 215 –48.

Baldwin, R., ed. 2009. *The Great Trade Collapse*: *Causes, Consequences and Prospects*, London: CEPR.

———. 2010. "Unilateral Tariff Liberalization." *The International Economy* 14: 10 –43.

Bems, R., R. C. Johnston, and K. – M. Yi. 2009. "The Collapse of Global Trade: Update on the Role of Vertical Links." In R. Baldwin, ed., *The Great Trade Collapse*: *Causes, Consequences and Prospects*, 79 –86. London: CEPR.

Bown, C. 2004. "On the Economic Success of GATT/WTO Dispute Settlement." *Review of Economicsand Statistics* 86: 811 –23.

———. ed. 2011a. *The Great Recession and Import Protection*: *The Role of Temporary Trade Barriers*. Washington DC: CEPR and World Bank.

———. 2011b. "Import protection and the Great Recession." (12/2012) http://www.voxeu.org/article/import –protection –and –great –recession.

Cameron, A. C., and D. L. Miller. 2011. "Robust Inference with Clustered Data." In A. Ullah, and D. E. Giles, eds., *Handbook of Empirical Economics and Finance*, 1 –28. Boca Raton: CRC Press.

Chor, D., and K. Manova. 2012. "Off the Cliff and Back: Credit Conditions and International Trade during the Global Financial Crisis." *Journal of International Economics* 87 (1): 117 –33.

Daudin, G., C. Rifflart, and D. Schweisguth. 2011. "Who Produces for Whom in the World Economy?" *Canadian Journal of Economics* 44 (4): 1403 –37.

De Backer, K., and N. Yamano. 2008. "The Measurement of Globalization using International Input – Output Tables." STI, OECD Working Paper 2007/8.

Eaton, J., S. Kortum, B. Neiman, and J. Romalis. 2011. "Trade and the Global Recession." NBER Working Paper No. 16666, January 2011.

Eichengreen, B., and K. O'Rourke 2012. "A Tale of Two Depressions Redux." (12/2012) athttp://www.voxeu.org/article/tale –two –depressions –redux.

Ethier, W. J. 1982. "National and International Returns to Scale in the Modern Theory of International Trade." *American Economic Review* 72 (3), 389 –405.

———. 1998. "Regionalism in a Multilateral World." *Journal of Political Economy* 106 (6): 1214 –45.

Evenett, S. J., ed. 2010. *Tensions Contained... For Now: The 8th GTA Report*. London: Centre for Economic Policy Research.

Foletti, L., M. Fugazza, A. Nicita, and M. Olarreaga. 2011. "Smoke in the (Tariff) Water." *The World Economy* 34 (2): 248 –64.

Francois, J., and W. Martin. 2004. "Commercial Policy, Bindings and Market Access." *European Economic Review* 48: 665 –79.

Gawande, K., B. Hoekman, and Y. Cui. 2011. "Global Supply Chains and Trade Policy Responses to the 2008 Crisis." World Bank Policy Research Working Paper No. 5862.

Gawande, K., P. Krishna, and M. Olarreaga. 2012. "Lobbying Competition and US Trade Policy." *International Economic Review* 53: 115 –32.

Gawande, K., P. Krishna, and M. J. Robbins. 2006. "Foreign Lobbying and U. S. Trade Policy." *Review of Economics and Statistics* 88 (3): 563 –71.

Grossman, G., and E. Helpman. 1994. "Protection for Sale." *American Economic Review* 84 (4): 833 –50.

Grubel, H., and P. Lloyd. 1971. "The Empirical Measurement of Intra – Industry Trade." *Economic Record* 47 (4): 494 –517.

Handley, K., and N. Limao. 2012. "Trade and Investment under Policy Uncertainty: Theory and FirmEvidence." NBER Working Paper 17790.

Hoekman, B., and M. Kostecki. 2009. *The Political Economy of the World Trading System*. Oxford: Oxford University Press.

Hummels, D., J. Ishii, and K. -M. Yi. 2001. "The Nature and Growth of Vertical Specialization in World Trade." *Journal of International Economics* 54 (1): 75 -96.

Irwin, D. 2012. *Trade Policy Disaster: Lessons from the 1930s*. Cambridge: MIT Press.

Jensen, J. B., D. Quinn, and S. Weymouth. 2013. "Why Currency Undervaluation Provokes Trade Disputes in Some Settings But Not Others." Manuscript.

Johnson, H. 1953 -4. "Optimum Tariffs and Retaliation." *Review of Economic Studies* 21 (2): 142 -53.

Johnson, R. C., and G. Noguera. 2012. "Accounting for Intermediates: Production Sharing and Trade inValue -Added." *Journal of International Economics* 86: 224 -36.

Jorgensen, J., and P. Schroder. 2006. "Tariffs and Firm -Level Heterogeneous Fixed Export Costs." *Contributions to Economic Analysis & Policy* 5 (1): Article 18.

Kee, H. L., A. Nicita, and M. Olarreaga. 2009. "Estimating Trade Restrictiveness Indices." *Economic Journal* 119 (534): 172 -99.

Kee, H. L., C. Neagu, and A. Nicita. 2013. "Is Protectionism on the Rise? Assessing National Trade Policies during the Crisis of 2008." *Review of Economics and Statistics* 95 (1): 342 -6.

Krugman, P. R. 1981. "Intra -industry Specialization and the Gains from Trade." *Journal of Political Economy* 89 (5): 959 -73.

Levchenko, A., L. Lewis, and L. Tesar. 2010. "The Collapse of International Trade during the 2008 -2009 Crisis: In Search of the Smoking Gun." *IMF Economic Review* 58 (2): 214 -53.

Maggi, G. 1999. "The Role of Multilateral Institutions in International Trade Cooperation." *American Economic Review* 89 (1): 190 -214.

Maggi, G., and A. Rodriguez -Clare. 1998. "The Value of Trade Agreements in the Presence of Political Pressures." *Journal of Political Economy* 106 (3): 574 -601.

Ossa, R. 2011. "A 'New Trade' Theory of GATT/WTO Negotiations." *Journal of Political Economy* 119 (1): 122 -52.

Staiger, R. W., and G. Tabellini. 1999. "Do GATT Rules Help Governments Make Domestic Commitments?" *Economics and Politics* 11 (2): 109 −44.

Yi, K. −M. 2003. "Can Vertical Specialization Explain the Growth of World Trade?" *Journal of Political Economy* 111 (1): 52 −102.

巨灾之后的财政应对和金融发展的推动作用

马丁·米乐基（Martin Meleky）
克劳迪奥·拉达茨（Claudio Raddatz）*

由于自然灾害将对生产产生重大影响，并且政府需要重建和救灾支出，因此将对公共财政和债务可持续性产生重大冲击。由此产生的问题是，政府是否能够将金融政策作为缓解或弥补负面财政影响的主要措施。本文将使用一种面板向量自回归模型，根据1975~2008年间年度高、中收入国家进行估计，对债务市场开发和保险渗透在灾后财政响应中的作用进行研究。本文作者发现，债务市场发展程度较高的国家所受到实际灾难后果相对较轻，而在采取缓解性应对措施之后，政府赤字将会扩大。高保险渗透率的国家所经历的实际灾难后果也相对较低，却无需进一步扩大赤字。依据过去经济发展情形分析，可用的保险是应对灾难的实际后果和财政影响的最佳办法。JEL 代码：Q54, H50, H60, E32。

自然灾害的频率，包括大规模极端天气事件，在过去一段时间内不断

---

* 马丁·米乐基（本文通讯作者）是世界银行高级金融经济学家，俄斯特拉伐大学兼职教授；他的邮箱地址为：mmelecky@worldbank.org。克劳迪奥·拉达茨曾经是世界银行高级经济学家，目前为智利中央银行经济研究经理；他的邮箱地址为：craddatzk@gmail.com。世界银行欧洲和亚洲中央灾害保险项目以及捷克科学基金会提供13206135美元对该项目进行资助。感谢夏维耶·阿亚拉（Javier Ayala）出色的助研工作，感谢埃里克·费恩（Eric Feyen）、爱德华多·雷（Eduardo Ley）、约翰·鲍尔内（John Pollner）、刘易斯·希尔文（Luis Serven）的评论。登录 http://wber.oxfordjournals.org/. 网站以获取本文的附录。

增长（Swiss Re, 2011; Lis and Nickel, 2010; Hoppe and Grrim, 2008）。[1] 1970～2010 年，大约 330 万人死于自然灾害（平均每年 82500 人），财产损失则超过了 23000 亿美元，大约为全世界累积生产总值的 0.23%（世界银行与联合国，2010）。

自然灾害会带来直接的损失，通常是根据损毁、伤亡和生产损失来衡量的（Raddatz, 2009; Rasmussen, 2004）。根据灾难的性质（地震、干旱、洪水、飓风），它们对各个（农业、工业、服务业）经济生产部门的影响是不一样的（Loayza et al., 2012）。此外，自然灾害将对公共财政构成重大影响，特别是债务可持续性（Noy, Nualsri, 2011; Lis, Nickel, 2010; Borensztein, 2008; Rasmussen, 2004; 国际货币基金组织，2009; 泛美开发银行，2009; 世界银行，2003）。对因灾害损毁的公共基础设施的重建工作需要政府在紧缩经济活动的同时又增加支出，而这又将降低政府从标准税收中集中资源的能力。灾后，政府需要资源为受灾群众开展救援、救助并建立社会安全网。[2] 虽然国际援助将有助于缓解灾难后果，但国际援助并不是立即就能获得的，而且救援通常与灾难造成的数以百亿美元计的损失相比是微不足道的。

灾难对于公共财政和债务可持续性的后果取决于政府对灾难反应的性质。政府将提高开支，以便在自然灾害之后开展重建和救助工作。如果政府能够通过增加财政收入，从国内外市场借贷，或从之前签订的财政保险受益，那么政府就能够增加开支——投入自然灾害后的重建和救援。在缺乏上述融资手段时，政府只能维持或者甚至降低目前的开支水平，其开展重建和救助工作的能力也就受到限制，从而潜在地增加了灾害造成的经济后果。在支出、收入和借贷组合政策上，不同的政府所遵循的路径是不同的，这取决于政府债务融资的途径、借贷的成本以及对政府服务的需求。

---

[1] 由于观测值数量有限以及关于极端天气的数据质量较低，有其他报告并不完全相信气候灾难愈发频繁以及强度愈发增大（IPCC, 2012）。
[2] 盖斯齐埃尔、马霍尔（Ghesquiere and Mahul, 2010）对灾后紧急流动资金（满足紧急需要和最初的救灾活动）以及重建所需的长期融资（可能会耗费数年）进行了明确的区分。作者们指出各种短期金融工具与灾后长期金融需求是不一样的。

比如，具备发达借贷市场，且能够以较低成本借贷的国家一般都倾向于通过征税或紧缩灾后开支来增加收入。当一个国家的私人保险市场对重建资金贡献所占份额较高时（如通过向私人和公共重建资金募资），那么政府就将更加关注于经济救助，所面临的募资需求也相对较低，且开支增长也较为温和。

本文对自然灾害之后的财政响应进行了估计，并对可以通过发展债务市场和私人保险渗透的财政反应进行了考察。我们可以通过灾害对政府支出、收入和赤字的影响来研究财政的反应。债务市场的发展提高了政府借贷的能力，私人保险渗透也增加了私人和公共重建中所需的私人资金来源。

我们的实证估计基于拉达茨（Raddatz，2009）的方法。我们用了一个包含实际产出、政府支出、政府收入、自然灾害发生率以及外部冲击和标准宏观经济变量（如通货膨胀和利益率）的面板向量自回归模型。① 我们主要关注两种不同种类的自然灾害——气候和地质灾害，并根据斯卡迪摩尔和托娅（Skidmore and Toya，2002）的方法将其分为两类事件。地质灾害包括地震、山崩、火山爆发以及海啸等。气候灾害包括洪水、旱灾、极端天气以及风暴。此外，我们的估计中控制了包括饥荒、流行病、昆虫瘟疫、野外火灾、工业事故、交通事故及其他事故在内的灾害的影响，以获得对自然灾害边际效应的正确估计。

借助模型参数，我们能够对感兴趣的变量对于同年发生的和灾害发生数年后的气候和地质灾害发生的动态反应进行推测。借助年度数据，我们可以对1975～2008年中、高收入国家的模型进行估计。虽然我们对低收入国家同样也感兴趣，但是金融发展数据的可及性限制了我们可选国家的样本。在模型中，假定这些灾害对于国家经济条件是外生的，我们对所有变量对两种类型自然灾害发生的情况进行了估计，细节在后面会有讨论。

---

① 这些类型的模型借助了跨国维度的数据以增强时间序列模型估计的说服力，当短期数据时间序列可获得时，这些模型已经经常使用，正如本文的一样。

为了考察金融发展较好的国家是否能够在灾后改善财政响应，我们对比了高债务市场水平和低债务市场水平、高保险渗透水平和低保险渗透水平的国家财政响应。这种对比让我们可以检验国家借贷能力的差异，以及非政府来源重建资金可用性的差异是否与不同的财政行为和灾害的宏观经济代价相关。重要的是，当对国家群体内的这些国家进行对比时，我们同样还对它们的发展水平进行了选定，这是因为较为富裕的国家在面对自然灾害时的准备更加良好。

我们估计，发展水平较好的债务市场将推动国家大约增加灾后政府开支55%。虽然在金融相对较为发达的国家内，赤字增加相对较多（75%，金融发达程度欠佳的国家为10%），有效的债务市场所能够动员的资源将有助于更有效地应对灾难所带来的经济后果。此外，保险渗透率较低的国家在灾后扩大它们政府的赤字（15%，保险渗透率较高的国家不扩大赤字）但并不能如同保险渗透率较高的国家一样有效地缓解灾难所带来的负面影响。保险渗透率较高的国家将会利用来自保险支付的资源以恢复生产力，因此就无须作出更多的财政努力来抑制这些事件的宏观影响。总体上，对于金融发展程度不佳的国家而言，产出损失占GDP的2%~10%，对于金融发展程度较高的国家而言，则没有重大的损失。无论如何，与发达的信贷市场相比，保险渗透率较高的国家可以不必通过财政赤字来为支出募资，从而缓解灾难的经济代价。

关于借助金融发展政策推动对灾难的财政响应方面，我们的分析给出了一些重要的政策信息。也就是说，具备发展程度更高的债务或保险市场的国家受到灾难的影响较小（产出下降很小）。然而，它们达到这一目的的方法又是不同的。对于发达的债务市场而言，政府可以增加赤字，筹集资金。不难理解，这种反应将有助于缓解灾难的负面影响。也就是说，能够更好地从债务市场融资的政府，它减弱冲击的能力越强。相反，保险渗透率较高的国家内，即使没有重大的财政扩张，灾难产生的影响也很小。保险的可用性似乎将在不增加财政负担的情况下，降低宏观经济的实际后果。因此，虽然总体金融发展有助于应对灾难，但保险的普及将更加有效。①

本文余下的内容这样安排：第一部分对估算的方法论进行阐述；第二部分对数据进行描述；第三部分将展示并讨论高水平和低水平债务市场以及高水平和低水平保险率的国家群体的估算结果；第四部分将展示一组可靠性测试；第五部分将借用当代的估算方法，为考察基本估算结果提供一个另外的视角；第六部分是结论。

一　方法论

运用面板向量自回归模型（PVAR），我们对具备不同金融发展水平的国家遭受自然灾害后，产出和财政变量方面所受到的影响进行估计。这一模型将利息的变量与它们的滞后值、气候和地理灾难发生的当期和滞后期的指标联系在一起。给定一个国家，模型基本设定如下：

$$A_0 x_{i,t} = \sum_{j=1}^{q} A_j x_{i,t-i} + \sum_{k=1}^{p} B_k D_{i,t-k} + \theta_i + \theta_t + \gamma_i t + \varepsilon_{it} \tag{1}$$

其中，$x_{i,t}=(TT_{i,t}, y_{i,t})'$，$TT_{i,t}$是贸易条件指数的增长②，$y_{i,t}=(EXP_{i,t}, GDP_{i,t}, INF_{i,t}, R_{it}, REV_{i,t})'$是内生变量的向量，包括政府实际支出的对数（EXP）、人均GDP（2000年美元的不变价）、通货膨胀率（INF）、名义利率（R）、政府收入（REV）。本文关注的是EXP、GDP和REV，但是我们将通货膨胀率和利息率纳入y向量中，将其作为其他宏观经济条件的控制因素。这一组参数包括了宏观模型中所有常规的宏观经济变量（参见Monacelli, 2005；Linde et al., 2008；Adolfson, 2001；其他，等等）。向量$D_{it'}=(GEO_{i,t}, CLIM_{i,t}, OTH_{i,t})'$则包括与地理、气候或其他灾害相关的其他变量，将在下一章中对此进行探讨。

参数θ_i和θ_t是国家和年度固定效应参数，它们可捕捉不同国家变量的

---

① 当然，对这两个选项进行适当权衡需要对这两种策略的成本进行明确的考虑：从金融系统借贷的利息成本的现值和保费成本的对比，但这并不在本文的探讨范围之内。
② 贸易条件是对系统动态进行估算的重要条件变量，这是因为它们对于开放的发展中经济而言是一种重要的外部冲击（Kase, 2002；Mendoza, 1995）。

长期差异，以及对所有国家都一样的全球因素的影响，这些相同的因素也可理解为世界经济周期。当模型仅仅在水平层次估计时（见下），捕捉特定国家的趋势系数 γ_i 也包含在内。假定与残差项 ε_i 对应的误差项是独立同分布的（$i.i.d.$）。此外，q 是模型中内生变量（宏观经济变量）的滞后期，p 是模型中外生变量（灾难）的滞后期。模型的参数是矩阵形式，表示为 A_j，对估计结果的结构性解释基于矩阵 A_0 参数的识别。

需要指出的是我们并没有特意将政府赤字作为变量放入模型之中。模型包含了政府支出和收入的对数，根据定义，它们总是正数。政府赤字的对数是由这两个变量，以及样本国家的赤字中支出和收入的平均份额构建而来。借助可用的历史数据，基于特定国家预算中支出和收入的平均比例（稳定状态），计算出财政预算偏离稳定状态的值，这就是研究得出的脉冲响应（见下）。

实证策略的主要识别假定条件即自然灾害的发生是外生的，与任何现在或过去的经济变量都无关联。在该模型中对其他影响的确认需要更多的且更加富有争议的假定。另一个识别假设是贸易条件对变量 y 的任何滞后期都不会作出反应，但最有可能对它们产生即期和滞后影响，这等同于 A 矩阵是对角矩阵。对于本研究中的发展中国家和较小的发达国家而言，这些假定应当是没有争议的。当我们将发达国家纳入本研究之中时，这一假定的争议性将更大，但仍需要作出这一假定，以方便国家之间和模型不同设定之间的比较。

财政变量包含在 y 向量之中，因为他们是最有可能对一个国家宏观经济表现作出反应的，给定在矩阵中的位置，可以通过变量的因果关系来识别财政变量。这也就意味着当前 y 变量中的关联被假定为分块三角矩阵 A_0，这与假定对产出、通货膨胀、利率和收入会对支出变化做出即期反应相对应。但是政府支出对于国家经济情况和财政收入变化的反应仅仅在一年之后才显现。同样，假定收入对支出、GDP、通货膨胀、利率变化作出反应，但是这些变量对于收入冲击的反应仅仅出现在一年的滞后之中。第四章将检验排序识别的稳健性。

对于财政变量与 GDP 相对的排序的假定与布兰查德和佩罗蒂（Blanchard and Perroti，2002）以及伊斯塔其（Ilzetzki，2010）所作出的假定类似，但是年度数据的使用使得这些假定的争议性更大。有人可能会理直气壮地指出，支出是根据年度规划的，并不会对 GDP 中当前的季度性创新有反应，这就假定了它们不会在一个日历年中对 GDP 中的创新做出反应，这更为极端。无论如何，对于财政变量条件性反应的识别不应该是一个问题，对于产出对外生冲击的识别也不应是一个问题，这是本文的主要关注点。

通货膨胀以及利息率相对于产出的顺序也遵循货币政策文献中的标准顺序（Christiano，1998）。正如在财政变量中的情况一样，对于年度数据中基于因果顺序变量的结构性冲击的识别是充满争议的，但也不应影响对灾害冲击影响的识别，这是本文的重点所在。将识别假定转换为当前关系的矩阵（A_0）：

$$A_0 = \begin{bmatrix} a_{1,1} & 0 & 0 & 0 & 0 & 0 & 0 \\ 0 & a_{2,2} & 0 & \cdots & \cdots & \cdots & 0 \\ 0 & a_{3,2} & a_{3,3} & 0 & \cdots & \cdots & 0 \\ 0 & a_{4,2} & \vdots & a_{4,4} & 0 & \cdots & 0 \\ 0 & a_{5,2} & \vdots & \vdots & a_{5,5} & 0 & 0 \\ 0 & a_{6,2} & \vdots & \vdots & \vdots & a_{6,6} & 0 \\ 0 & a_{7,2} & a_{7,3} & a_{7,4} & a_{7,5} & a_{7,6} & a_{7,7} \end{bmatrix}$$

同样，该模型对 B_j 矩阵有一定的限制，因此灾难也并没有影响一个国家在任何滞后期的贸易条件。特别是，矩阵 B_0 具备下列结构：

$$B_0 = \begin{bmatrix} 0 & 0 & 0 \\ b_{2,1} & b_{2,2} & b_{2,3} \\ b_{3,1} & \vdots & b_{2,3} \\ b_{4,1} & \vdots & b_{4,3} \\ b_{5,1} & \vdots & b_{5,3} \\ b_{6,1} & b_{6,2} & b_{6,3} \end{bmatrix}$$

其他 $B1_1$ 矩阵的结构与此类似。

等式 1 中描述的模型与面板向量自回归模型相对应，因为它假定由不同参数和矩阵代表的动态关系在不同截面单位（国家）的估计模型中是相同的，用_i来表示。这是文献中标准的假定（Broda，2004；Ahmed，2003；Uribe and Yue，2006），因为就给定数据的时间维度长度（大约 20 个年度观测值），除非我们大量减少考虑中的外生冲击数量、滞后数量，或者两者皆含，否则要估计出特定国家动态关系是不可能的。然而，正如罗伯森和西蒙斯（Robertson and Symons，1992），以及裴萨兰和史密斯（Pesaran and Smith，1995）指出的一样，如果国家之间的动态关系变化过大，那么这样的假定会导致系数低估（高估）外生变量的短期（长期）影响。

标准的滞后期选定测试（依据 Schwartz 信息标准）表明对模型包含两个年度滞后期的内生部分的估计（宏观经济变量），应包含两个年度滞后期（设定 p = q = 2）的外生部分（灾害）——虽然对模型内生部分的三个年度滞后期做了稳健性检验，获得结果也显示更长滞后长度设定的结果是稳健的。

用似不相关回归方程（Seemly Unrelated Regression Equation，SURE）简化形式估计的模型参数，可用于恢复人均 GDP、政府支出和收入的脉冲响应函数（IRF），用来自系数误差简化形式的方差 - 协方差矩阵，恢复每一次结构性冲击所带来的预算赤字。① 脉冲响应函数的置信带来自模型的参数自展（parameteric bootsrapping），并假设简化模型误差是正态分布。

我们对发展程度较高和较低信贷市场的国家分别进行模型估计，并对这两类国家的脉冲响应函数进行对比。对于具备较高和较低私人保险渗透率的国家而言，我们开展同样的步骤。或者，我们可以使用带有交叉哑变量的模型设定，以控制保险市场发展对债务市场发展的影响，或者相反。但是，我们偏好的方法可能存在一定的缺点，那就是估计债务市场发展的

---

① 使用 SURE 是简化形式方程估计的标准方法。它与用 OLS 逐一估计方法的结果一样，但是由于它考虑了变量中的当期相关关系，因此其效率更高。它还直接估计了简化模型残差的方差 - 协方差矩阵。考虑到运算速度，我们仅仅使用了两个步骤版本的估计量，当迭代至收敛时，SURE 估计量与最大似然估计量（MLE）等同。

推动效应时，没有对私人保险渗透进行控制，反之亦然。然而，我们的方法仍然是更为可取的，这是因为它能够在影响之后（正如脉冲响应函数所描述的一样），使得系统动态不受限制，并能够对具备较高和较低债务发展市场的国家进行逐一估算。从实证的角度而言，我们的方法仍然最大化地利用了可利用的观测值（表 A1）。

系统动态，至少隐含地描述了灾难冲击之后的准备和应对措施（灾后恢复）。金融准备和通过资金开展救灾活动是我们考察的重要组成部分，我们想允许在国家组中这些方面可以存在一定的差异。从估计的角度而言，禁止把使用交叉哑变量的替代方法和不受限制的动态设定结合起来。用交叉哑变量和受约束的动态方法作为补充估计方法，将在第五部分中运用并讨论。

此外，有人可能认为，灾害影响（灾难的规模）对收入水平而言可能是内生的，因为收入可以更好地缓解支出和缓和措施，可以将异质性引入各个国家的反应参数之内。[①] 考虑灾难缓和措施的影响将对灾难的种类划分产生影响，在基本的估计中，我们使用高于某个临界值的标准度量灾难，下文将对此进行更多的细节讨论。因此，如果某一国家积极开展灾后恢复工作，因而某一事件对于财富、资金或人员并没有什么负面影响，那么就不应该将这一事件归为灾难。无论如何，除了那些与缓和措施成比例变化的一般性经济发展之外，金融发展对于自然灾害之后推动财政反应的边际贡献将在稳健性分析部分中进行直接的检验。[②]

二　数据

为了开展分析，我们收集了灾难事件、宏观经济的若干措施以及中、

[①] 米乐基与拉达茨（Melecky and Raddatz, 2010）通过对比基于收入水平和其他相关特性的子样本结果研究了异质性问题。我们还能对有不同灾难历史的国家的结果进行对比，假定那些在历史上灾难多发的国家本应该支出更多缓解灾难的费用。这将留给未来的研究。

[②] 国家实施缓解的措施与其收入水平成比例的假设毋庸置疑，比如，飓风"桑迪"对纽约的影响就是一个例子。我们的基准回归模型没有包含这一假设，但我们在稳健性/敏感性分析中对此进行了检验。

高收入国家的财政表现的数据。低收入国家并未包含在分析之内，这是因为很难获得这些国家信贷和保险渗透数据。然而，需要指出的是，为了尽可能多覆盖一些国家，两个低收入国家摩尔多瓦和莱索托出现在我们的样本之中。将它们从样本中排除并不会改变我们报告的研究结果。

自然灾害的数据来自由流行病学灾害研究中心（Center for Research on Epidemiology of Desaster，CRED）所维护的紧急灾害数据库（2008）（Emergency Disasters Database，EM – DAT）。这是一个包含自1900年之后对全世界12800场重大灾害影响的综合性数据库。作为一项基本的原则，如果要将某一事件输入数据库，那么必须符合下列条件之一：报告有10人或更多人死亡；100人或更多人受到影响；宣布了紧急状态；请求国际援助。

数据包含各种类型的灾害，根据斯卡迪摩尔和托娅（Skidmore and Toya，2002）的做法，我们将它们划分为三个大的方面。第一类是地质灾害，包括地震、山崩、火山爆发以及海啸。这类事件的一个重要特征是其不可预测及其相对较快的爆发。第二类是气候灾害，包括洪水、干旱、极端天气以及风暴（如飓风）。与地质灾害相比，气候灾害的预测性要好一些，有一个相对较长的降临时间，因此可以采取一些预防性措施（UNISDR，2006）。① 预防性措施的设计不仅仅是要缓解灾害的影响，更重要的是应对工作的准备。应对工作也能影响灾后恢复工作的形态与速度。地质灾害的破坏远比气候灾害的破坏大得多。②

此外，相对于地质灾害预测以半年为基础，气候灾害的预测可以以月为基础开展。出于这样的原因，我们选择将地质灾害和气候灾害在我们的基本估计中分为两类。作为一种选择，我们同样也会将这两种灾害合并进行估计。

其他灾害的类别还包括饥荒、流行病、昆虫瘟疫、野外大火、工业事故、交通事故以及其他事故等。

---

① 虽然全球范围内确定地质灾害发生的区域不是难事，但至于预测这种灾难性事件何时可能会发生，就不是很确定了。火山爆发或山体崩塌即将到来的征兆可以在早期被探测到，并被用于预警，但是发现地震的前兆十分困难，经常性预测更是不可能。地震预测仍然是个难题。

② 可以用损毁占GDP比例以及灾难的临界确定点作为度量。然而，这些数据对于所有灾难并非现成的。我们只好将样本缩微至原有规格的1/3，但这样一来又不再具备代表性。

在每一种类别中，通过计算重大灾害的年度数量来对灾害的发生率进行衡量，该标准是国际货币基金组织建立的，具体为：事件至少影响了国家人口的0.5%，对资本存量、住房或对至少占国家0.5%以上的GDP造成损失，或导致万分之一的人死亡。①② 我们的基本分析中并没有直接捕捉灾害的相对强度，这是因为我们使用了一个临界指标，并假定在每一灾害类别中，强度是相似的，或者在同一类别中是平均的。③ 为阐述之便，本文考虑气候和地质灾害的相对规模以获取可用的损害数据——使用了CRED数据库中30%~35%的地质和气候灾害。地质灾害的平均损失大约为GDP的6.8%，气候灾害的损失大约为GDP的4.9%。然而，当考虑对GDP影响高于0.5%的重大灾害时，地质和气候灾害损失分别占GDP的8.1%和8.8%。④

从临界指示值开始，我们构建了一个不同的衡量标准，不仅计算了灾害的数量，还考虑了灾害发生年份的月度，这与诺伊所采取的方法类似（Noy，2009）。⑤ 这一方法认可发生在上半年的灾害，相比于那些靠近年尾发生的灾害具备不同的即期影响。基本上这是对于上述发生率衡量标准的一种重新标准化，因为仅仅计算灾害数量只能对发生在当年平均日期样本

---

① 注意，重大灾难的临界确定并不简单地意味着GDP的下降，与GDP之间的动态关系也会存在。这是因为确定临界值是对财富和生产力损毁因素进行考察，而不是收入。在此，GDP被作为一个缩放比例变量而存在。
② 我们并没有发现这种识别对于较小国家更加有利，这是因为灾难对GDP的损失是确定灾难的引发因素之一，此外还存在其他的因素，如受影响或死亡的人数，这不会在大国和小国之间造成不利。
③ 虽然我们不能完全控制灾难的规模，但我们能够分辨大的灾难和小的灾难。因此，只有大灾难中强度的变化被忽略了。此外，关于两个事件可能会产生完全不同影响的担心也将部分被控制，这是因为对灾难受影响的最少人口和对资本和财富的最小损失有要求。比如，发生在沙漠中心地区的被隔离灾难，以我们的标准而言根本就不是灾难。
④ 在对比较大地质和气候灾害时，这种较大（大于GDP的0.5%）灾害数量级比较是与平均损毁为GDP的11.5%的较大气候灾害相关联的。当考虑所有的气候灾害时，它们对GDP的损失程度大约为6.8%，这与所有的地质灾害类似。相反，洪水灾害是气候灾害中程度最轻的一种，大约造成1.4%（所有）到2.8%的GDP损失（大灾难）。
⑤ 更加具体地讲，如果使用我们的临界值方法论来确定气候灾害，那么气候灾害的哑变量将在给定年份取值为1。如果气候灾害发生的时间在一年中稍晚一些时候，我们将1的值划分在当前和后续的年份中。我们在一年之内12个月数字之前，划定月份的数字（如，8月为8），为当年赋予一个8/12的哑变量值，为来年赋予一个1-8/12的值。地质灾害的时间测定则是以半年为基础的，在这种情况下，我们一般在当年和来年之间将值一分为二。

中的灾害的生产代价进行估算。而将发生日期计算在内，就可以对1月1日发生的灾害的生产代价进行估算。

有关宏观经济表现、财政态势以及其他类型外部冲击（作为分析的部分控制变量）的数据来源于各种不同的数据源。实际的人均GDP是以2000年美元不变价计算，来自世界银行发展指标（WDI，2008）。贸易条件指数是出口价格对进口价格的比率，根据PWT（Penn World Tables，6.1版本）的国民账户的当期进出口价值进行计算得出的，并借助世界银行发展指标来对贸易条件进行更新。

政府支出和收入数据来自"世界银行发展指标"、国际货币基金组织以及EIU的数据。政府总债务的数据主要来自潘妮萨等（Panniza et al.，2008），"世界银行发展指标"、国际货币基金组织以及EIU的数据对此进行补充。政府支出是政府所产生的购买商品和货物的现金支出，包含工资补助和利息支出。收入包括税收收入、社会贡献、各种收费，但排除奖励。关于国家CPI和通胀率的数据来自"世界银行发展指标"。我们的分析不包含官方援助和补助，因此支出与赤字都是在接受补助之前衡量的。这是一种优势，因为补助的转移会造成赤字的转移，但这与财政可持续性并无关联。官方援助并未单独作为变量包含在内，其原因是发达国家得不到这样的援助，但发达国家又是我们样本的主要组成部分。

最后，关于货币市场、贴现和存款利率的数据来源于国际货币基金组织（IMF）国际金融统计数据（2010）。为了提高样本的跨国覆盖度，我们从三种定义中选择了样本期间带有最长时段的利率系列，当两个或多个利率系列具备同样的覆盖范围时，我们偏好于货币市场利率。表A1是分析期间样本国家变量的描述统计结果。为了增加覆盖所有宏观经济和灾难变量，用在下文计量经济学分析中的最终样本被限定为布雷顿森林体系之后，1975~2008年的时间段。

表A2利用样本数据，对发生或未发生灾害年份的平均宏观经济表现进行比较。结果表明在发生地质和气候灾害的年份中，支出增长稍快，但不是特别明显。在发生地质灾害的年份中，支出平均增长5.6%，而平常年份支出增长幅度仅为 2.6%。但是，两个平均数的分布广度很大，双边测试否定了这两个平均数只有在 12% 的水平上保持相同的假定。然而，对于气候灾害而言，这样的差异很小且微不足道，发生气候灾害的年费支出增长率为 2.7%，而没有灾害的平常年份为 2.6%。在收入方面，收入增长率在发生地质灾害的年份要比平常年份更高（分别为 4.4% 和 3.31%），但是发生气候灾害的年份比平常年份的增长率要低（分别为 2.4% 和 3.3%）。这些无条件限制的对比表明灾后的财政赤字仅有较小幅度的增长。然而，关于灾难对任何宏观经济变量影响的合理的估计则要求对其他变量以及全球经济活动波动的表现进行控制。第一部分方法论中对此已有所论述。

三 估计结果

通常情况下，一场灾难通过摧毁一个国家的物质和人力资源来影响其生产能力。重置这样的资源代价高昂，且时间很长（特别是对基础设施造成损毁的情况下）。虽然重建资源和基础设施的时间不可避免，且人力资源的损失永远都得不到弥补，但是快速获得资金资源一定会减少重建国家生产力所需的时间。虽然政府希望为重建提供援助和资源，但其中大部分都将来自私人资本。因此，一个发展完善的金融体系可以对重建进行灾后融资，或者通过保险计划在灾前对风险进行收集和定价，这将在很大程度上减轻政府在灾后的融资压力，并使得政府支出更有成效。[①]

因此，我们下一步将根据这些市场的发展程度，以及灾难对国家的影响程度，将国家群进行分类，并依据政府融资和 GDP 之间的关系对信贷和保险市场发展以及灾难后果之间的关系进行研究。为了维持每一组国家尽可能多的观测值和灾害数，我们首先根据信贷市场发展和保险渗透率的中值将样本分别划分为两个子样本。

---

① 比如，可能出现政府将关注救助和公共产品供给而非向私人部门提供信贷补贴。

信贷市场发展

根据 1975~2008 年"世界银行金融发展指数数据库"的私人信贷平均比率（表1和A1）衡量信贷市场发展，气候和地质灾害对信贷市场水平低的国家产出有很大的负向影响。在这些国家中，气候冲击引发大约2%的累计生产下降，地质灾害将引发大约 10% 的下降。相反，在信贷市场发达的国家中，气候灾害对于产出具有一定的正面影响，而地质灾害则对产出几乎无影响。[①]

气候灾害之后，在信贷市场欠发达的国家中，政府开支并没有增长，但是，在信贷市场发达的国家中，政府平均预算赤字大幅度上升了60%（表1，面板 B，第2栏）。虽然信贷市场发达国家收入紧缩大约为平均赤字的30%（图A1，面板 B，第4栏），但赤字仍然增加。结果是，预算赤字在那些信贷市场发达的国家中确实是增长了许多，在那些信贷市场欠发达的国家中反而没有大幅度的增长。在两种国家类型中，对于地质灾害的财政响应并没有质的区别。此外，我们还考虑将气候和地质灾害聚合在一个自然灾害的变量之中，即"气候地质"，并进行了估计。估计结果（展示在图A3，面板 A 和 B 中）与分开的估计结果一致。也就是说，在灾难发生之后，那些信贷市场发达的国家，政府赤字可以增加得更多一些，这对于这些国家的生产具备一定的缓解，甚至是正面作用。相反，在那些信贷市场欠发达的国家，产出大幅下降约 10%，只能谨慎地提高赤字水平。

这些数据表明具备较发达信贷市场国家的政府可以轻易地借到资金，灾难，至少那些频繁发生的气候灾害，对于宏观经济的影响是相对较小的。[②] 这与促进政府融资（如通过发行国内债券）和私人重建获取资源的金融系统的作用是一致的。当应对灾难之时，借助有效金融系统动员资源是非常有益的。灾难之后，利率将在债券市场发达的国家内下降（而在

[①] 当利率变量发生变化时，这一结果并不稳健。当仅仅使用货币市场利率时（样本相应减少），产出就会有所降低，这是地质灾害的结果，但气候灾害的影响相对较小。

[②] 的确，文献显示，债务融资应对更为频发（但不太严重）的灾难更加有效，保险机制应对频率较低（但更严重）的灾难更加有效（参见 Ghesquiere and Mahul, 2010）。

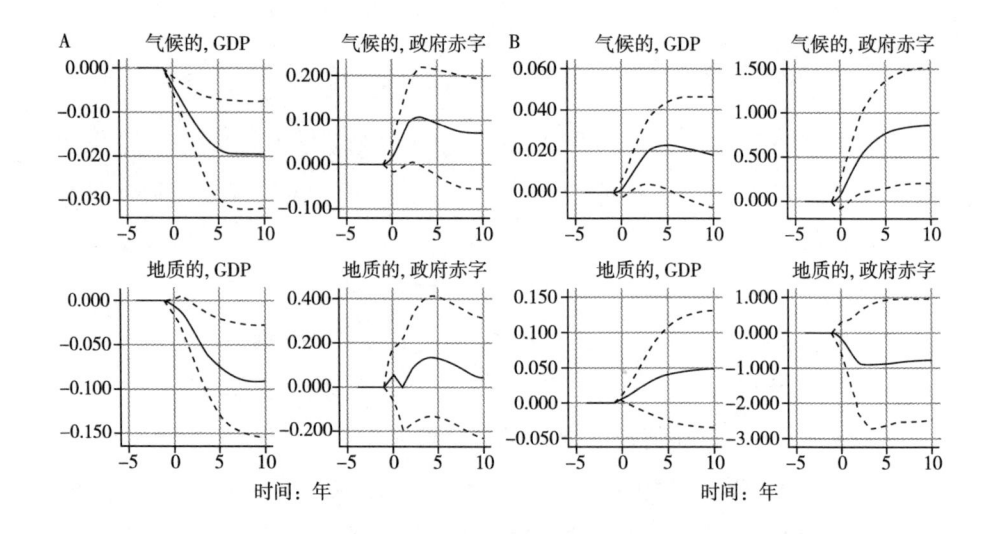

世界银行经济评论（2015 No.1）
THE WORLD BANK ECONOMIC REVIEW

图1　不同信贷市场发展水平国家的累积脉冲响应函数
（A）欠发达信贷市场；（B）发达信贷市场

备注：数据显示了 GDP 和政府赤字的累积脉冲响应函数（IRF）。面板 A 和面板 B 报告了私人信贷与 GDP 平均比率分别低于和高于中值国家的结果。GDP 和政府赤字是实际的人均值。用于估计脉冲响应函数的参数来自基准模型设定，所有的变量都是水平值（除了利率），并包含两个滞后期。进入 VAR 的内生变量的顺序如下：政府开支、GDP、通货膨胀、利率、政府收入。模型还包括特定国家的均值、趋势，以及捕捉全球变量的时间固定效应。政府赤字用收入和支出差的加权差获得。实线是各变量与其趋势的积累百分比偏差，其来源是发生在时间 0 上的气候和地质灾害。虚线表现的一个标准偏差置信范围。

资料来源：笔者计算。

金融欠发达国家中保持不变），这一结论被未报告的结果证实了。① 因此，在这些国家内较大的赤字扩张并不一定意味着政府债务负担的增加，也不必担心过度债务负担将大幅度提升政府的利率风险溢价。考察这些国家群中不同国家对利息支出的不同反应是项有趣的工作，留待未来进一步研究。

---

① 我们推测，如果中央银行遵循泰勒规则（Taylor rule），灾后 GDP 的下降会推动它降低政策利息率，货币政策的变化将传递到整个利率的期限结构，在风险、期限、通货膨胀溢价额不变的情况下，这将导致政府的融资成本降低。这一旨在平滑经济周期的货币政策，对于那些金融市场较为发达的国家更加有效，因为其货币政策传导机制比那些不发达的金融市场更加有效。

保险渗透

根据保险渗透程度，用总保费对 GDP 的比例度量（图 2 和 A2）对不同的国家进行对比时，结果是不一样的。要知道保险渗透率的数据并不是信手拈来，因此对高收入国家来说，有数据国家的子样本是有偏差的。本次任务的重要方面是对两个国家群体进行对比，而不是对单独团体的估计响应进行对比。在气候和地质灾害之后，对冲击的实际后果进行对比，低保险渗透率的国家（图 2，面板 A）较之于保险渗透率较高（图 2，面板 B）的国家将遭受较大的产出下降。同时，保险渗透率较低的国家，财政赤字上升更多，而保险渗透率较高的国家，支出和收入相对较为接近，结果财政赤字方面的变化很小（图 A2）。作为一种替代性的估计，我们考虑将气候和地质灾害聚合在一个变量"气候地质"之中。这些结果与基本的估计结果一致，也就是较高的保险渗透率将缓解气候与地质灾害之后的产出损失，而无需借助政府财政赤字。比较起来，保险渗透率较低的国家在应对灾难时，政府赤字仅有小幅度增长，这对于减缓灾后将近 8% 的 GDP 损失就难有作为。

总而言之，保险渗透率较低的国家在灾后将扩大其赤字，但也无法如同保险渗透率较高的国家一样降低灾难的负面影响。对于这一发现的一种可能的解释就是，保险渗透率较高的国家可以迅速从现有的保险中分配资源以恢复生产能力，很少需要财政努力抑制这些灾害事件的影响。这样，财政资源可以用于灾难救助工作，支出和收入的同时增长则表明了财政任务主要是再分配（也就是从那些收入增加的领域向那些受到灾难影响的领域提供援助）。

最后，将这些结果与那些通过比较不同信贷市场发展水平国家的结果进行对比，表明这两个维度在将灾难转化到财政一侧的过程中发挥了不同的作用。虽然高债务市场发展的国家或高保险渗透率的国家因灾害产出下降方面受损相对较小，发达的债务市场允许政府以较低的利率来借贷为赤字融资，从而减少灾害的实际影响，但相比起来保险渗透率较高的国家可以在不需要赤字融资的前提下应对这些实际的宏观影响。所以，虽然整体的金融发展有助于应对这些灾难,但保险的普及在灾后应对上更加有效率。当然,必须对保险灾前成本进行考虑,以开展福利比较,但这已经超出了本文的范围。

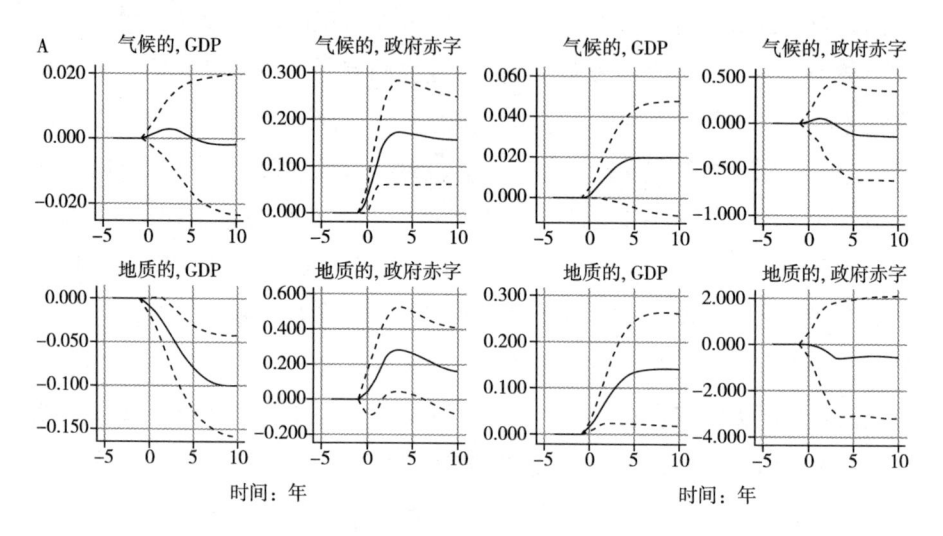

图 2　不同保险渗透率国家的累积脉冲响应函数
（A）低保险渗漏率；（B）高保险渗透率

备注:上图展示了 GDP 和政府赤字的累积脉冲函数（IRF）。面板 A 和 B 分别报告了保费占 GDP 比率平均值高于和低于中值的样本的结果。GDP 和政府赤字以实际人均量来计算。脉冲响应函数估计中的参数来自基准设定,所有变量都是水平值（除了利率）,包括两个滞后期。进入 VAR 模型的内生变量的顺序如下:政府支出、GDP、通货膨胀、利率和政府收入。该模型还包含有特定国家的均值、趋势和"捕捉"全球变量的时间固定效应。政府赤字用收入和支出的加权差获得。实线是各变量与其趋势的积累百分比偏差,其来源是发生在时间 0 上的气候和地质灾害。虚线为一个标准偏差置信范围。

资料来源:笔者计算。

四　稳健性分析

我们进行的稳健性分析包括:(i)放松了基准模型中贸易条件外生的假设;(ii)对基准模型的政府支出重新排序;(iii)除了金融发展之外对经济发展的效应做了控制。

放松贸易条件外生假设

基准估计模型中假设贸易条件不对当期和前期其他内生变量的值做出反应。对于某些国家而言,尤其是那些出口大宗原材料和石油的国家而言,该假定可能太过了,虽然我们发现对样本中的大多数国家而言都是合理的。为了检验该假定的隐含意义,我们允许贸易条件对其他内生变量的过去值作出反应,同时在矩阵 A_0(等式1)中将贸易条件作为第一个变量进行排列,并保证假设不对其他任何当前的变量作出反应。[①]

结果表明,放松假定并不会对基本结果构成实质性影响。这对于根据信贷发展水平高低划分的国家群体而言都是成立的,气候灾害估计影响的精确性上升,而地质灾害估计影响的精确性下降,对于通过保险渗透率高低而划分的国家而言,估计总体上没有变化。

对政府支出进行重新排序

基准估计模型假定政府支出对于经济环境变化(GDP)的反应仅仅为一年的滞后期。然而,许多国家将自动稳定装置构建在支出项目之内。所以,我们通过对 A_0 矩阵中 GDP 之后政府的支出进行排序,从而检验基准结果的敏感性。[②]

脉冲响应函数的结果表明,对于我们的基准结果而言,重新排序政府支出并没有实际的意义。在一些情况下,只有一些脉冲响应函数的精确性改变了。我们关于这一发现的解释是,虽然许多国家将其自动稳定装置构建在支出项目之内,但这些稳定装置的目的是平滑正常的经济周期(经济衰退)。然而,一旦发生重大自然灾害时,在财政保险缺失情况下,可自由支配的政府支出在灾害融资中依然发挥着决定性作用。

对发展效应的控制

较为富裕的国家有更多的资源以保护自身免受自然灾害之苦,如通过

[①] 基于重新估计系统的脉冲响应函数(IFRs)结果,可以向作者索取。
[②] 基于重新估计系统的脉冲响应函数(IFRs)结果,可以向作者索取。

构建大坝来提高它们面对洪水的能力,或者通过执行更高的建筑标准来提升它们应对地震的能力。此外,包括保险渗透在内的金融发展将在很大程度上与收入水平密切相关。

出于以上两个原因,对因为收入水平导致的信贷市场发展水平差异的国家,我们考察了财政响应的差异程度。为此,我们估计了等式(1)的一个改进模型。在新模型中,我们没有将样本划分为两个组,而是允许外部冲击随信贷市场发展的水平变化参数。这意味着矩阵 B_j 以及矩阵 A_j 中与宏观经济波动相联系的部分,将随着信贷占 GDP 和收入的不同水平而发生变化。在对该模型进行估计之后,便有可能为具备高信贷市场发展水平和低信贷市场发展水平的国家构建脉冲响应函数,以便对收入差异进行控制。[①]

控制收入后,关于一个国家金融发展对灾后应对能力影响的结论没有改变。对高信贷市场发展和低信贷市场发展(分别对应 25th 和 75th 样本的百分位数),对比他们 GDP 和财政变量对灾害的反应,再次确认了金融发展好的国家在灾后产出下降更小的结论,尽管差异并不十分明显。在金融发展好的国家,支出总是在扩张,在地质灾害之后,收入也在增长,但在气候灾害之后,收入相对收缩。与之前一样,在信贷市场发达的国家,赤字增长较多。

当对保险渗透率较低和较高的国家进行对比,同时对国家收入差异进行控制时,大多数脉冲响应函数的形态都会保留下来。低保险渗透率的国家将受到灾难更多的影响,因而会相应增加较多的支出(虽然这种差异并不明显)。唯一的差别就是,虽然低保险渗透率的国家在气候灾害之后收入衰减较多,但在地质灾害之后,脉冲响应函数在这两个国家群体中的移动十分相似。因此,低保险渗透率的国家在气候灾害之后,赤字增加幅度相对较大,但地质灾害之后,它们的增长相对较少。无论如何,按照赤字占 GDP 的比例计算时,对于低保险渗透率的国家而言,赤字总是增加相对较多。

---

① 基于重新估计系统的脉冲响应函数(IFRs)结果,可以向作者索取。

五 含交互效应的补充研究

信贷市场发展的推动作用将受到保险市场开发和较为富裕国家所采取的可能的保护措施的影响。信贷市场发展、保险渗透和经济发展之间可能交互作用,为了检验我们的基本结果对这种交互作用的稳健性,前面运用的方法就必要的参数估计而言是不行的。因此,在这种情况下,我们必须放弃对每一国家群体特定动态的灵活性。为了研究这一交互性影响,我们在所有国家样本的基础之上对等式(1)进行重新评估,并加入下列交叉项:

$$A_0 x_{i,t} = \sum_{j=1}^{q} A_j x_{i,t-j} + \sum_{j=1}^{q} B_j D_{i,t-j} + \theta_r + \theta_t + \gamma_i t + \varepsilon_{it} + \sum_{j=1}^{q} C_j CM \times D_{i,t-j} + \sum_{j=1}^{q} E_j IP \times D_{i,t-j} + \sum_{j=1}^{q} G_j CM \times IP \times D_{i,t-j} + \sum_{j=1}^{q} H_j ED \times D_{i,t-j} \quad (2)$$

其中,CM 是一个 0/1 哑变量,信贷发展程度高的国家取值为 1;IP 是一个 0/1 哑变量,保险渗透率高的国家取值为 1;ED 是一个 0/1 哑变量,经济发展程度高的国家(收入水平)取值为 1。虽然这样的设定对于检验信贷市场发展、保险渗透和国家收入水平的可靠性而言是非常受限的,但它也能提供一个有用的互补性视角。也就是说,在自然灾害情况中,三方面因素相互影响情况下,这样的视角能够让我们看到自然灾害的直接影响。

方程(2)估计的结果[①]表明,一般而言,在地质和气候灾害之后,国家都会大幅度提升开支。然而,保险渗透率较高的情况下,它们需要增加的支出较少,这与我们的基本结果一致。此外,较为富裕的国家似乎在地质灾害之后增加的支出更少,这或许是它们在保护(预防)措施中的投资能力较强,而这能够缓解灾害带来的总体损失。此外,估计的结果表明,如果保险渗透率较高,国家不仅只需在气候灾害之后投入较少的资金,还能享受相应较高的收入,从而能够进一步改善它们的财政状况。在直接的

---

① 估计结果可以向作者索取。

GDP 影响方面，信贷市场发展较好的国家，地质灾害对 GDP 的增长具备一定的负面作用，这极有可能是因为地质灾害的平均规模要高于气候灾害。相比而言，金融发展如何影响气候灾害对增长的直接效应还不清楚，但根据我们基本模型所得出的动态反应表明，它也将随着时间的推移得到全面发展。

六　结论

本文估计了金融发展对政府灾后反应能力的影响。我们发现，信贷市场或保险市场发展较好的国家遭受灾难时，对于生产削减的影响较小。然而，在每种情况中，这一结果实现的路径又不尽相同。在发达的信贷市场中，政府可以融资并增加赤字。可以推测，这样的反应有助于缓解灾害的影响。相比而言，在保险渗透率较高的国家，在无须进行重大财政扩张的情况下，灾害对 GDP 的影响也较小。保险市场较小的国家扩张其赤字较多，但它们仍然会受到灾害更多的影响。这表明，保险的可及性会降低自然灾害对实际宏观经济的影响，同时也不会增加财政负担。

扩展我们的发现的内含可知，金融市场、国际金融机构和政策制定者都可以在财政保险的发展和渗透或应急债务工具的运用方面有所作为，以抵消灾害带来的不良影响。实际上，盖斯奇埃尔和马哈尔（Ghesquiere and Mahul, 2010）曾经向政府提出一种分层级的方法，以构建一个强大的金融防护战略。在这样一种风险分层战略中，（应急）债务和保险工具被视为是互补的，这是因为这两个工具在应对不同程度的损失时都十分有效。

未来的研究可以关注财政对灾难响应更好的界定，并通过较高的频率数据（季度性的）来确定财政状况的隐含后果，从而增强分析样本中国家的同质性，并通过使用合适的估计工具提高模型估计的效率。

参考文献

Adolfson, M. 2001. "Monetary Policy with Incomplete Exchange Rate Pass - Through." Working Paper No. 127, Sveriges Riksbank.

Ahmed, S. 2003. "Sources of Macroeconomic Fluctuations in Latin America and Implications for Choice of Exchange Rate Regime." *Journal of Development Economics* 72: 181 -202.

Blanchard, O., and R. Perotti. 2002. "An Empirical Characterization of the Dynamic Effects of Changes in Government Spending and Taxes On Output." *The Quarterly Journal of Economics* 117 (4): 1329 -68.

Borensztein, E., E. Cavallo, and P. Valenzuela. 2007. "Debt Sustainability Under Catastrophic Risk: the Case for Government Budget Insurance." IADB Working Paper, WP607.

Broda, C. 2004. "Terms of Trade and Exchange Rate Regimes in Developing Countries." *Journal of International Economics* 63 (1): 31 -58.

Christiano, L. J., M. Eichenbaum, and C. L. Evans. 1998. "Monetary Policy Shocks: What Have We Learned and to What End?" In J. B. Taylor, and M. Woodford, eds., *Handbook of Macroeconomics*, volume 1A, 65 -148. Amsterdam: North Holland.

EM -DAT, the ofda/cred international disaster database. Universite Catholique de Louvain. www.em-dat.net/Centre for Research on the Epidemiology of Disasters; accessed 2010.

Ghesquiere, F., and O. Mahul. 2010. "Financial Protection of the State Against Natural Disasters: a Primer." World Bank Policy Research Working Paper 5429. World Bank, Washington, DC.

Hoppe, P., and T. Grimm. 2008. "Rising Natural Catastrophe Losses - What is the Role of Climate Change?" In B. Hansjürgens, and R. Antes eds., *Economics and Management of Climate Change Risks, Mitigation and Adaptation*, 13 -22. New York: Springer.

Ilzetzki, E., E. Mendoza, and C. Vegh. 2010. "How Big (Small?) are Fiscal Multipliers?" Mimeo, University of Maryland.

Inter -American Development Bank. 2009. "Fiscal Sustainability II." Programmatic Policy Based Grant, Grant Proposal.

International Monetary Fund. 2003. "Fund Assistance for Countries Facing Exogenous Shocks." Policy Development and Review Department, IMF.

———. 2009. "Fiscal Rules—Anchoring Expectations for Sustainable Public Finances." Staff Paper, Fiscal Affairs Department, IMF.

IPCC. 2012. "Summary for Policymakers." In C. B. Field, V. Barros, T. F. Stocker, D. Qin, D. J. Dokken, K. L. Ebi, M. D. Mastrandrea, K. J. Mach, G. - K. Plattner, S. K. Allen, M. Tignor, and P. M. Midgley eds. , *Managing the Risks of Extreme Events and Disasters to Advance Climate Change Adaptation, A Special Report of Working Groups I and II of the Intergovernmental Panel on Climate Change*. 1 -19. Cambridge: Cambridge University Press.

Kose, M. A. 2002. "Explaining Business Cycles in Small Open Economies: How Much Do World Prices Matter?" *Journal of International Economics* 56 (2): 299 -327.

Linde, J. , M. Nesse'n, and U. So¨ derstro¨m. 2009. "Monetary Policy in an Estimated Open Economy Model with Imperfect Pass - Through." *International Journal of Finance and Economics* 14 (4): 301 -33.

Lis, E. M. , and C. Nickel. 2010. "The Impact of Extreme Weather Events on Budget Balances." *International Tax and Public Finance* 17 (4): 378 -99.

Loayza, N. , E. Olaberria, J. Rigolini, and L. Christiaensen. 2012. "Natural Disasters and Growth: Going Beyond the Averages." *World Development* 40 (7): 1317 -36.

Melecky, M. , and C. Raddatz. 2010. "How Do Governments Respond After Catastrophes? Natural -Disaster Shocks and the Fiscal Stance." Policy Research Working Paper Series 5564. World Bank, Washington, DC.

Mendoza, E. G. 1995. "The Terms of Trade, the Real Exchange Rate, and Economic Fluctuations." *International Economic Review* 36 (1): 101 -37.

Monacelli, T. 2005. "Monetary Policy in a Low Pass -Through Environment." *Journal of Money Credit and Banking* 37 (6): 1047 -66.

Noy, I. 2009. "The Macroeconomic Consequences of Disasters." *Journal of Development Economics* 88 (2): 221 -31.

Panizza, U. , F. Sturzenegger, and J. Zettelmeyer. 2009. "The Economics and Law of Sovereign Debt and Default." *Journal of Economic Literature* 47 (3): 651 -98.

Pesaran, M. , and R. Smith. 1995. "Estimating Long Run Relationships From Dynamic Heterogeneous Panels." *Journal of Econometrics* 68: 79 -113.

Raddatz, C. 2009. "The Wrath of God. Macroeconomics Costs of Natural Disasters." World Bank Policy Research Working Paper No. 5039. World Bank, Washington DC.

Rasmussen, T. 2004. "Macroeconomic Implications of Natural Disasters in the Caribbean." Technical report, IMF Working Papers WP/04/224.

Robertson, D., and J. Symons. 1992. "Some Strange Properties of Panel Data Estimators." *Journal of Applied Econometrics* 7 (2): 175 −89.

Skidmore, M., and H. Toya. 2002. "Do Natural Disasters Promote Long-Run Growth?" *Economic Inquiry* 40 (4): 664 −87.

Swiss Re. 2011. "Closing the Financial Gap: New Partnership between the Public and Private Sectors to Finance Disaster Risk." Swiss Reinsurance Company, Zurich.

UNISDR. 2006. "Global Survey of Early Warning Systems." UN Office for Disaster Risk Reduction UNISDR, Geneva.

Uribe, M., and V. Yue. 2006. "Country Spreads and Emerging Countries: Who Drives Whom?" *Journal of International Economics* 69 (1): 6 −36.

World Bank. 2010. *World Development Indicators*. CD − ROM. Washington, DC: World Bank.

World Bank and United Nations. 2010. "Natural Hazards, Unnatural Disasters." World Bank, Washington, DC.

中国企业进入出口市场：外贸出口溢出的作用

弗劳伦·马内里斯（Florian Mayneris）
桑德罗·庞塞特（Sandra Poncet）*

本文对与多个国家出口商在地理上的接近对于创建新出口联系（贸易的广义边际）的影响进行了探讨。本文采用中国海关 1997~2007 年面板数据，中国国内企业展示了开始向新市场出口新产品的能力，这是对邻国企业出口活动的积极回应。溢出具体到每个特定的产品和国家。本文结论对于固定效应和工具变量设定的估计是稳健的，这两者可以控制能够影响估计偏误的供应和需求冲击。产生的影响颇为可观。特定国家产品外贸出口溢出的边际影响，是目的地国产品需求增长 10% 所产生影响的 5 倍。外贸出口溢出同样显示主要限定在普通贸易活动之中。整体而言，我们的结论表明，即便一个国家如同中国一样有着巨大的成本优势，也存在着一定的空间促使政策制定者在出口商中间使用从出口经验中得来的最佳实践。JEL 代码：F1，R12，L25。

有数据表明中国出口近期的增长要归功于外国企业。目前开展的若干

---

* 弗劳伦·马内里斯（本文通讯作者）是 Catholique de Louvain 大学的助理教授、IRES 和 CORE 的研究员，他的电子邮件地址是 florian. mayneris@ uclouvain. be。桑德罗·庞塞特是索邦大学巴黎经济学院的教授和 CEPII 的科学顾问，她的电子邮件地址是 sandra. poncet@ cepii. fr。

我们感谢编辑、三个匿名审稿人 Matthieu Crozet，Julien Martin，Laura Rovegno 以及 GSIE 研讨会的参与者有益的建议。

研究的结论表明，主要从事贸易活动的外国企业推动了中国产品出口结构和内容的升级（Amiti and Freund，2010；Xu and Lu，2009）。此外，对于增长方程的估计表明，出口的强劲表现和出口升级所获得的收入增益限于国内企业所取得的改善。贾罗和庞塞特（Jarreau and Poncet，2012）发现省级人均GDP增长与出口良好表现之间正相关限于国内企业所从事的普通出口活动。这些结果与阿米蒂和弗洛因德（2010）强调的结果共同表明，一旦控制住国内企业的出口，中国境内外国企业出口对中国省级经济增长并不重要。然而，虽然外国企业出口升级并不能直接增加人均GDP，但外国企业会在一定程度上通过出口溢出间接影响国内企业。出口溢出可以通过两个渠道发挥作用。一是外国企业可以提供出口市场的具体信息以帮助国内企业降低固定出口成本（例如，关于外国客户品味或经销商分布网络的信息）；二是外国出口溢出与固定或变动出口成本相得益彰（参与国际市场、营销和运输成本）。因此，对于外国企业在中国是否承担了催生国内企业新出口交易的媒介作用的研究十分必要。

本文采用中国海关1997~2007年省级出口流量的面板数据，其中包含产品、目的地国家、企业类型、贸易类型等，展示了中国国内企业开始向新市场出口新产品的能力，这是对邻国企业出口活动的积极回应。出口溢出因特定的交易活动或者出口商的地理位置而异。此外，这些出口溢出的效应带来了与溢出解释相一致的空间衰减，主要限于普通的贸易活动。通过引入相关的控制变量且在基准回归中引入固定效应，我们来仔细讨论内生性问题。从固定效应角度的更多模型设定而言，估计的影响都是稳健的。同时，用出口促进区与产品国家需求冲击的交叉项作为跨国企业出口的工具变量，估计结果不一致。从量化的角度而言，影响的规模不可忽视。对于具体产品-国家组合，其外贸出口溢出的边际影响是目的地产品需求增长10%所产生影响的5倍。

在单纯的实证量化之外，对出口溢出的研究无论是从学术还是政策的角度而言都是一个重要的问题。的确，随着贸易的全球化，出口表现已经日益成为一国经济成功的重要维度。然而，并不是所有的企业都做出口，还有从理论和实证的角度去理解决定进入出口市场的因素，这些都是设计刺激出口政策的前提。此外，一个对国外直接投资持开放态度的国家，如中国，对外国企业在推动国内出口发展中的作用的分析则十分关键。

因此，我们的工作对几类文献都做出了贡献。这一研究首次涉及当地环境在企业出口表现中的作用。许多理论和实证论文表明，出口企业仅仅代表了活跃企业的一小部分。固定和变化出口成本导致了出口市场中选择机制的产生（如 Melitz，2003；Bernard and Jensen，2004；Melitz and Ottaviano，2008；Mayer and Ottaviano，2008）。这些成本部分解释了下述行为的必要性：在目的地国寻找一个经销商，将产品进行本土化调整以满足外国客户的品味，以及发现新的市场需求。在这一方面，国内企业可能会从多国经历中受益匪浅；潜在的溢出渠道是信息外部性，成本分摊机会，以及在出口市场的互惠行为。克劳特海姆（Krautheim，2012）发表了关于出口溢出少有的理论著作，其中假定与其他出口商的邻近可以降低固定出口成本，这是因为可以在出口市场之间形成一个信息网络的内生机制。然而，该主题的大部分文献都是经验性的。在一部具有先驱意义的研究中，艾提肯等（Aitken et al.，1997）认为墨西哥国内企业的出口决定会因为与这些企业及跨国出口商的距离远近而受到积极影响。科内勒和比苏（Kneller and Pisu，2007）对英国数据的分析以及可米（Kemme et al.，2009）对印度数据的分析也证实了上述结论。与此相反，巴里奥斯等（2003）没有发现在西班牙的外国企业的出口溢出的明确案例，然而鲁安和萨瑟兰（Ruan and Sutherland，2005）发现爱尔兰制造业中，外资企业出口强度是与出口决策以及爱尔兰国内生产企业的出口强度呈负相关的，这表明第三方国家出口平台的外资直接投资没有出口溢出（甚至是负溢出）。这个推论对中国并不成立，在中国，外国企业主要从事贸易活动（也就是说，将进口商品进行组装之后再次出口最终产品）。以中国为背景，三项研究对源自外国企业的出口溢出进行了考察（Ma，2006；Swenson，2008；Chen and Swenson，即将出版）。这些文章将出口的可能性（或者在市或省级层次上出口交易的新增数量）与跨国企业联系起来。他们发现在二数位行业分类水平上（大约 100 SITC 或 HS 标准）外贸出口溢出的证据。

本文利用出口地理和活动方面更细化的数据，进一步深入理解中国境内外贸出口溢出机制。特别是，克劳特海姆（Krautheim，2012）在他的理论性文章中认为，相关信息根据目的地而定。例如，技术规定或特定的消费者品味在不同的国家是不一样的。柯伊宁（Koening，2009）发现只有将目的地考虑在内时，法国的数据才会出现出口溢出。出口溢出还将出现在一种比 HS2 分级更加精细的分级之中，这个分级中产品的异质性太强。比如，在法国的案例中，柯伊宁等表示当出口溢价考虑到产品和目的地因素时，出口溢价便会被放大（在 4 数位分级水平上定义的产品）。通过证明中国的外贸出口溢出是具体产品－国家组合，并主要限于日常贸易活动，本文揭示了这些外贸溢出"黑匣子"里的秘密。同样，本研究对政策制定者也有参考价值，因为政策制定者根据国内企业和外国企业之间的溢价修订调整出口促进政策。例如，公共权力机构偏好的行动种类以及他们在提高外部效应时应当依赖的行动类型，可能会取决于出口溢出是否仅对特定出口产品或目的地国有效。

本文还对当前外国企业在中国出口发展中的作用的研究进行了补充。除了外国企业活动本身，本文还突出了外国企业借助创造新出口交易刺激贸易边界的扩展，从而对国内企业施加的外部性。

最后，本文对中国，以及更一般而言，那些对外国直接投资非常开放的国家的增长的决定性因素理论研究做出了贡献。通过表明出口的外部性直接适用于普通的贸易活动，本文指出出口平台活动在提升中国企业出口表现中的有限作用。当跨国活动被限制在仅仅对之前进口的产品进行组装上，结果将证明中国国内企业不大可能将外国企业所带来的收益内化。

本文的其余部分结构如下：第一部分描述数据和实证方法以及我们对于出口溢出的度量；第二部分探讨基本的数据分析结果；第三部分为本文结论。

一　数据和指标

贸易数据来源

本研究中所使用的数据来源于中国海关提供的 1997～2007 年按照省

份、年份、产品、目的地国汇总的出口情况。[①] 我们将原始的八位数据进行重新加总，将其转化为 HS4 层级数据（超过 1200 个产品系列）。有趣的是，通过这一组数据资料，我们可以确定出口流量是源于国内还是外国企业，[②] 以及它们对应的是加工贸易还是普通贸易。[③] 加工贸易包括组装加工企业的所有贸易流；组装加工企业指的是中国境内进口并加工进口产品，随后将最终产品再次出口到国外的企业。涉及此类活动的企业可能受当地环境的影响较小，因此会产生较少的外部性，也可能从外部性中受益更少。

被解释变量：新出口联系的创建

创造的新出口交易是通过一个哑变量来衡量的，如果 i 省的国内企业在时间 t + 1 时开始将产品 k 出口到国家 j，那么哑变量取值为 1，否则取值为 0。针对每个省份构建包含备用数据的特定的数据库。对于一个特定的省份，这些备用数据为产品 - 国家的数据对，在 1997~2007 年内，至少能够观察到一个出口贸易的开端。

对于这种省份 - 产品 - 国家数据组合，该数据库的原始数据是 1997~2007 年间的平衡面板数据，包括 211 个国家和 1213 种 HS4 - 数位行业水平的产品。该数据库包含每年 1050516 个观测值，1997~2007 年间共收集了 11551716 个观测值（省份/产品/国家/年份）。数据库中大约 11% 的数据与国内出口起点相对应，也就是说，对应省份里那些在时间 t 内没有将产

[①] 我们缺乏企业层次的数据，但我们相信省级/企业 - 类型/贸易 - 类型/产品/目的地国家数据对于研究诸如出口溢出的微观现象仍然是有益的。我们所拥有的信息十分详尽。费恩斯特拉和汉森（Feenstra and Hanson，2005）指出，比如，他们的城市/企业 - 类型/贸易 - 类型/产品/目的地国家数据集接近企业层次数据集的精确度。此外，如果拥有企业层次的数据，我们就能对企业生产或企业的总体规模有清晰的了解，但我们缺乏关于企业/产品特定能力的信息。最后，我们在回归分析中有 400 多万个观测值。为了对进入出口市场的决定性因素进行分析，企业 - 产品 - 目的地国家数据很难处理。

[②] 这些数据是由不同的企业类型独立报告的，如外资企业、中外合资企业、集体企业、私人企业以及国有企业。前两类企业由外资外国企业构成，其他类型为国内企业。没有报告的回归结果（索取即给）表明，将国内企业定义为国有企业或私有企业时，结果仍然稳健。此外，外资出口溢出似乎是来自纯外资企业和中外合资企业。

[③] 数据还指第三类（其他）贸易流，如援助、边境贸易、托运的货物，但这些仅仅占到一年中贸易总额的 1% 以下。当考虑加工/普通贸易的区别时，将排除这一类别。

品k出口到国家j的企业,将在时间t+1内将产品k出口到国家j。

这些国内出口贸易流的开端正是本文需要解释的对象。正如柯伊宁等(2010)指出,出口贸易流停止或继续并不在本研究的范围之内。鉴于本研究设定的时间跨度,对于特定的省份-产品-国家数据组,可以观察到若干贸易的开始时间。比如,下面的出口数据00011001111处理为.001..01...其中,用1表示正值出口,0表示没有出口,用.表示缺失的值。这一定义表示观察最初的一年,1997年所有的值均缺失,因为没有观察到1996年的出口状态。因为出口贸易流量的继续(一个1接着一个1)和停止(一个0接着一个1)被排除在分析之外,它们也用点来表示。

由于估算包含省份-产品-国家的固定效应,因此为出口的产品或目的地国家下一个更为宽泛的定义,将不会改变估测使用的最终样本。固定效应可以解释省份-产品-国家三者的行为,因为我们可以观察到样本期间每一年的正出口流量或者零出口流量。

本文没有呈现的结果,可以向作者请求获取,这些结果表明当样本被限定为可持续的开始(即出口开始将导致出口值在至少两年的时间内都是正数)时,结论仍然非常一致。这样的发现表明,整个样本得出的外贸出口溢出不会受到短期交易的驱动。[①]

实证方法

利用引力模型方程将i省的国内企业在时间t+1期创建新的贸易联系(产品k/国家j)对上一年t外贸出口和在各类控制变量下(t期和t-1期测量)做回归。我们的实证方程如下:

(1) $\text{Prob}(\text{dom.start}_{ikj,t+1}) = \text{Prob}(\alpha \text{foreign\_spill}_{ikj,t} + \beta_1 Z_{ikj,t} + \beta_2 Z_{ikj,t-1} + \eta_{ikj} + \mu_{t+1} + \varepsilon_{ikj,t+1} > 0)$

使用条件Logit估计,对所有的回归进行估计,包括在省份-产品-国家等级水平的固定效应 η_{ikj}。这样可考虑所有不随时间变化的特征,这些特征可以解释对国内和外国企业在省i向国家j出口产品k的出口活动。的

---

① 在持续的启动情况中,请注意,由于我们的数据并不是企业层次的,但由企业类型加总,因此是我们在连续两年内对不同国内企业的观察所得到的国内出口情况。

确,由于当地存在出口特定产品或向某特定地点出口的特定优势,可以将内向的外国直接投资引入特定的省份。在这种情况下,估计会遭遇逆向因果关系问题。特别是,运输基础设施和省份 i 的资源变量可以解释省份 i 与国家 j(距离、移民网络)之间的商业关系。此外,在固定的时间期限内,省份 i 在产品 k 上的当地比较优势也被 η_{ikj} 考虑在内。年度固定效应 μ_{t+1} 同样也被添加到控制因中。根据这种估计方法,外贸出口溢出是建立在数据的时间维度上的。因此,要把决定国内外企业出口的时间变量 Z 考虑在内。

条件集 Z 由三类变量组成。第一,根据引力理论,新建立的出口联系的需求一侧决定因素是由目的地国家的进口值进行控制,该值根据 BACI 世界贸易数据集①的四位代码产品水平以及进口国的人均 GDP②界定。第二,通过比较中国省级和国家级的比较优势和出口强度,对供给方的决定性因素进行考虑。在缺乏企业数据的情况下,这些控制因素对于考虑不同省份向不同国家出口不同产品随着时间变化的能力而言是十分关键的。所以,在年度 t 中,引入了该省份的总体出口销售额的对数、省级产品的出口额的对数,以及国家产品的出口贸易额的对数。由于回归公式还包含了影响中国总体出口额变化的年度固定效应,因此控制那些变量可以在省级产品层次上引入"明显比较优势"的"巴拉萨指数"(Balassa index)。通过 i 省与 j 国的总双边出口额和中国与 j 国的总体双边出口额,可以对省份/中国和目的地国家之间特定关系进行控制。鉴于中国政府部门通过外交政策而达成的商业和贸易协议,这一步骤是十分重要的。最终,省级人均 GDP 用于解释诸如工人熟练程度一类的供应方出口决定性因素。③ 第三,为了确保国内企业出口开端的决策避免受到产品层次或国家层次上的出口固有动态的影响,引入了中国和 i 省在产品水平和在目的地国水平上

---

① 这一数据集,借助 COMTRADE 原始数据构建,在六位数的产品层次上提供了双边贸易流通的数据。BACI 可以从 http://www.cepii.fr/anglaisgraph/bdd/baci.htm(Last access date April 8, 2013)上下载。

② 世界国家人均 GDP 来自世界发展指标数据库(世界银行)。

③ 省级人均 GDP 来自中国统计年报。

的出口滞后值，以及外国需求的滞后值，来控制需求方特定的动态。

最后，i省的国内企业在年份t所从事的其他出口活动也被控制。由于在建立数据库时，只考虑了新建立贸易联系的产品－国家层次的数据，因此并没省内的国内企业的出口活动数据对。然而，同一国家中其他产品的出口、不同国家相同产品的出口活动，以及不同国家中不同产品的出口活动，都必须在考量范围之内。对这些控制因素进行考量，确保外贸出口溢出的系数并不代表不同国内企业之间的溢出，也不代表同一企业内的范围经济。

下文将说明，当纳入更多需求固定效应或使用工具变量以对潜在的内在性进行控制时，这类模型设定的实证结果依然成立。

关于出口溢出，本文提出了两种不同的理论。第一，采用外贸出口价值。然而，对于各产品－国家特定溢出变量，我们仅在4.2%的最终样本观察值中观察到正值出口。外贸出口活动被分解为对给定产品－国家是否有外国出口者（用哑变量衡量）和出口额两种情况。由此，可以评估外贸出口溢出是因为外贸出口活动的变化（从无出口到正出口），还是因为外国企业出口规模的变化。当观察到外贸正值出口流量很小的时候，将来自外贸出口活动规模的影响和出现外贸出口者[①]的影响分开就非常重要。

描述性统计

估计中使用的省份－产品－国家三元组，在观察期至少有一次出口启动。对于这些省份－产品－国家数据组，原始的观测值构成了1997~2007年的平衡数据面板，包含了211个国家和1213种HS4－数位行业水平产品。正如表1中所示，数据包括每年1050516个观测值，因此1997~2007年总共有11551716组数据（省份/产品/国家/年）。大约32%的数据与国内企业严格正的出口相对应。正如表2中所强调的，在整个数据库的

---

① 相反，对其他（汇总）外贸出口溢出的空值份额很小，表明流出仅限于产品－国家特殊溢出。其溢出值分别是：其他产品/国家0%，相同国家－其他产品13.4%，相同产品－其他国家31.5%。在没有报告结果中，我们检查发现使用同样方法（包括现存哑变量和价值）来研究其他外贸出口溢出变量的效果，其结果不受影响。

11551716 组数据中，有 1268768 组数据与国内出口贸易启动相对应，也就是说，那些在时间 t 不将产品 k 出口到国家 j 的国内企业，在时间 t+1 时将产品出口到国家 j。

正如表 1 所示，大约 11.5% 的平衡数据样本具有非零的产品 – 国家 – 特定外贸出口流量。如果样本被限于国内企业报告的正值出口数据，那么这一份额将上升至 26%。如表 2 所强调，当某省份内的外国企业在前一年出口同样的商品到同样的国家，那么国内贸易启动的数据为 7.5%。如附录中的附表 1 所指出，当考虑向其他国家出口同样的产品时，份额为 69.8%，当向同一国家外贸出口其他的产品时，份额为 88.6%。

在表 3 描述的时间范围内，中国国内企业建立了新的地理和行业的贸易分布链。就目的地而言，出口贸易的启动十分多样化。新建立的贸易链中，美国是主要的目的地，但也仅仅占据了整个出口贸易启动的 1.8%，紧随其后的依次为中国香港、韩国、日本，这些国家和地区所占的出口贸易启动比例在 1.6% ~ 1.7%。然而，新的省级交易最活跃的出口地区，毫不意外是广东（8.5%）和浙江（7.5%）。从行业部门的角度而言，出口启动也更为集中："核反应堆、机械等"的份额为 10.5%，而"电力机械等"的份额为 6.6%，"钢铁产品"的份额为 4.4%。

二 外贸出口溢出的估计

参照柯伊宁等（2010），考虑了不同类型的溢出。根据成功进入出口市场所需要的信息类型，出口溢出也许是具有特定目的地、特定产品的，或者二者兼具。对于一个既定的省份 – 产品 – 目的地国家数据组 ikj，溢出也被分为四个相互不重叠的部分：产品 – (HS4) 和特定的目的地 – 特定的国家（i 省的产品 k 出口至 j 国），特定的国家（i 省除 k 之外的产品，出口至 j 国），特定的产品（产品 k 出口至 j 国以外的其他国家），以及一般溢出（将除 k 之外的产品出口至非 j 国的其他国家）。

表1 国内企业出口和外国企业存在描述统计：观测值数量

	国内出口 >0			国内出口 =0			所有的			
	外贸出口		份额	外贸出口		份额	外贸出口			份额
	=0	>0	外企出口>0	=0	>0	外企出口>0	=0	>0	总计	外企出口>0
1997	148728	40780	0.215	837730	22918	0.027	986458	63698	1050516	0.060
2000	205471	59359	0.224	757474	27852	0.035	962945	87211	1050516	0.083
2003	255308	88998	0.258	669855	35995	0.051	925163	124993	1050516	0.119
2006	354655	141129	0.285	509791	44581	0.080	864446	185710	1050516	0.177
总体	2730225	957461	0.260	7493638	370292	0.047	10223963	1327753	11551716	0.115

资料来源：中国海关和笔者计算。

表2 国内启动和外国企业存在描述统计：观测值数量

	国内启动 =1			份额
	外贸出口			
年份	=0	>0	总计	外企出口>0
1998	78130	5688	83818	0.068
2001	100001	7889	107890	0.073
2005	136288	11211	147499	0.076
2007	146317	13001	159318	0.082
总体	1174078	94690	1268768	0.075

资料来源：中国海关和笔者计算。

表3 国内启动描述统计：这一期间总体出口份额

单位：%

目的地		省份		行业部门（HS2）	
美国	1.8	广东	8.5	核反应堆、机械等	10.5
中国香港	1.7	浙江	7.5	电子机械等	6.6
韩国	1.7	上海	7.0	钢铁	4.4
日本	1.6	江苏	7.0	有机化学	4.1
马来西亚	1.5	北京	6.7	光学照片	4.0

资料来源：中国海关和笔者计算。

各种溢出变量的系数体现了上文描述正向外部性的净效益以及某些可能的负面效应，如外国企业对当地劳工市场施加的压力，这将导致工资上涨（Haleand and Long，2011；特别是中国的熟练工人）或者与交通基础设施饱和有关的拥堵。

外贸出口溢出的性质

在本部分中，外国企业实现的出口价值被作为外贸出口溢出的表现。穆尔顿（Moulton，1990）认为个体变量对加总变量的回归可能导致对标准误差的低估，本文中所展示的所有回归都在省级层次进行了聚类。

当依赖本地外贸出口活动的大部分聚合度量时（所有产品－所有目的地），发现存在负的、弱显著的效应（表4第1列）。这一效应产生的原因为挤出效应或是计算方法；由于省份 i 在年度 t 中的总出口也受到控制，外国企业在这些出口中获得更多的份额，那么国内企业在来年进入外国市场的可能性也就越低。特定国家（所有相同产品的目的地）和特定产品（所有目的地的相同产品）溢出变量同样出现了负号，但是系数十分接近于零，而且并不显著（表4第2列与第3列），这对于外贸溢出的精确度量而言并非如此（相同的产品和相同的目的地）。有意思的是，特定的产品－国家溢出变量在1%的置信水平上变得十分重要（表4第4列），这表明国内企业在 t+1 年进入出口市场以出口产品 k 以及国家 j，在 t 年受到出口产品 k 的外国企业和国家 j 出口活动的正向影响。

为了进一步评估出口溢出对于给定省份－产品－目的地国的数据组 ikj 的特殊性，外国企业从省份 i 的出口总值在第5列中被分为4个互补的部分：相同产品 k 向相同国家 j 的出口，相同产品 k 向其他国家的出口，不同产品向相同国家 j 的出口，其他产品向其他国家的出口。通过对 t-1 年份相关因素的控制，需求方和供应方进入出口市场决定因素的动态也同样受到控制。在此设定下，特定的产品－国家溢出衡量是唯一正的、显著的衡量。当省份 i 国内企业在过去的出口表现被累加，以对国内企业和/或国内出口活动中的范围经济进行中和，主要的结果仍然成立：特定的外国产品－国家出口溢出逐步增长到 0.023（表4第6列）。

表 4 外贸出品溢出的性质

被解释变量	在 t+1 期的国内新出口关联					
估计量	条件 Logit					
	(1)	(2)	(3)	(4)	(5)	(6)
外贸出口溢出年份 t							
所有产品-国家外贸出品对数	-0.247[c] (0.137)					
相同国家-所有产品外贸出口对数		-0.004 (0.003)				
相同产品-所有国家外贸出口对数			-0.002 (0.002)			
相同产品/国家外贸出口对数				0.021[a] (0.002)	0.021[a] (0.002)	0.023[a] (0.001)
其他产品-相同国家外贸出口对数					-0.003 (0.003)	0.001 (0.003)
其他国家-相同产品外贸出口对数					-0.003 (0.002)	0.004[b] (0.002)
其他国家/产品外贸出口对数					-2.232[c] (0.131)	-0.255 (0.215)
需求年份 t							
国家-产品进口总额对数	0.081[a] (0.008)	0.081[a] (0.008)	0.081[a] (0.008)	0.080[a] (0.008)	0.025[a] (0.005)	0.025[a] (0.005)
国家人均 GDP 对数	0.258[a] (0.035)	0.260[a] (0.035)	0.258[a] (0.034)	0.256[a] (0.034)	0.172[a] (0.035)	0.173[a] (0.034)
供给年份 t							
省份出口对数	0.687[a] (0.196)	0.570[a] (0.204)	0.572[a] (0.204)	0.568[a] (0.204)	0.437[a] (0.155)	0.574 (0.747)
省份-产品出口对数	0.182[a] (0.007)	0.184[a] (0.007)	0.186[a] (0.007)	0.182[a] (0.007)	0.170[a] (0.007)	0.075[a] (0.010)
省份-国家出口对数	0.147[a] (0.018)	0.151[a] (0.019)	0.148[a] (0.017)	0.147[a] (0.017)	0.140[a] (0.018)	0.065[a] (0.028)
中国-产品出口对数	0.426[a] (0.014)	0.424[a] (0.015)	0.425[a] (0.015)	0.421[a] (0.015)	0.340[a] (0.016)	0.331[a] (0.015)

续表

被解释变量		在 t+1 期的国内新出口关联					
估计量		条件 Logit					
		(1)	(2)	(3)	(4)	(5)	(6)
	中国－国家出品对数	0.217^a (0.026)	0.217^a (0.026)	0.215^a (0.027)	0.215^a (0.027)	0.173^a (0.022)	0.171^a (0.022)
年份 t-1 宏观对数	省人均GDP对数	-0.413 (0.475)	-0.650 (0.509)	-0.652 (0.509)	-0.651 (0.512)	-0.498 (0.460)	-0.490 (0.456)
	国家－产品总进口额滞后期对数					0.239^a (0.009)	0.238^a (0.009)
	省份出口额滞后期对数					0.285^c (0.148)	0.275^c (0.151)
	省份－产品出口滞后期对数					0.027^a (0.006)	0.028^a (0.006)
	省份－国家出口滞后期对数					0.019^c (0.011)	0.019^c (0.011)
	中国－产品出口滞后期对数					0.080^a (0.012)	0.077^a (0.012)
	中国－国家出口滞后期对数					0.037^b (0.016)	0.036^b (0.017)
年份 t 的国内情况	其他国家－同产品国内出口量对数						0.098^a (0.006)
	其他产品－不同国家国内出口对数						0.074^a (0.023)
	其他国家/产品国内出口对数						-0.132 (0.626)
	观测值	4374850					
	R平方（%）	12.23	12.19	12.19	12.21	12.59	12.69
	固定效应	省份－产品（HS4）－国家数据组，年份					
	国内启动份额	0.219					

备注：括号内是异方差性稳健标准误差。标准误在省级层次聚类，a、b、c 分别表示在1%、5%和10%置信水平上显著。

资料来源：中国海关和笔者计算。

附录中的附表2展示了一系列稳健性检验。通过依次排除农业产品和矿产品，或者集中关注制造业，都不影响相关结果（附表2第2列至第4列），表明之前的结论并不单纯反映天气条件或地区自然资源，而这些可以决定外国企业和国内企业出口表现。除去中国为目的地国家的主要供应国的产品-国家数据对（国家j产品k总进口的45%和85%）仍然得到一致的结论（第5列和第6列）。① 中国前三大出口省份（广东、上海和江苏）并未影响结果（第7列）。当排除此间（第8列）从巨大的贸易自由化中获利的衣物、纺织物和鞋类行业时，也会得出类似的结论。最后，排除中国出口较大的目的地（中国香港、澳门和台湾），以计算借贷套利和知名的外向型省份广东时，也不会改变结论（第9和10行）。在不同样本中，这些结果都是十分稳定的；外贸出口溢出并不会被中国境内的特定产品或特定地区所影响。

内生性问题

迄今为止，估计控制着省份-产品-国家的固定效应，以及国内企业和外国企业前两年中出口贸易随时间变化的维度。然而，如果某些冲击影响到国内企业和外国企业从省份i出口产品k到国家j的能力，外国企业会在国内企业之前抓住这一新的机遇，那么我们的估计策略对于内生性就并不是完全正确的。考虑以下为四种类型的冲击。

生产冲击。在某一时间点，位于省份i的外国企业和国内企业都会经历与产品k特定相关的生产冲击，但并没有在相同时间内进入出口市场。这种情况将会使得溢出估计出现偏差。然而，无论是何种目的地国家，省份i的外国和国内企业未观察到的生产能力的变化和出口产品k能力的变化，将影响到国内出口贸易的启动。通过在基准回归中添加HS4-省份-年份固定效应对这种生产上的冲击实施控制。随后，在给定的HS4-省份-年份数据中，可以借助不同目的地的异质性，对这种外贸出口溢出进行识别。

需求冲击。国家j的消费者对不同进口来源的产品k的偏好将在不同

---

① 计算1997年中国产品层次的世界份额。

的时间内有不同的变化。在时间 t 和 t－1 上对国家 j 进口的产品 k 的总量进行控制，并不足以说明目的地国家需求异质性动态的原因。如果德国消费者消费中国裤子的数量开始增长，代价是减少对越南裤子的进口，则我们的设定不能捕捉这一类变化。然而，如果这些类型的偏好动态发挥作用，那么对中国不同省份就不会有不同的偏好。消费者知道裤子是不是在中国境内生产的，但他们并不知道这些裤子是在哪些省份生产的。所以，如果国家 j 的消费者对于在中国生产的产品 k 的偏好随着时间的推移不断变化，他们应当对于不同省份也有不同的偏好。因此，目的地国家－HS4－年份的固定效应可以控制这些需求冲击。随后，在给定的 HS4－目的地国家－年份，通过比较中国省份的国内启动时间顺序，可估计出外贸出口溢出效应。

省份－目的地国家冲击。在双边冲击影响省份和目的地国家之间的经济关系的情况下（国外的省份地址变化，或者省份－国家经济条约的变更），HS4－省份－年份和 HS4－目的地国家－年份的固定效应对于在估计中去除出口溢出内生性是不够的。将省份－目的地、国家－年份哑变量包括在内可以解决这一问题。

省份－产品－国家－年份冲击。最终，与省份 i、产品 k、国家 j 和时间 t＋1 相关的未观察到的冲击可能会影响我们的结果。之前提出的另外三种类型的固定效应也解决不了这个问题。然而，将 HS4－省份－目的地国家－年份固定效应引入也是不可能的，因为这样的固定效应也将如出口溢出一样，具备同样的维度。因此用溢出变量的测量工具就是唯一的解决方法。为了对时间 t 中在省份 i 由外国企业向国家 j 出口产品 k 寻找工具变量，该变量就必须确定能够解释在时间 t 上的外资出口与时间 t＋1 上国内企业的出口没有直接关联。为此，好的候选工具是各省份的特定外资直接投资政策，在中国的各省份中，这一政策很有可能将调节产品 k 和国家 j 相关的需求冲击结果。特别是，出口加工区（Export Processing Zones, EPZ）是中国吸引跨国企业战略中最为重要的组成部分。自 1980 年以来，中央政府已经创设了一系列这样的区域，为外国投资者提供了特有的吸引条件（Fu and Gao，2007）。关于中国当局吸引跨国企业的另外一项明显的例证就是,那些生产高端产品的区域,一般都是政府资助的高科技园区(Wang and Wei, 2010)。① 这两种区域都积极支持外国企业的出口,而不直接影响中国企业的出口。因此,我们的工具变量估计策略依赖于这样一种假设,那就是国际需求情况根据这些区域的相关情形对不同省份外国企业出口施加不同的影响。特别是,当省份 i 的出口加工区和高科技园区数量较多时,国家 j 的产品 k 正的需求冲击对省份 i 内出口企业的影响更大。具体而言,在给定产品 – 国家 – 年度组合(kjt)情况下,省份 i 外国企业出口价值的变量是,给定产品 – 国家 – 年度需求条件(从世界其他地区进口的值)和省内此类区域数量之间的交叉项。借鉴王和魏(Wang and Wei, 2010),我们使用两个工具变量,即该年省内出口加工区域数量和高科技园区数量。由于出口加工区域和高科技区域不会直接影响国内企业的出口,同时在时间 t 上国家 j 对产品 k 的总进口也同样被作为自变量引入,因此所提的工具变量极有可能是外生的。

将上文多次提及的固定效应包含在内,在条件 Logit 模型中应用我们的工具变量估计是不可能的。因此,具备足够固定效应的线性概率模型将在本部分中使用。首先估计出我们的基准结果(表4第6列),在 Logit 模型(表5第1列)或线性概率模型之间的符号、显著性、大小没有显著差异。在第2列中,系数可以被解读为边际效应。省份 i 在时间 t 向国家 j 出口产品 k 出口值的10%的增长将使得相同省份中的企业在 t + 1 时出口产品 k 到国家 j 的可能性提高 0.07 个百分点。这一结果与 Logit 模型的结果比较接近(0.05 个百分点)。② 因此,如果能在 Logit 模型中使用这些变量,那么通过增加控制变量,或在线性概率模型中使用 IV 将得出相同的结果。将省份 – HS4 – 年份、国家 – HS4 – 年份固定效应或者省份 – 目的地国家 – 年份固定效应加入,也不会改变结果(第3列至第5列):产品的重要性和数量以及目的地国家 – 特定外贸出口溢出将不受影响。不同类型的溢出在质

---

① 在本文其他部分,我们将王和魏(2010)确定的区域"特别经济区"、"经济和技术开发区"、"高科技工业发展区"等加入这一类别中。
② 外资企业将产品 k 出口至国家 j 的总值上升10%所带来的边际影响与 $(1.1^{0.023} - 1) \times$ 出口启动平均概率 = $(1.1^{0.023} - 1) \times 0.219 \approx 0.05\%$。

上保持不变。这些结果表明,特定的生产冲击、需求冲击或省份-国家冲击并不会影响结果。IV 估计也同样是稳健的(第6列)。正如所期望的一样,第一阶段的估计结果表明,正的需求冲击将使得出口加工贸易区较多的省份产生更大的外贸出口(第7列)。然而,与高科技园区数量的交叉项并不显著。包括其他工具变量的第一阶段的 F-检验统计量高于拇指法则经验值10,这表明了工具变量与内生变量相关,并且不存在弱工具变量问题(Staiger and Stock,1997)。汉森(Hansen)检验表明并没有拒绝过度识别的限制,为工具变量的有效性提供了支撑。在第二阶段,我们感兴趣的溢出变量的系数出现大幅度上升。然而,标准差同样也在上升,测试我们基准和两阶段最小二乘方估算值之间差异的豪斯曼(Hausman)检验表明,第2列中溢出变量的外生性不能拒绝。因此,所有这些结果表明我们的基准模型设定并不会受到内生性问题的重大影响。因此,包含省份-产品-国家固定效应的条件 Logit 设定将作为本论文剩余部分的优选模型设定。

表5 外贸出口溢出的影响:内生性控制

被解释变量	在 t+1 时的国内新出口关联						
估计量	条件 Logit	线性概率-固定效应					第一阶段 (7)
	(1)	(2)	(3)	(4)	(5)	IV (6)	
外资溢出	相同产品/国家的外贸出口	0.023^a (0.001)	0.007^a (0.001)	0.007^a (0.001)	0.006^a (0.001)	0.006^a (0.001)	0.083^a (0.038)	
	相同国家-其他产品的外贸出口	0.001 (0.001)	-0.001 (0.001)	-0.001 (0.001)	-0.0012^b (0.005)	0.003^b (0.002)	-0.001 (0.001)	-0.006^a (0.002)
	其他国家-相同产品的外贸出口	0.004^a (0.001)	0.001 (0.001)	0.004^a (0.001)	-0.001 (0.001)	-0.005^b (0.002)	-0.0007^b (0.00004)	0.012^a (0.011)
	其他国家-产品的外贸出口	-0.255 (0.215)	-0.028 (0.034)	0.034 (0.025)	-0.037^c (0.021)	0.153^c (0.089)	-0.021 (0.031)	-0.004 (0.071)
	国家-产品-年度世界进口×#出口加工区							0.020^a (0.002)

续表

	被解释变量	在 t+1 时的国内新出口关联						
	估计量	条件 Logit	线性概率 – 固定效应					
		(1)	(2)	(3)	(4)	(5)	IV (6)	第一阶段 (7)
外资溢出	国家 – 产品 – 年度世界进口 ×#高科技园区						-0.004	
	控制宏观出口	是	是	是	是	是	是	是
	控制宏观出口滞后	是	是	是	是	是	是	是
	控制国内参与	是	是	是	是	是	是	是
	控制 GDP	是	是	是	是	是	是	是
	观测值				4374850			
	省份 – 产品 (HS4) – 国家固定效应	是	是	是	是	是	是	是
	年度固定效应	是	是	是	是	是	是	是
	省份 – 产品 – 年度固定效应	否	否	是	否	否	否	否
	国家 – 产品 – 年度固定效应	否	否	否	是	否	否	否
	省份 – 国家 – 年度固定效应	否	否	否	是	否	否	否
	R – 平方 (%)	12.7	8.9	12.7	12.1	6.6	2.01	2.60

独立工具变量的 F 检验	42.42[a]
Kleibergen – Paap F – 统计量	42
Weak Cragg Donald F – 检验	7706
Kleibergen – Paap 不可识别检验	5.88[b]
Hansen 过度检验	2.02
P – 值	(0.16)
内生性	1.83
P – 值	(0.18)

备注：在省级层面对标准误进行聚类。[a,b,c] 表示在 1%、5% 和 10% 置信水平上显著。在第 6 列，借鉴魏和王（2010）的方法设计了特定产品 – 国家的溢出指标的工具变量（同样的产品/国家外贸出口），使用国家 – 产品 – 年度的总进口值与出口加工区数量和高科技园区数量的交叉项。

资料来源：中国海关和笔者计算。

溢出设定

在本小节中，将讨论使用适当的方法对外贸出口溢出进行建模，并讨论空间上邻近的作用。

在样本中，我们采取了两种策略以解决样本中大量零外贸的情况。

首先，我们将样本限定于年度 t 国家 j 中产品 k 为对非零外贸存在的数据（表6第2列）。在这一子样本中，国内企业所创造的新外贸联系平均可能性从21.9%上升至38%（在表中列的底部端报告）。此外，系数增加的规模，目前大约等于0.043，与基准结果进行了对比（表6第1列）。在第3列中，样本被限定为省份/产品/国家组合，且1997年（也就是样本的第一年）观测到正的外贸出口。总体而言，即便观测值有所降低（第2列为100422，第3列为66585），产品-国家溢出变量显著的、正的影响都已得到确认。

接下来探讨解决零外贸出口流量的第二个方法，本文余下部分就使用这种方法，那就是保留完整的样本，并将外贸出口活动分解为特定产品-国家配对的外贸出口者（用哑变量衡量），以及它们的出口值。请注意将外贸出口分解为外贸出口者的存在和外资出口的数量，是描述出口溢出类型的一个途径：溢出是否与外贸出口活动的规模存在对数线性关系，或者在外资出口者与其单独存在的影响上是否存在断点？结果表明，平均情况下，溢出的边际效应对国内启动具备正面的影响（第4列）。这一设定并没有影响到我们关于外资出口活动其他维度的结果。

最后，至目前为止我们忽视了外贸出口溢出的空间维度。一些中国的省份可能地域辽阔，但是通过对获得的溢出结果进行解读指向一些地理上邻近的区域。对于这些问题的第一个回答就是，虽然某些省份的地理区域很大（尤其是中国的西部），但其经济活动却非常集中。

2000年的数据表明，工业生产的大约1/3都集中在这些省份的省会城市，在甘肃这一数字高达37%；在陕西，这一数字高达45%；在黑龙江，这一数字高达49%。因此，经济参与者之间的实际内部距离比这些省份的地理规模要小得多。这一特征对于较小的省份而言也是符合的。比如，沿海城市吉林，46%的工业活动集中在省城。

我们建议对目前观察到的外资出口溢出进行一次"本地化"性质的正式检验，由位于各省份外国企业将产品 k 出口到国家 j，这些企业与相邻省份 i 距离很近（第 5 列和第 6 列）。在周围的省份发现了外国企业存在和外国企业价值的正面影响，但很明显，它们比直接位于省份 i 内的企业所产生的效应在数量上要低得多。此外，省份 i 外国企业的影响并不会受到邻近省份出口的影响。这些结果表明外资出口对于国内启动的效应在空间上的衰减，这与我们对溢出结果的解释完全一致。在我们的另一篇论文中（马内利斯和庞塞特，2013），外贸出口溢出对于更困难的出口市场（针对进口设定更为严格监管措施的市场或根据 ICRG 指数衡量低质量体系）而言是更为强劲的。这一结果与由于溢出产生的国内启动和外贸出口之间的正相关的想法仍然保持一致。

表 6　外贸出口溢出设定

被解释变量 估计量	在 t+1 时的国内新出口关联					
	条件 Logit					
	正值的外贸出口			含有出口 >0 哑变量的基准		
	基准 (1)	t 年 (2)	1997 年 (3)	空间衰减		
				(4)	(5)	(6)
外贸溢出年份 t — 相同产品/国家的外贸出口	0.023[a] (0.001)	0.043[a] (0.009)	0.022[a] (0.002)	0.011[b] (0.004)	0.010[b] (0.004)	0.010[b] (0.004)
0/1 相同产品/国家的外贸出口				0.113[a] (0.039)	0.113[a] (0.039)	0.110[a] (0.040)
其他产品–相同国家的外贸出口	0.001 (0.003)	0.006 (0.014)	0.008 (0.014)	0.001 (0.003)	0.001 (0.002)	0.001 (0.003)
其他国家–相同产品的外贸出口	0.004[b] (0.002)	0.001 (0.007)	0.011[b] (0.006)	0.004[b] (0.002)	0.0035[b] (0.0016)	0.0035[b] (0.0016)
其他国家/产品的外贸出口	−0.255 (0.215)	0.110 (0.333)	−0.189 (0.310)	−0.255 (0.215)	−0.264 (0.214)	−0.265 (0.214)

续表

被解释变量	在 t+1 时的国内新出口关联					
估计量	条件 Logit					
	正值的外贸出口			含有出口 >0 哑变量的基准		
	基准 (1)	t 年 (2)	1997 年 (3)	空间衰减		
				(4)	(5)	(6)
外贸溢出年份 t — 相邻省份中相同产品/国家外贸出口					0.011[a] (0.002)	0.007[a] (0.002)
外贸溢出年份 t — 相邻省份中 0/1 相同产品/国家外贸出口						0.052[a] (0.017)
外贸溢出年份 t — 控制国内存在	是	是	是	是	是	是
外贸溢出年份 t — 控制进口和 GDPs	是	是	是	是	是	是
外贸溢出年份 t — 控制宏观出口	是	是	是	是	是	是
外贸溢出年份 t — 控制宏观出口滞后	是	是	是	是	是	是
观测值	4374850	100442	66585	4374850	4374850	4374850
R-平方（%）	12.69	15.44	9.98	12.69	12.71	12.71
固定效应	省份-产品（HS4）-国家组合					
固定效应	年份					
国内启动份额	0.219	0.380	0.298	0.219	0.219	0.219

备注：括号中为异方差性稳健标准误。标准误在省级层次聚类。[a,b] 和 [c] 表明在 1%、5% 和 10% 置信水平上显著。

资料来源：中国海关和笔者计算。

普通贸易与加工贸易

目前还存在的问题是，在阐述加工贸易的重要作用时结果是否仍然有效。的确，由于从事加工贸易的企业"仅仅"将进口的货物以变换的形式重新出口，而这些货物与当地环境的关联度较低，并相应产生了更少的外部性。在表 7 中，分别独立考虑这两个贸易体系（普通贸易和加工贸易）。所有回归都是条件 Logit 估计。

在未报告的回归中,根据前面的工具变量方法,验证了这种情况下内生性并不是一个问题。必须寻找四个工具变量作为四个溢出变量(加工贸易和普通贸易的外贸出口值和外贸出口存在)的工具。我们使用了世界其他区域的国家－产品－年份进口值与在省份－年份中出口加工区以及其他特殊区域的数量有关的进口年增长率的交叉项作为工具变量。这些未报告的独立工具变量第一阶段的 F 检验回归分析(参见表 7 的底部),表明这些工具量能够正确地解释潜在的内生变量。在所有情况下,豪斯曼检验(Hausman test)都能表明基准回归与二阶段最小二乘法估算并没有显著差异。外生性假设不能拒绝,所以我们倾向选用条件 Logit 估计。

首先,为了识别出口溢出是否因为国内企业适用的出口体系不同而对新贸易联系的创建产生影响,我们分别对普通(ODT)出口连接和加工(PCS)出口连接进行了研究。

表 7　普通贸易和加工贸易

被解释变量 估计量	在 t+1 时的国内新贸易连接 条件 Logit						
	普通		加工		普通	
	(1)	(2)	(3)	(4)	(5)	(6)
外贸溢出	相同产品/国家的外贸出口	0.011^b (0.004)	0.011^b (0.004)	0.013 (0.008)	0.013 (0.008)		
	0/1 相同产品/国家的外贸出口	0.105^a (0.042)	0.104^a (0.042)	0.156^c (0.088)	0.155^c (0.088)		
	外贸出口总数	-0.289 (0.216)		-0.350 (0.347)			
	其他产品－相同国家的外贸出口		-0.0001 (0.003)		0.008 (0.010)		
	其他国家－相同产品的外贸出口		0.003^b (0.002)		0.008^c (0.004)		
	其他国家/产品的外贸出口		-0.288 (0.209)		-0.343 (0.352)		

续表

估计量	被解释变量	在 t+1 时的国内新贸易连接					
			条件 Logit				
			普通		加工		普通	
			(1)	(2)	(3)	(4)	(5)	(6)
外贸ODT溢出	相同产品/国家 ODT 外贸出口						0.017[a] (0.003)	0.017[a] (0.003)
	0/1 相同产品/国家 ODT 外贸出口						0.064[b] (0.027)	0.062[b] (0.027)
	ODT 外贸出口总额						0.097 (0.112)	
	其他产品-相同国家 ODT 的外贸出口总额							0.003 (0.002)
	其他国家-相同产品 ODT 外贸出口							0.009[b] (0.002)
	其他国家/产品 ODT 外贸出口							0.082 (0.110)
外贸PCS溢出	相同产品/国家 PCS 外贸出口						0.002 (0.007)	0.002 (0.007)
	0/1 相同产品/国家 PCS 外贸出口						0.105[c] (0.056)	0.098[c] (0.056)
	PCS 外贸出口总额						-0.001 (0.068)	
	其他产品-相同国家 PCS 外贸出口总额							-0.002 (0.002)
	其他国家-相同产品 PCS 外贸出口							0.004[b] (0.002)
	其他国家/产品 PCS 外贸出口							-0.007 (0.068)

续表

	被解释变量 估计量	在 t+1 时的国内新贸易连接					
		条件 Logit					
		普通		加工		普通	
		(1)	(2)	(3)	(4)	(5)	(6)
IVi 检验	控制国内存在	是	是	是	是	是	是
	控制进口和 GDP	是	是	是	是	是	是
	控制宏观出口	是	是	是	是	是	是
	控制宏观出口滞后	是	是	是	是	是	是
	观测值	4161535		289940		4161535	
	R-平方(%)	12.48	12.48	15.76	15.78	12.52	12.54
	固定效应	省份-产品(HS4)-国家组合					
	固定效应	年份					
	DOT 国内启动份额	0.217	0.217	0.184	0.184	0.217	0.217
	独立工具变量的 F 检验 i	20.35[a] 18.25[a]	21.44[a] 19.44[a]	99.67[a] 70.17[a]	113.60[a] 77.36[a]	12.17[a] 11.62[a] 29.52[a] 27.03[a]	12.25[a] 11.85[a] 31.72[a] 29.38[a]
	汉森过度识别检验	1.53	1.49	1.45	1.19	不适用	不适用
	P 值	0.46	0.47	0.56	0.55	不适用	不适用
	内生性检验	3.41	3.40	4.30	4.41	5.17	5.41
	P 值	0.18	0.18	0.12	0.11	0.24	0.25

备注：圆括号中为异方差性稳健标准误。在省级层次对标准误聚类。[a,b]和[c]表明在1%、5%和10%置信水平上显著。

i 检验统计量与源于线性概率估计的结果相对应，检测了世界其他地区国家-产品-年份进口值与含有出口加工区和高技术区域内数量的省份-年份进口年度增长值相互影响的外贸溢出来实现。设计的变量是第1列和第2列内相同的产品/国家出口以及0/1相同产品/国家外贸出口，第3列和第4列内相同产品/国家 ODT 外贸出口，以及相同产品/国家 ODT 外贸出口，第5列和第6列内 0/1 相同产品/国家 ODT 外贸出口和 0/1 相同产品/国家 PCS 外贸出口。在这后续的两项回归中，对该模型进行精确的识别，因此不能对汉森过度识别进行计算。

资料来源：中国海关和笔者计算。

有意思的是，在普通贸易活动中国内启动的结果实际上与那些考虑所有出口流动时所获得的结果是类似的，这也就表明了出口溢出主要适用于普通国内企业（第1列和第2列）的出口活动。只有在这种情况下，外贸出口者的出现和他们的出口价值在统计学和经济学上才是显著的。相反，当国内启动被限制在加工贸易上时，外贸出口活动对国内企业创造新贸易联系的可能性几乎不具有显著的预测力（第3列和第4列）；哑变量仅在10%的置信水平上显著，而出口价值的系数则根本不显著。此外，与普通贸易相比，加工贸易对于国内企业而言似乎就是某种边际贸易体系（前者289940个观测值，后者4161535个观测值）。

当关注从事普通贸易的国内企业的出口启动，并将外贸出口溢出分解为两项贸易体系（普通和加工）时，估计结果表明对外出口溢出主要来源于外贸企业的普通出口活动（第5列和第6列）。对于后面的一种出口体系，外贸出口的存在和出口的规模对于国内企业的出口启动都将产生正面影响。相反，在外贸加工活动中，哑变量仅在10%的置信水平上显著，而出口价值没有显著影响。未报告的稳健性检验表明这些结论对于国内初始出口的规模或期间并不敏感。对于ODT而言，结果从质上是相同的，但是在稳健性检验中，哑变量和出口价值对加工外国企业活动而言都变得不显著。[1] 这些结果与之前关于出口升级异质影响依赖于贸易类型的结论保持一致。例如，贾里和庞塞特（Jarreau and Poncet，2012）指出，外贸出口的复杂度对于省级人均GDP的增长没有影响，他们声称一定不能将中国加工出口当作技术采用过程的信号，而是中国参与碎片化日趋严重的生产过程的一种产品。加工贸易可能源于从事出口平台外国直接投资的外国企业。加工贸易活动非常微弱或等于零的出口溢出效应结果，正好就是鲁恩和萨瑟兰（Ruane and Sutherland，2005）研究爱尔兰所得出的结果。[2]

---

[1] 感谢匿名审稿人的建议。当我们对持续启动（至少连续两年进入在给定的市场）进行回归时，或者将关注重点集中于出口数据高于最小值的国内出口启动时，我们的主要结论还是保持不变的。

[2] 请注意，在1998年美国的跨国企业，其出口平台是向爱尔兰投资的关键驱动因素，占据了该国外国企业制造出口的80%。他们生产总数的96.4%都被出口。美国公司在爱尔兰的出口活动与加工贸易比较类似。

中国的外资出口溢出究竟有多大？

若干思维试验都能为至今测量的外贸出口溢出量提供支持。

首先考虑没有企业的省的情况，无论是外国还是国内企业，在年度 t 将产品 k 出口到国家 j，同时考虑其他有外国企业的省将产品 k 出口到国家 j，但是仅仅在可以忽略数量的情况下。正如在表 6 第 4 列中所衡量的，由于外国出口企业的单独存在，该省份国内企业在 t+1 年度时将产品 k 出口到国家 j 的可能性将会比之前省份高出 11.96%。① 作为参考，考虑样本中启动出口的平均可能性为 21.9%，由于外国企业出口产品 k 到国家 j 的存在，省内企业在 t+1 时将同种产品出口到相同国家 j 的概率平均提高了 2.62%。和前一年一样，对于相同的产品－国家配对，仅仅 7.5% 的国内启动是与外贸出口联系在一起的。然而，这种存在的边际影响十分巨大。事实上，在时间 t 将产品 k 出口到国家 j 的外贸出口的存在的影响将比在时间 t 的目的地国家人均 GDP 百分比上升 10% 的影响多 7 倍，比在时间 t-1 时国家 j 进口的产品 k 上升 10% 的效应高出 5 倍（表 4 第 6 列）。②

正如表 8 所示，外贸出口额的边际影响比较起来更为适度，这是因为将产品 k 出口到国家 j 增长 10% 将使得国内企业开始出口同类商品至同样国家的可能性上升 0.1%（即 0.02 个百分点）。③

最后，关注外国和国内企业普通贸易活动，由于外国企业将产品 k 出口到国家 j 的本身存在，同省份内国内企业开始将产品出口到相关国家的可能性将会提高 1.39%。④ 这一效应将比目的地国家人均 GDP 上涨 10% 所产生的效应高 4 倍，比产品－目的地国家总进口额上涨 10% 的效应要高出 3 倍。外贸出口值 10% 的增长将国内企业出口的可能性提高 0.04%。⑤

---

① 给定 Logit 函数形式，出口产品 k 到国家 j 的外国企业单独存在的概率为 $[e^{0.113}-1]\%$。
② 目的地国家人均 GDP 10% 的增长所带来的边际影响为 $(1.1^{0.173}-1) \approx 1.66\%$，而在 t-1 时产品－目的地国家需求增长 10% 所带来的边际影响为 $(1.1^{0.238}-1) \approx 2.29\%$。
③ 如果我们为变量 x 考虑参考值 $\bar{x}$，x 中 10% 的增长将导致概率的增加大约为 $(1.1^{\beta_x}-1)$，其中 B_x 是 x 的系数。该增长用概率的百分比表示为 $(1.1^{\beta_x}-1) P_x$。
④ 数字根据 $[e^{0.062}-1] \times 0.217$ 计算，来源于表 7 第 6 列。
⑤ 数字根据 $[1.1^{0.017}-1] \times 0.217$ 计算，来源于表 7 第 6 列。

表 8　百分比表示的边际影响——总结

	所有样本	ODT
	表 6	表 7
	第 4 列	第 6 列
外贸存在本身	2.62	1.39
外贸出口价值	0.04	0.04

备注：与当外国企业出口对于产品/国家配比（第 1 行）为正数时，以及外国企业出口增加 10% 时（第 2 行），数据与国内企业在产品/国家配比中启动出口的平均概率上升相对应。

资料来源：笔者计算。

三　结论

使用中国海关 1997~2007 年间的面板数据研究表明，国内企业将新产品出口至新市场的能力是对邻近外国企业的出口活动正向的反应。在引入新的固定效应集和控制国外出口内生性的工具变量估计中，结果十分稳健。当考虑外国企业出口活动的其他维度时，只能探测到十分微弱的或者甚至是零的外资出口溢出（其他目的地国家，其他产品）。这一结果与柯伊宁（Koeing）之前获取关于法国的结果保持一致，并表明出口活动的外部性表现在细微的层次上。同样，外贸出口溢出主要在普通贸易活动中发生，并且有益于国内企业普通出口的启动。

这些结果有很多含义。在过去十年里，中国出口的巨大增长被视为不可避免的，因为中国企业的成本低。我们的结果强调进入出口市场对于中国企业而言成本高昂，同时表明外贸出口活动将有助于降低此进入成本。因此，即便对于中国这样的国家而言，政策制定者仍具备较大的主动空间在出口中推广最好的实践经验，尽管这些将要推广的信息类型十分详尽且具体。此外，我们的结论表明国外企业应当更多地与当地环境相融合，以产生更多的溢出，这是因为外贸加工出口活动仅能产生很少的溢出。该结论使得我们必须对国内企业基于特殊经济区并从国际化战略中所期待的收益保持谨慎，因为这些区域将主要吸引从事出口平台的外国直接投资企业。

附 录

附表1 国内启动和外国企业存在性质描述统计

年份	国内启动=1 总数	外贸出口>0 相同产品 相同国家	相同产品 其他国家	其他产品 相同国家	其他产品 其他国家	国内启动=0 总数	外贸出口>0 相同产品 相同国家	相同产品 其他国家	其他产品 相同国家	其他产品 其他国家
1997	83818	5688	55047	71753	83818	776830	17230	444238	581812	776830
2006	159318	13001	118686	146838	159318	395054	31580	250577	358320	395054
总数	1268768	94690	885055	1123626	1268768	6060088	226741	3674106	4956347	6060088
份额		7.5	69.8	88.6	100		3.7	60.6	81.8	100

资料来源:中国海关和笔者计算。

附表 2 外贸出口溢出影响：样本检测

$t+1$ 时的新出口连接
条件 Logit

被解释变量 估计量	(1) 基准	(2) 无农业	(3) 无矿业	(4) 制造业	(5) 中国份额 <45%	(6) 不含最高 3 个省 份额<85%	(7)	(8) 无纺织物 衣物	(9) 无大中华	(10) 第 9 列且 没有广东
外贸溢出 相同产品/国家外贸出口	0.023[a] (0.001)	0.022[a] (0.002)	0.022[a] (0.001)	0.022[a] (0.002)	0.022[a] (0.002)	0.022[a] (0.001)	0.022[a] (0.002)	0.021[a] (0.002)	0.023[a] (0.001)	0.022[a] (0.002)
其他国家－相同产品外贸出口	0.004[b] (0.002)	0.004[b] (0.002)	0.003[b] (0.002)	0.004[b] (0.002)	0.003[c] (0.002)	0.004[b] (0.002)	0.003[c] (0.002)	0.003[b] (0.001)	0.004[b] (0.002)	0.004[b] (0.002)
相同国家－其他产品外贸出口	0.001 (0.003)	-0.001 (0.003)	-0.001 (0.003)	-0.001 (0.003)	0.001 (0.003)	0.001 (0.003)	0.003 (0.003)	0.001 (0.003)	-0.001 (0.003)	0.002 (0.003)
其他国家/产品外贸出口	-0.255 (0.215)	-0.268 (0.231)	-0.250 (0.216)	-0.263 (0.232)	-0.253 (0.223)	-0.251 (0.216)	-0.067 (0.163)	-0.298 (0.204)	-0.243 (0.217)	-0.101 (0.170)
国内存在控制	是	是	是	是	是	是	是	是	是	是

204

续表

被解释变量		\multicolumn{10}{c}{t+1时的新出口连接}
		\multicolumn{10}{c}{条件 Logit}
估计量		(1) 基准	(2) 无农业	(3) 无矿业	(4) 制造业	(5) 中国份额<45%	(6) 不含最高3个省份额<85%	(7)	(8) 无纺织物衣物	(9) 无大中华	(10) 第9列且没有广东
GDPs 控制		是	是	是	是	是	是	是	是	是	是
宏观出口控制		是	是	是	是	是	是	是	是	是	是
外贸溢出	宏观出口滞后控制	是	是	是	是	是	是	是	是	是	是
	观测值	4374850	4156282	4304081	4085513	3292691	4130129	3435584	3582556	4309616	3969541
	R-平方(%)	12.69	13.12	12.79	13.23	13.94	12.98	11.53	13.53	12.77	12.39
固定效应		\multicolumn{10}{c}{根据省份-产品(HS4)-国家组合以及年份计算}

备注：括号中为异方差性稳健标准误。标准误在省级层次聚类。a、b 和 c 表明在 1%、5% 和 10% 的置信水平上显著。

资料来源：中国海关和笔者计算。

205

参考文献

Aitken, B., G. Hanson, and A. Harrison. 1997. "Spillovers, Foreign Investment, and Export Behavior." *Journal of International Economics* 43: 103 −132.

Amiti, M., and C. Freund. 2010. "An Anatomy of China's Export Growth." In R. Feenstra and S. −J. Wei, eds., *China's Growing Role in World Trade*. Chicago, IL: University of Chicago Press.

Barrios, S., H. Gorg, and E. Strobl. 2003. "Explaining Firms' Export Behaviour: R&D, Spillovers and the Destination Market." *Oxford Bulletin of Economics and Statistics* 65 (4): 475 −496.

Bernard, A. B., and J. B. Jensen. 2004. "Why Some Firms Export." *The Review of Economics and Statistics* 86 (2): 561 −569.

Chen, H., and D. Swenson. Forthcoming. "Multinational Exposure and the Quality of New Chinese Exports." *Oxford Bulletin of Economics and Statistics*.

China Statistical Yearbook. 2008. Central, Hong Kong: China Statistics Press.

Feenstra, R., and G. Hanson. 2005. "Ownership and Control in Outsourcing to China: Estimating the Property −Rights Theory of the Firm." *The Quarterly Journal of Economics* 120 (2): 729 −761.

Fu, X., and Y. Gao. 2007. "Export Processing Zones in China: A Survey." Geneva, Switzerland: International Labour Office.

Gaulier, G., and S. Zignago. 2010. "BACI: A World Database of International Trade at the Product Level, The 1994 −2007 Version." CEPII Working Paper 2010 −23. Paris, France.

Hale, G., and C. Long. 2011. "Did Foreign Direct Investment Put an Upward Pressure on Wages in China?." *IMF Economic Review* 59: 404 −430.

Harding, T., and B. Smarzynska Javorcik. 2012. "FDI and Export Upgrading." *Review of Economics and Statistics* 94 (4): 964 −980.

Jarreau, J., and S. Poncet. 2012. "Export Sophistication and Economic Growth: Evidence from China." *Journal of Development Economics* 97: 281 −292.

Kemme, D., D. Mukherjee, and A. Nikolsko-Rzhevskyy. 2009. "Foreign Direct Investment and Export Performance in Emerging Economies: Evidence from Indian IT Firms." Mimeo.

Kneller, R., and M. Pisu. 2007. "Industrial Linkages and Export Spillovers from FDI." *The World Economy* 30 (1): 105-134.

Koenig, P. 2009. "Agglomeration and the Export Decisions of French Firms." *Journal of Urban Economics* 66 (3): 186-195.

Koenig, P., F. Mayneris, and S. Poncet. 2010. "Local Export Spillovers in France." *European Economic Review* 54: 622-641.

Krautheim, S. 2012. "Gravity and Information: Heterogenous Firms, Exporter Networks and the 'Distance Puzzle.'" *Journal of International Economics* 87: 27-35.

Ma, A. 2006. "Export Spillovers to Chinese Firms: Evidence from Provincial Data." *Journal of Chinese Economic and Business Studies* 4 (2): 127-149.

Mayer, T., and G. I. P. Ottaviano. 2008. "The Happy-few: The Internationalisation of European Firms." *Intereconomics: Review of European Economic Policy* 43 (3): 135-148.

Mayneris, F., and S. Poncet. Forthcoming. "Heterogeneous Export Spillovers to Chinese Domestic Firms: The Role of the Difficulty to Enter the Destination Market." In S. Beugelsdijk, S. Brakman, H. van Ees, and H. Garretsen, eds., *Firms in the International Economy: Closing the Gap between International Economics and International Business*. Cambridge, MA: MIT Press.

Melitz, M. 2003. "The Impact of Trade on Intra-Industry Reallocations and Aggregate Industry Productivity." *Econometrica* 71 (6): 1695-1725.

Melitz, M., and G. I. P. Ottaviano. 2008. "Market Size, Trade and Productivity." *The Review of Economic Studies* 75 (1): 295-316.

Moulton, B. R. 1990. "An Illustration of a Pitfall in Estimating the Effects of Aggregate Variables on Micro Unit." *The Review of Economics and Statistics* 72 (2): 334-338.

Ruane, F., and J. Sutherland. 2005. "Foreign Direct Investment and Export Spillovers: How Do Export Platforms Fare?" IIIS Discussion Paper 58. Dublin, Ireland.

Staiger, D., and J. H. Srock. 1997. "Instrumental Variables Regression with Weak Instruments." *Econometrica* 65 (3): 557-586.

Swenson, D. 2008. "Multinationals and the Creation of Chinese Trade Linkages." *Ca-*

nadian Journal of Economics 41 (2): 596 −618.

Xu, B., and J. Lu. 2009. "Foreign Direct Investment, Processing Trade, and the Sophistication of China's Exports." *China Economic Review* 20: 425 −439.

Wang, Z., and Wei S −J. 2010. "What Accounts for the Rising Sophistication of China's Exports?" In R. Feenstra, and S. −J. Wei, eds., *China's Growing Role in World Trade*. Chicago, IL: University of Chicago Press.

鼓励回收的（无效）信息：
来自秘鲁的随机评估证据

阿尔贝托·冲（Alberto Chong） 迪恩·卡兰（Dean Karlan）
杰里米·夏皮罗（Jeremy Shapiro） 乔纳森·辛曼（Jonathan Zinman）*

使用信息传送来推动亲社会行为越来越受到关注，这有利于公共产品的投资。我们曾与秘鲁一个主要的非政府组织合作，对九个不同的支持回收信息进行了随机化处理。这些支持回收信息基于最佳实践、事先证据和行为改变理论进行了精细分类。不同的类别强调了如环境、社会福利、社会比较、社会制裁、权威和提醒等不同的信息。没有一类信息对回收行为有显著的影响。而通过提供垃圾桶以减少持续参与成本的方式反而显著促进了登记住户的回收行为。JEL 代码：D03，Q53，N56，C93。

---

* 阿尔贝托·冲（本文通讯作者）是渥太华大学国际发展与全球研究学院经济学系教授，太平洋大学经济系的教授；他的邮箱地址是 achong@ uottawa. ca。迪恩·卡兰是耶鲁大学经济系的教授，是创新扶贫行动组织的主席和创始人；他的电子邮箱是 dean. karlan@ yale. edu。杰里米·夏皮罗的电子邮箱是 jeremypshapiro@ gmail. com。乔纳森·辛曼是达特茅斯学院经济系的教授，是创新扶贫行动组织的助理研究员；他的电子邮箱地址为 jzinman@ dartmouth. edu。感谢匿名审稿人和编辑，感谢伊丽莎白·萨杜莱特和阿兰·德让夫里等的意见和建议。感谢劳拉·利特维纳、卡尔蒂克、阿凯勒斯瓦兰、埃琳娜、赛峰绮、雷切尔·斯特罗姆、贝尼亚米诺、赛万尼托、金东赫、葛丽尼、斯塔兹等人在助研和项目管理方面做出的杰出贡献。同时感谢戴安娜·吉尔·拉米雷斯、胡安·曼努埃尔·何兰德斯－阿格拉蒙特、米格尔·帕雷德斯和创新扶贫行动团队对我们野外实地工作的大力支持。最后，特别感谢普利斯玛对本研究的配合。标准免责声明适用于本文。补充附录本文见 http: // wber. oxfordjournals. org。

来自心理学和行为经济学的证据激起了对使用低成本信息传送而不是降低经济门槛以驱动亲社会和其他投资行为的兴趣。越来越多的证据表明在某些语境中，简单、及时的少许信息、提醒、提示/事先准备的信息，甚至纯框架信息具有驱动行为的功能。[1]其中一个关注的焦点是环境，具体来讲是指信息传送是否能通过增加保护行为以帮助解决集体行动问题。

我们专注于信息传送是否促进回收行为以及如何促进回收行为。我们的研究是在前人对回收行为的实地试验基础上进行的，其中大部分试验是在美国或其他发达国家进行的。我们很好地吸收了这些试验的经验教训并将其运用于一个发展中国家。[2]之前的研究采用了各种类型的信息：一些强调了与回收利用的环境效益相关的信息，另一些使用了一些描述性信息，这些信息是关于回收利用的社会规范。在加利福尼亚州克莱蒙特的实地试验中，当提供了唯一的信息且加上公众承诺时，由童子军当面发表的多层面信息促进了回收行为（Bern and Oskamp，1986）。拉维恩（Lavein）在加利福尼亚州进行的一个单独的实地试验中，在门上设置挂牌，记录反馈个人或邻居回收规范的方法增加了回收，但挂牌上标示了怎么分类垃圾以及回收利用带来的环境效益的方法并不奏效（Schultz，1999）。[3]也有证据表明，当人们被要求进行回收时，信息源（例如，该信息是否来自邻居或匿名书面通信）很关键（Burn，1991；Lord，1994）。以往研究已表明，提供同辈比较，如同辈参与某个行为的频率和同辈赞成某个行为的比例，是一种催化行为改变的有效方式（Cialdini and Goldstein，2004；Elster，1989）。

尽管有证据表明使用社会规范的信息传送是有效的，但也有证据表明

---

[1] 参见，例如，泰勒和桑斯坦（Thaler and Sunstein，2008）对"微移"的研究；贝特朗等（Bertrand et al.，2009）对广告的研究；蔡等（Choi et al.，2012）对"储蓄的线索"的研究；卡兰等（Kanlan et al.，2011）对"提醒"的研究；斯坦戈和辛曼（Stango and Zinman，2011）对"透支"的研究；兹瓦尼等（Zwane et al.，2010）对"调查测量"的研究。

[2] 对回收行为驱动证据的更多综述，参见例如卡尔森（Carlson，2001）、朱和赵（Chu and Chia，2006）。

[3] 伯恩和奥斯坎普信息包括了分类信息、和环境益处相关的信息、当地的平均参与率和市政府的认可。

这些效果取决于进行实验的特定的背景和信息呈现的方式。一些研究人员认为近年来这些效果被过分强调了。舒尔茨（1999）对加州居民的节能行为作了研究，发现虽然调查受访者对规范性社会影响力在节能动机评测中给分很低，但实验结果表明，它实际上比其他很多影响因素对行为的作用都大。与此相反，卡尔森（Karlson，2001）发现，在例如回收这样的数目大、回报小的集体行为中，研究人员高估了社会规范信息传送对行为改变的影响力。他建议政府应集中于金融激励或努力减量上来改变行为。

此外，这些研究没有对有关实验组特征的重要问题给予回应。卡尔森指出在社会规范导向的信息传送中所观察到的显著影响，可能来自美国民众长时间的支持回收的观念或与之正相关。在缺乏回收支持观念的设定下，处理效果可能会有所不同。在秘鲁，虽然对一般环境问题的关注和美国一样强烈，但大众对回收的看法却远不如美国积极，回收本身并没有得到很好的理解。直到最近，才有大约10万名非政府工作人员会进行将可重复利用的物品从垃圾中分离的工作，这些人员被认为或称作是"拾荒者"（Chauvin，2009）。相对于那些在美国或其他发达国家的人，实验人群中的基准不同将导致不同的处置效果。很少学术研究对发展中国家的回收行为进行研究，尽管在这些国家由于废物管理不足带来了巨大的环境问题。本文是首先研究这一问题的论文之一，集中研究如何干预以促进这些地区居民回收行为。

我们试图通过与主要的秘鲁非政府组织机构 PRISMA 合作，致力于消除这些差距，我们以最佳实践、事先证据和行为改变理论为基础进行精细分类，将随机化九个不同的回收登记信息。对照组接受了 PRISMA 的标准营销方式：上门游说。实验组在家庭层面进行随机化处理，接受标准营销外还增加了介绍回收计划和处理信息的传单（描述如下）。实验组也收到了短信。

在之前研究的基础上，每一个登记处理短信要么设计成强调回收好处的一般信息，要么设计成介绍某种社会比较/影响力。参照之前的几项研究，一些短信中包含了强调回收对环境或回收者有益的一般信息。[1] 参照恰尔蒂尼和戈德斯坦（Cialdini and Goldstein，2004）的研究，一些信息通过突出这样的事实，即某地区的参与率会被透露给另一个地区，以制造社会压力。[2] 根据伯恩和奥斯坎普（1986）以及恰尔蒂尼和戈德斯坦（2004）的研究，某些短信通过提供显性或隐性的市政府或天主教授权信息以强调权威性。

九个实验组的相对有效性与一个单独的评估进行了比较，评估是对三个随机分配实验组进行，方式是降低经济门槛以增加回收利用项目参与者样本的参与力度。第一种实验提供了一个免费的垃圾桶。[3] 第二种实验提供了一个垃圾桶，上面有一张显示如何区分不可回收和可回收物品说明的贴纸（也就是回收物流信息）。这些实验组与什么也没有提供的对照组进行比较。一个单独的实验组同组内随机分配，每周将在可回收物品被人从路边捡起来之日的前一天接收到短信服务（SMS）提醒。

所有登记信息对回收行为都没有显著的影响。此结果恰恰如我们精确估计的那样；我们可以排除效果大于5个百分点（或参与的平均水平10%左右）的效果。同样，手机短信提醒对回收行为没有任何影响。与此相反，提供垃圾桶显著增加回收的次数和数量。总的来说，结果表明减少正在使用的时间和精力，比信息传递更有效。

设置和试验设计

全球调查数据显示，多数拉美人表示关心环境，和世界其他地区相似。最近的一轮世界价值观调查显示，65%的拉美人认为，他们将"拿出（他们）收入的一部分，如果（他们）能确定这些钱将用于防止污染环

---

[1] 见格柏、格林和拉里默（Gerber, Green and Larimer, 2008）对投票的研究。
[2] 请参阅勒纳和泰罗克（Lerner and Tetlock, 1999）的问责制；格柏、格林和拉里默（2008）对投票率的研究；弗雷和迈耶（Frey and Meier, 2004）以及奥皮泽、卡尔松和约翰森–斯滕曼（Alpizar, Carlsson and Johanson-Stenman, 2008）对慈善捐赠的社会信号的研究。
[3] 请参阅布莱斯、达衣和奥尔尼（Bryce, Day and Olney, 1997）对付费与免费垃圾桶对比结果的研究。

境"。与此形成对照，52%的美国受访者、37%的德国受访者和74%的加拿大受访者同意这种说法（世界价值观调查协会，2009）。皮尤研究中心（Pew Research Center）的另一个调查显示，73%的拉美人表示即使是在经济增长放缓和就业机会减少的情况下，他们也仍将优先考虑保护环境，而66%的美国公民、77%的加拿大人和75%的德国人持同样的想法（皮尤全球态度项目，2007）。

秘鲁每天产生超过20000吨固体废物，其中大部分被倾倒在河道或留在非正规垃圾场。这使得固体废物管理在国内日益受到关注（Chauvin，2009）。秘鲁各地已经实施了各种方案以解决固体废物处置所引起的环境问题。2002年，PRISMA启动了一项名为"在皮乌拉、卡斯蒂利亚和加拉加斯地区改进和扩展小微型企业固体废物管理范围"的项目。该项目提供了技术援助和培训，以帮助非正式回收者发展并成立提供上门回收业务的小型正规回收企业。该项目帮助建立了三家微型回收企业并继续扩展，力争完成两个目标：为非正规垃圾收集者提供就业和提高回收利用。

为了让新的家庭加入回收项目，PRISMA在这三家微型企业目前尚不能覆盖的地区进行了为期五周之久的营销活动。在第一周，营销人员在新区拜访当地住户，向他们展示了该方案并邀请他们加入。从第二周到第四周，PRISMA的营销人员陪同回收人员，沿着他在整个新区的回收路线将参与家庭介绍给他。在最后一次访问中，至少送出过一次可回收物品的住户的门边会贴上一张贴纸，以表明他们参与到了这个项目中。在此期间，住户会免费得到一次性的塑料回收袋。

最初的营销过程结束后，回收商负责保持参与项目家庭的活跃度。在本研究之前，PRISMA收集的有关管理数据显示，PRISMA的营销人员联系过的住户大约有50%加入该计划。然而，因为无力联系所有的家庭，在该地区登记加入该项目的家庭大约只有34%。

与PRISMA合作，我们设计了两部分的研究以帮助扩大回收项目。在实验的第一部分测试了不同的信息处理，这些信息设计用于提高上门回收项目的登记率（参与研究）。第二部分测试提高项目参与家庭回收配合度的不同方法（参与力度的研究）。

对于参与研究，实验设计成 PRISMA 向新社区的扩张。[①] 在之前还没有开展该项目的地区，我们随机向 6718 户提供鼓励个人回收垃圾的信息。我们测试了四类主要信息活动：（1）关注社会规范，鼓励受众加入他们周围人的亲环境行动；（2）关注社会认可，告知其个人所在社区或其他社区的参与率；（3）宗教或政府部门下达的回收命令；（4）一个纯粹的信息活动，强调回收带来的社会和环境效益，并敦促个人参加。

对于参与力度研究，我们的工作对象是不同于参与研究的个人样本。参与力度研究使用的样本框是已经报名参加了回收项目的人员，这意味着他们在实验之前已经通过 PRISMA 进行了回收活动。这些人随机分配得到一个贴有可回收物品信息的垃圾桶和一个没有贴可回收物品信息的垃圾桶，或者没有得到垃圾桶（对照组）。垃圾桶旨在降低经济门槛，因为有了垃圾桶就不需要购买回收袋，并需要更少的劳动投入，从而降低了回收成本。贴纸测试突出信息是否能增加参与频率和参与质量。

作为参与力度研究的一部分内容，提供了手机号码的参与者被 PRIS-MA 随机分配成三组：每周接收个性化的短信提示、每周接收通用短信提示和没有短信提示（控制组）。短信提示的目的在于测试有限关注是否参与回收计划的一个重要因素。

虽然最近秘鲁手机的使用在增长，但手机仍然相对昂贵，并非所有家庭都能承担。这个活动的影响只限于拥有一部手机且愿意分享他们的电话号码的那些家庭，因为只有这些家庭在营销代表访问之前接收到了强化短信。如补充表 S1.1 所示，参与研究的手机用户与非手机用户相比，他们都要富裕一些、受教育程度高一些或者对本地事务更感兴趣一些（尤其是回收问题）。在考虑短信处理影响的外部效度的时候注意到这个因素很重要。

[①] 根据以往经验，PRISMA 不进入最富裕的区域，那里的家庭都不愿意和推销员搭话；或最贫穷的地区，这些地区对推销员是危险区域。

鼓励回收的（无效）信息：来自秘鲁的随机评估证据

参与研究

实验设计[①]

在营销活动之前，我们在 PRISMA 计划扩大的区域内对所有的住户进行了基线调查。参与实验的三轮扩展包含了总共 6718 个家庭：第一轮在卡斯蒂利亚地区有 1804 户（2010 年 3 月），后两轮在皮乌拉区分别有 2173 户和 2744 户（2010 年 6 月和 2010 年 8 月）。在调查时间内 81% 的家庭即 5436 个家庭参与调查。每个家庭在两项调查中选其一：一个是短问题调查以提供基础信息进行分析（如电话号码，涉及他们的经济状况问题和他们对接收有关回收信息的意见和兴趣）；一个是长调查，目的是获取该地区家庭代表性样本的详细信息。在全部样本中，523 个家庭接受了长调查。补充表 S1.2 提供了人口统计信息概况，并验证了实验组的分配与基线调查收集的人口统计信息不相关。

接受调查后，所有家庭被随机分配到实验组接收旨在提高参与度的信息。详述如下，在 PRISMA 开始营销一周之前，向住户派发附有指定信息的传单。我们收到的有效电话号码大约为样本的 35%。我们在营销人员访问住户的前一天晚上，以及研究结束前每周一次向这 35% 的住户重复发送和传单上一样内容的信息。发放传单时如果住户在场，需向住户口头介绍传单内容；如果住户不在，则将传单留在门口。65% 的传单当面送达，32% 的留在了门口，3% 未能成功送达。对两组的正交性检查未有显著发现（见补充表 S1.1b）。[②] 发送短信的做法不够成功。由于技术的限制，发送的短信只有 80% 送达。在第一轮研究中，技术困难问题突出，住户只接收到了约 60% 的消息。[③]

[①] 补充表 S1.6a 和 S1.6b 显示本研究每个部分的处理和假设。
[②] 唯一超过 10% 水平显著差异的是住户的人口数。在这些住户门口留下的传单要比留给其他人的平均略小。因为人口较多的家庭出现在家门口看到传单的概率更大一些，这个问题似乎并未得到过多关注。在 10% 的显著水平上，亲自接到传单的住户略微更有可能使用"高级燃油"做饭，但不太可能有一台彩电。
[③] SMS 信息发送服务商提供了消息是否到达预定电话的报告。从中我们估计了递送成功率。网络故障、关闭手机和不正确的电话号码为传递失败的主要因素。

我们随机将基线调研的住户分成10组（9个实验组和1个控制组），在前期的研究调查中根据街道、住户的加入情况进行了分层。实验组包括从众富有、从众贫穷、信号富有、信号贫穷、宗教权威、市政权威、强调环保和强调社会，各占样本的8.75%，而比较近似实验组（signaling proximate treatment）所占比例为样本的12.5%。我们对每个实验组的解释如下。因为会结合相关实验组（从众富有与从众贫穷，信号富有与信号贫穷，强调环保与强调社会）进行分析，所以我们对之随机化处理，使信号相似组有过多的代表来获得最高值。剩余17.5%的样本将被分配到对照组，即未接收到传单或短消息，但根据PRISMA通常的程序进行游说。样本分组情况见表1中的A栏。

所有的传单包括关于PRISMA项目的通用信息——"你知道在你所在的区域有一个回收商协会正在启动一项回收计划吗？通过回收，你帮助环境的同时还帮助了那些拾荒者得到一个正式和体面的工作"——以及一个实验信息（除控制组之外）。文本消息只包含了实验消息。编制印在传单上和包含在SMS消息中的实验信息，目的是让我们为以下问题提供证据：

社会规范和同群比较会影响回收计划的参与吗？

如果是，同群效应是通过一致性起作用的吗？这里一致性定义为谋求效仿同群行为（恰尔蒂尼和戈德斯坦，2004），或是通过信号行为起作用的吗？信号行为是否界定为寻求同群的认可（格柏、格林和拉里默，2008）？

权威能够影响亲环境行为吗（恰尔蒂尼和戈德斯坦，2004）？

强调回收的好处会影响回收行为吗？提及环境或社会（就业）收益会有不同的影响吗？

表1 参与及参与力度研究——实验组分配情况

A栏：参与研究			
	没有手机	有手机	总　共
任何信息	3129	2432	5561
从众富人组	352	242	594

续表

A 栏：参与研究

	没有手机	有手机	总 共
从众穷人组	327	253	580
信号富人组	328	252	580
信号穷人组	328	252	580
信号本地组	533	399	932
宗教权威组	310	265	575
市政权威组	310	250	560
强调环保组	318	263	581
强调社会组	323	256	579
无信息组	643	514	1157
总　计	3772	2946	6718

合计 = 6718

B 栏：参与力度研究

	没有手机	有手机	有手机子实验组		
			通用短信	个性化短信	没有短信
有贴纸的垃圾桶组	167	132	42	45	45
无贴纸的垃圾桶组	160	140	45	50	45
无垃圾桶组	629	557	186	183	188
总　计	956	829	273	278	278

合计 = 1785

备注：表中显示的实验分配分布情况包括了参与研究和参与力度研究。

从众（从众富人组和从众穷人组）。通过将多数人的行为定义为现有标准从而鼓励个人与他人行动一致的信息表明对环境采取友好行为产生了影响（Cialdini and Goldstein, 2004）。恰尔蒂尼、戈德斯坦和格里斯科维修斯（2008）表明，描述规范的力度因参与者所比照的对照组不同而变化。我们设计了两条用以描述其他相邻区域项目高参与率的"从众信息"。① 我们使社会经济状况较好或较差的参考邻区产生了变化，这可能是

---

① 参与率虽说基于粗略计算所得，但应该还是准确的。

参考组中人们的识别程度及其对信息的反应受到影响。广告单和群发短信准确措辞如下:"在[附近富人/穷人区]中,目前参与回收再利用项目的家庭已有75%以上,加入他们吧!"

信号(信号富人组、信号穷人组和近似信号组)。大量社会心理文献显示,个人行为会受公众对其行为的感知方式影响(Cialdini and Goldstein, 2004);雷内和泰特洛克(Lerner and Tetlock, 1999),格柏、格林和拉里默(Gerber, Green and Larimer, 2008)证明,通过将部分同龄人的行为信息告诉个体从而诱发社会压力,这种方式可提高选举投票,这是一种类似于循环再利用的亲社会行为。此外,这些学者还表明,与这些同龄人的亲近程度不同可能会对个体行为有较强或较弱的影响,既可通过对那些观察个人行为的人提供期待的特征信号方式实现(比如,投票表明一个人是有公民意识的,而循环再利用表明个人对保护地球是负责的),也可以通过处罚或处罚威胁、批评或社会制裁等方式激励个人采取行动。

我们试图理解,当信息属于某一组别且组别成员为识别个体而非特定个体时,这种影响是否会继续存在。尽管可能会涉及其他因素,但我们选择将人群组的行为(居住在同一街道上的居民)显示给其他组群,而其他组群对其成员的公开行为给予合理的差异性奖惩。我们通知某些街区的居民说,其街道相关事务的参与水平将会被告知附近街区的其他人,他们可能会与这些人直接交往,且可能会因未选择参与街道事务而被其指责。我们通知其他地区的居民说,这些信息披露给距离更远的区域的人。个体研究反应表明,社区内部住户的名誉相当重要,就如同大城区中社区的名誉一样重要。因此,当将信息显示给当地或较远社区时,可能只是一种信号动机,但当将参与信息向当地民众展示时,更有可能出现潜在的社会制裁威胁。

鼓励个体为当地附近的同龄人树立良好榜样的信息如下:"为了使街道另一边有更多家庭参与到循环利用项目中来,我们会将你们这边有多少人已经参与该项目告知他们。为他们树立良好榜样!"我们将该信息称为"信号近似"。对于较远区域,我们同样选取了具有较高或较低社会经济状况的区域。较远社区相关信息的具体措辞如下:"为使[富人/穷人区]更多人能够参与到循环再利用项目中来,我们将会把你们所在区域中多少人已经参与该项目告知他们。为他们树立良好榜样！"我们将这些信息分别称为"信号富有"和"信号贫穷"。

权力（宗教当局组和市政当局组）。对社会力量影响行为的研究中最为令人难忘、贡献最大的研究之一就是米尔格拉姆（Milgram，1974）在权威性作用方面所做的著名工作。米尔格拉姆的工作及其后续工作表明个体对权威提供的规范体现出一种强烈的认同趋势（Cialdini and Goldstein，2004）。为测试权威对促进环境友好型行为是否相关这一问题，我们设计了两种信息，这两种信息均根据较高权威的期望设计而成，且反遇了循环再利用项目的参与情况。由于大部分人口信仰宗教，因而，其中一条信息表明循环再利用项目中的参与符合宗教理念，在此，我们将其称为"宗教权威"，具体内容如下："为保护上帝为所有民众创造之地球，请加入到循环再利用项目中来！回收！"该条信息受限于宗教原则，而非权威，因为当地宗教权威不喜欢在宣传中提及其名字。另一条信息为"市政当局"，激发了当地政府当局支持循环再利用项目的参与工作。该条信息内容如下："［皮乌拉/卡斯蒂利亚］市邀请您加入到循环再利用项目中来。回收！"用市政当局的名义鼓励家庭加入到该项目中来。

循环再利用的收益（强调环保组和强调社会组）。在对为解决大量、小数额支付问题的可能干预的文献回顾过程中，卡尔森（2001）注意到，在信息宣传中会经常使用强调"良好"行为方式带来收益（比如，社会收益和环境收益）。在对社会压力影响选民投票率的一项研究中，格柏、格林和拉里默（2008）表明，诉诸人们知道的正确信息对个体行为具有积极影响，但这种影响并没有其所观察到的信息直接以某种方式诱发的社会行为的影响大。尽管宣传亲环境行为的信息宣传活动往往会强调某些行为的环境收益，但在这种具体情况下，选择参与循环再利用项目可以通过为垃圾收集者创造正式工作机会而对环境和当地社会均带来利益。

为弄清楚明显的个体参与所带来的当地社会收益是否会与强调项目参与的环境收益的传统方式具有不同影响，我们增加了两条旨在唤起民众良知的信息。一条强调循环再利用者可带来环境收益，而另一条则强调社会收益。强调环境收益的信息内容为："通过循环再利用，你可以爱护环境，让我们的城市变得更为清洁。加入我们的循环再利用项目！回收！"强调社会收益的信息内容为："通过循环再利用，你会帮助非正式的垃圾收集者获得一份正式、体面的工作。加入我们的循环再利用项目！回收！"

结果收集与度量

结果度量数据来自 PRISMA 的管理性数据。这些数据具体说明了，当 PRISMA 市场人员诱导其参与该项目时，相关家庭是否会参与，以及在随后四周内的每一周中相关家庭是否有提供可循环再利用物品。[①]

基于这些数据，我们将家庭参与可循环再利用项目的三种变量纳入了考虑范围：

"随时参加"，如家庭参与该项目并至少曾提供一次物品，取值为 1。

"参与率"是指某一家庭提供的残余物次数与其可提供残余物机会数的比值。该变量测量的是对该项目的投入程度。在建构这一测量数值的过程中，分母，即可提供残余物的机会总数，包括当残余物收集者访问其家庭时家中无人时的所有次数。

"最后两次访问中曾参与过其中一次"是在最后两次游说中的其中一次是否有家庭提供了残余物（宣传/登记活动中的 n 和 N 周）的一个指标。该指标用于测量家庭对该项目参与的持续程度。

在数据收集过程中，由于与 PRISMA 存在协调问题、居民搬迁问题、居民选择将其可循环再利用物品与其他家庭的集中在一起等缘故，我们无法获取 1468 户家庭的结果数据，故尚未包括这些家庭的数据，因而我们无法确定各个参与者的可循环再利用的贡献比例。因此，我们无法构建这些家庭精确的结果数值。我们对实验组的损耗率做了检验，目前尚未发现显著差异。参与情况研究的最后样本共有 5250 户家庭。[②]

[①] PRISMA 将在试验期间，至少曾为收集者提供过一次残余物的家庭视为"参与"家庭。
[②] 实验组和控制组的损耗率分别为 0.130 和 0.138，p 值为 0.499，t 检验不能拒绝与这些相等的虚无假设。

结果：实验对参与的影响

借助意向-处理框架，我们发现与（未发信息）控制组相比，市场信息的接受对项目的参与或参与力度并无显著影响。通过游说者的个人访问所带来的效果和分发游说信息带来的效果大同小异。我们在回归中可以看到这一点（表2 A栏及表3）。由于通过手机（还有广告传单）对市场宣传信息予以了强化，我们还对提供了手机号码的家庭子样本进行了数据分析。类似的，在其中我们尚未发现市场宣传信息的影响，该子样本的实验信息包括手机短信（回归结果见附表S1.3）。

关于回归，我们使用下面的设定：

$$Y_i = \beta T_i + \alpha_j + \varepsilon_i \tag{1}$$

其中，Y表示我们感兴趣的结果（随时参与，参与率，最后两次访问中的参与情况），如果家庭收到了群发短信或广告传单，T取值为1，而i代表家庭户数。在随后的研究中，我们用实验信息的一个完整哑变量集替代T。在所有设定中，控制组都是未给信息的组。鉴于随机选择是按街道分层的，故回归方程中包括街道的固定效应（α）。

表2 参与情况及参与力度研究——收到任何实验信息的整体实验效果

	(1) 随时参与	(2) 参与率	(3) 最后两次访问中任何一次的参与情况
A栏：参与情况研究			
处理	0.002 (0.016)	0.008 (0.037)	0.001 (0.016)
观测值	6717	6717	6717
R-平方	0.055		0.065
因变量平均值	0.506	0.332	0.402
因变量标准差	0.500	0.392	0.490
B栏：参与力度研究			
处理	0.005 (0.007)	0.129** (0.053)	0.021 (0.020)

续表

	（1）	（2）	（3）
	随时参与	参与率	最后两次访问中任何一次的参与情况
B栏：参与力度研究			
观测值	1782	1782	1782
R-平方	0.121		0.117
因变量平均值	0.978	0.691	0.793
因变量标准差	0.146	0.223	0.405

备注：本表显示的是项目中家庭参与度量指标（是否提供过可循环再利用物，提供可循环再利用物次数的百分比，或是否在最后两次访问中提供过可循环再利用物）对实验指标的回归结果，家庭是随机分配到各组。第1列和第3列中使用的是OLS模型，第2栏中使用的是有序概率选择模型。A栏未包括表1的一个观察值，因为街道变量中缺少一个数值。稳健标准误如括号中所示，所有回归均包括街道固定效应。星号表示不同显著程度：* 表示在10%置信水平显著；** 表示在5%置信水平显著，*** 表示在1%置信水平显著。

表3　参与情况研究——不同信息对家庭参与决策的实验影响

	（1）随时参与	（2）参与率	（3）最后两次访问中的任何一次的参与情况
从众富人组	-0.007 (0.025)	-0.023 (0.058)	-0.020 (0.024)
从众穷人组	0.022 (0.025)	0.027 (0.057)	0.014 (0.024)
信号富人组	0.008 (0.025)	0.061 (0.059)	0.015 (0.025)
信号穷人组	-0.008 (0.025)	-0.040 (0.059)	-0.023 (0.025)
信号本地组	-0.018 (0.022)	-0.007 (0.051)	-0.006 (0.021)
宗教权威组	0.005 (0.025)	0.020 (0.059)	0.002 (0.025)
市政权威组	0.022 (0.026)	0.009 (0.059)	0.002 (0.025)
强调环保组	0.004 (0.025)	0.032 (0.058)	0.015 (0.025)

续表

	(1) 随时参与	(2) 参与率	(3) 最后两次访问中的任何一次的参与情况
强调社会组	0.003 (0.025)	0.004 (0.058)	0.013 (0.024)
观测值	6717	6717	6717
R - 平方	0.056		0.066
因变量平均值	0.506	0.332	0.402
因变量标准差	0.500	0.392	0.490

备注：本表显示的是项目中家庭参与度量指标（是否提供过可循环再利用物，提供可循环再利用物次数的百分比，或是否在最后两次访问中提供过可循环再利用物）对实验指标的回归结果。第1列和第3列中使用的是OLS模型，第2栏中使用的是有序概率选择模型。A栏未包括表1的一个观察值，因为街道变量中缺少一个数值。稳健标准误如括号中所示，所有回归均包括街道固定效应。星号表示不同显著程度：＊表示在10%置信水平显著；＊＊表示在5%置信水平显著，＊＊＊表示在1%置信水平显著。

我们可以排除中度处理效应，即，我们评估的零影响相对来说是准确的（表2A栏和表3）。对任何实验而言，所有大于5个百分点的影响均不在95%的置信区间内。我们还根据是为其亲自散发广告单还是将广告单放在其门口处对受访者做了子样本分析，我们发现的结果相似。

参与情况研究结果的讨论

在本部分，我们将讨论零结果的可能解释。首先，我们讨论这些结果只是因实验设计或执行而导致的可能性。其次，我们讨论信息宣传活动无效的具体原因。

关于内部有效性首先要讨论的是与损耗、接受和对实验的理解，以及溢出效应。对损耗者的正交性检验表明，这不足以构成解释上述结果的理由。尽管我们没有那些家庭资料得以准确检验他们是否接收、理解了那些信息，但这些因素均不可能导致内部有效性不足。有半数以上的广告单是我们亲自递送给各户家庭的，我们有用户接收短信的数据。信息的理解也不可能是一个重要归因因素，所有实验都相当简单，人人都亲自受访，因此，对可循环再利用这一项目应该可以获得基本理解。我们并未发现可能会影响我们结论的溢出效应问题。在这方面，数据均予以彻底检查过，即使在对同一街道上的实验区域和控制区域进行可能的异质性检验时，我们也未发现此类问题的相关证据。

这一发现引导我们思考可能导致信息失效的实验设计的一个方面：PRISMA的现场营销宣传活动。个人营销宣传访问可能将发信息的实验效果抵消了，如果没有个人营销访问活动，则发实验信息会引起行为变化。换句话说，未对个人访问做出反应的人更有可能不是可循环再利用者，可能不会对实验信息做出任何反应，但那些对个人访问做出反应的人则可能会对实验信息做出反应，哪怕是只收到了信息而没有个人访问也是如此。

这并不是内部有效性的一个问题，但的确会导致结果适用性降低。因为实验信息是在每个人都接受了旨在促进可循环再利用项目的个人访问的情况下检验的，我们只能得出如下结论，即在这些具体限制下发信息并没有什么效果。伯恩和奥斯卡普（1986）也使用了亲自拜访和书面信息发送的混合模式，而其控制组并未使用其中任何一种。他们的结果表明，与控制组相比，实验组的回收行为有大幅度提升，但在三个实验组之间结果并无显著差异。尽管目前尚未有定论，但该结果提供了进一步的证据，即亲自拜访可能在激励良好可循环再利用行为方面是最为重要的一个因素。

针对提高参与量或参与力度的实验无效的情况，我们提出了其他几个可能的解释。第一种可能的解释是信息也许在这种情况下并不合适，因为研究动机基于美国背景，而美国人对可循环再利用的标准、观点及理解会不同。一种相关解释是观念强度可能存在差异。目前尚难以找到与可循环再利用相关的具体观点信息，但我们可以更为仔细地研究在秘鲁和美国进行的世界价值观调查（2005）中的相关环境问题。正如先前所述，秘鲁人据称和美国人一样都认为保护环境很重要，更乐意拿出部分收入用于环境保护（77%和51%）。倘若政府要提供环境保护，他们均更乐于接受提高税赋的政策。此外，受访的秘鲁人对上述的"强烈接受"程度没有美国人高，上面的陈述实际上代表着环境行为的承担义务水平，这表明标准或其他因素强度不可能为零结果提供明确解释。调查中对受访者提出的其他环境问题是他们对各种当地和全球环境问题的看法。美国的受访者表现出的关注程度并不比秘鲁人更强烈。尽管这些数据仅能提供一种对可循环再利用具体态度的大略情况，但它们表明美国的早期尝试和我们研究之间出现的不同结果不能作为明显的论据。然而，由于这些数据潜在地反映出了更为严重的全球及地方环境关注度，可能并不能准确地反映人们对可循环再利用的观点。面对家园附近更严重问题的秘鲁人，可能会认为可循环再利用要远比其他问题次要，也更不愿意在上面花精力。

第二种可能的解释是，这些模仿美国好几种研究的信息失灵，是因为该实验的主题与美国人想要遵守的标准有关。比如，美国人可能或多或少感觉应该乐意遵从教会或地方当局的期望。再一次，世界价值观调查允许我们粗略检验基于教会以及国家当局（而非地方层面）的几条信息作为其代理，目前尚无证明表明，秘鲁人会比美国人在感觉方面差。该论点的说服力似乎不敌其他可能解释，因为所有类型的信息均无显著影响，且与其他信息并无显著差异。如果存在不同标准，那么，我们可以认为某些信息会起作用，而另一些则不起作用。

第三种解释基于我们的调查，该解释涉及这一事实，即秘鲁人似乎认为，通过正式的项目积极宣传可循环再利用对环境的影响和现有非正式的可循环再利用者（他们从垃圾桶或垃圾物中搜寻可循环再利用物，可能在分类方面更为有效）的效果差不多。因此，从环境保护角度来看，正式程序需要更多努力，但并不会改变最终结果。这种解释可以更好地说明，为什么类似信息发送在美国会非常有效，但在秘鲁却恰恰相反。在美国也有非正式可循环再利用这种情况，但目前为止并非主流。

参与力度研究

实验设计

除研究参与外，我们还在此前登记要参与可循环再利用项目的个体中进行了参与力度研究，这意味着他们曾在过去通过 PRISMA 参与过可循环再利用。第二阶段研究的目的在于评估经常忘记提交可循环再利用物是否可归因于忘记参与或参与成本，参与成本包括时间消耗或存储一周可循环再利用物的不便。在参与力度研究中，我们随机指定项目参与家庭获得贴有可循环再利用方式标签的垃圾桶、不带标签的垃圾桶，或没有提供垃圾桶。垃圾桶实验测试可循环再利用的不便性或回收成本阻碍参与性这一假说，因为有家庭报告说，对可循环再利用物来说，垃圾袋往往太小且不便。带标签的实验检验的假说是，相关知识缺乏导致可循环再利用物的高污染，这对收集者而言是个大问题。

除了随机发放垃圾桶外，我们还将有手机号码的家庭随机分为两个组，一个是短信提醒的实验组，一个是不给信息的控制组。先前研究已经发现，身份和社会背景可极大地改变信息的影响（Cialdini and Goldstein, 2004）。于是，我们设计半数短信为一般提醒信息，半数带有个性化信息，包括接收人的姓名和要求客户记得进行回收的收集人姓名。这些信息每周都会在收集者计划去收集可循环再利用物的前一晚发送到各个家庭，将近有80%的信息会抵达接收人处。[1]

已登记参与可循环再利用项目的总人数为1802人，均在卡斯蒂利亚各地区进行了身份确认。我们访问了这些家庭，并收集了简短的信息，包括基本的人口信息、手机号码、回收项目知情同意书等信息。较长的调查获取了更为准确的信息，包括对10%的样本询问了社会经济状况、回收利用行为信息。所有家庭均被随机分入实验组。在数据收集过程中，有17户家庭无法定位，主要因为搬家而致。我们将其从我们的分析中排除，剩下的参与力度研究的家庭样本总数为1785户。其中，将近有50%（829户）提供了有效的手机号码。在这其中，我们随机将每一个家庭分配入三个规模一样的群组中的一个：普通短信组、个性化短信组、没有到任何信息的控制组。这种随机分配以街道分层。

然后随机给1785户家庭分配了一个用于储存回收物的塑料垃圾桶、带标签的垃圾桶或没有垃圾桶（只有一次性塑料垃圾袋，这是正常分配的）。我们对短信实验组进行了随机分层。总体来看，有299户家庭收到了带信息标签的垃圾桶，300户收到了不带标签的垃圾桶，1186户没有得到任何垃圾桶。表1的B栏显示了这些样本随机归入实验组的情况。

---

[1] 发送群发短信的服务提供商提供了短信是否抵达预期电话的相关报告，根据这些信息，我们对信息提供成功率进行了评估。网络故障、关机、号码错误是造成信息发送失败的主要原因。

结果收集与测量

参与力度研究的数据收集为期八周。前两周在分配垃圾桶或发短信之前，主要集中在基线测量上，后六周主要集中在结果数据收集。在整个数据收集过程中，一位观察人员随同每位可循环再利用物品收集者的路径，记录各家庭的参与力度情况，测量提供的可循环再利用物的质量和数量。

根据访问期间收集到的数据，我们将下列变量结果纳入了考虑范围：

"拜访中交回垃圾袋的比例"表示家庭有机会交回可循环再利用垃圾袋或垃圾桶的周数和其实际上交回的周数的比例。在计算这一比例时，我们将尚未交回可循环利用物的视为缺失。

"每周交回垃圾桶的平均数量"表示收集者提供的可循环再利用物的平均量，在为期六周的后期处理数据收集过程中，均用发给收集者的全标准垃圾桶数测量。①

"每周可循环再利用物的平均重量（单位：千克）"表示在为期六周的实验数据收集过程中，每周收集到的可循环再利用物的平均重量。

"每周可循环再利用物的平均市场值"表示在为期六周的实验数据收集过程中，每周收集到的可循环再利用物的平均价值。

"每周平均污染比例"表示在为期六周的试验数据收集过程中，非可循环再利用物占总回收物的平均比例。

结果：参与力度的实验效果

基线描述统计显示，在预先表明参与意愿的家庭中，PRISMA 计划的参与力度是相当高的，拜访的家庭中有 78% 上交了垃圾袋。然而，依据给出的可回收利用物数量（按照固定尺寸的箱子数量来以体积计量和按照重量以公斤计量），就边际上的集约利用来说，还有空间来增加参与。而且，基本上来看，超过 15% 的按重量打包的物品是不可回收物品，或"污染

---

① 以家庭人数按比例缩放其结果不变。

物",这些物品必须被收集者分离开来。

在初看干预措施的效果时,我们绘制出各种实验状态的参与平均值。首先来看垃圾桶实验,我们发现垃圾桶对参与有积极影响:相比于未收到桶的家庭来说,无论是按体积计量还是按重量计量,垃圾桶接收人交回可回收物品都有更高的频率(在每周拜访中他们都更多地交回了物品),并交回了更多数量的可回收物品。就这些维度而言,我们看不到有无标签而产生的明显区别。垃圾桶的接收人在他们交回的可回收物品里,不可回收物品也相对较少,这一现象显示那些收到了贴有标明哪些是可回收物品标签的垃圾桶的家庭受到影响。

再来看短信实验,我们的调查结果并未显示短信提醒具有明显影响。事实上,对于一些结果,它显示私人短信接收者比之未接收到短信的家庭上交了更少的可回收物。然而,应该注意的是,这个数据和之前的数据都忽视了交互作用的影响(因为一些家庭同时收到了垃圾桶和短信),并遗漏了潜在的重要控制变量,包括该家庭是否有手机、街道特征和基线参与水平。

为了处理交互作用影响的问题,我们绘制出垃圾桶和短信实验的各种可能组合的实验结果,发现无论是否同时收到短信,收到垃圾桶的个体趋向于更经常和更多量地交回可回收物品。同样我们发现,收到贴有信息标签垃圾桶的个体比其他家庭减少了更多的污染物,尽管在没有手机的家庭群体中不明显。①

为了评估这些差异的统计显著性,并控制分层变量与结果变量的基准值,我们进行回归分析。

为此,我们进行以下估算:

$$y_{is} = \beta_1 B_g + \beta_2 B_s + P_{is} + \lambda y_{blis} + \alpha_j + \varepsilon_i \tag{2}$$

这里 y 表示我们感兴趣的结果,i 表明该家庭,Bg 指收到一般垃圾桶(无标签)的家庭,而 Bs 是指收到有信息标签的垃圾桶(没有收到垃圾桶

---

① 显示这些发现的图表如有索取即可提供。另外,我们用一个简单的两阶段 Heckman 选择方程估计,没有发现两组间有区别。

的是忽略掉的类别）的家庭。P是一指标变量，确定该家庭是否有手机，它被包含进来是因为它与短信发送有关系，而Y_{bl}是该家庭的基线计量结果。该回归方程也包含了街道固定效应（∝），因为该随机化是根据街道来分层的。

我们就家庭没有手机和家庭有手机但没有接收到短信的来分别估计此方程，在这种情况下P被从该方程中移除，而且也不涉及交互作用影响了。我们同样对方程进行全样本估计。

表4呈现的结果显示，接收到垃圾桶对参与行为有积极作用。我们发现，接收到垃圾桶的家庭可能交回可回收物多4.5个百分点（A栏），这表示样本均值上升超过6%。点估计值显示，有标签垃圾桶的效果更明显（B栏和C栏），但在很大程度上，我们不能拒绝这一结果，即接收有无标签的垃圾桶的系数是相等的。

关于其他计量，如参与力度、回收量、重量和可回收物的市场价值，我们发现在无手机家庭和全样本中结果统计上都显著的更大的效果（按照样本均值的百分比来度量）。就对污染物的作用而言，点估计值表明，收到垃圾桶减少了污染程度，但这些估计值通常和零没什么差别。

我们也对方程式（2）进行了估计，这里我们用Sg和Sp替换了Bg和Bs，该指标变量分别表示该家庭收到了非个性化的或个性化的短信。我们分析的样本为：拥有手机的样本、拥有手机但未收到垃圾桶的样本（这里交互作用项是不相干的），以及全样本。全样本设定的结果见表5，分开的样本结果见A栏和B栏，以及附表S1.5。结果未能显示短信提醒对回收有任何显著性影响，这与我们上面讨论的图解展示一致。

最后，我们同时考察这些影响，并对相互作用做出解释。我们对以下每一个方程式进行估计：

$$Y_i = \beta_1 B + \beta_2 S + \lambda Ybl_i + P_i + \alpha_j + \varepsilon_1 \tag{3}$$

$$Y_i = \beta_1 B_g + \beta_2 B_s + \beta_3 S_g + \beta_4 S_p + \lambda Ybl_i + P_i + \alpha_j + \varepsilon_1 \tag{4}$$

$$Y_i = \sum_j \beta_j T_j + \lambda Ybl_i + P_i + \alpha_j + \varepsilon_i \tag{5}$$

这里 B 和 S 是收到垃圾桶实验或者收到短信实验家庭的指标变量。在方程式（5）中 Tj 为垃圾桶与短信实验组合的符号；忽略的种类是没有手机和没收到垃圾桶的家庭。

表 4a 参与力度研究——垃圾桶和短信对回收的实验效果

A栏：无相互作用主要效应	(1) 拜访家庭回收垃圾袋比例	(2) 每周垃圾桶回收平均数量	(3) 每周收回可回收物平均重量（千克）	(4) 每周收回可回收物的平均市场价值	(5) 每周污染的平均百分比
任何垃圾桶（1）	0.045*** (0.012)	0.115*** (0.017)	0.187*** (0.032)	0.108*** (0.018)	−0.009 (0.007)
任何短信（2）	0.002 (0.014)	0.005 (0.021)	−0.024 (0.039)	−0.02 (0.022)	−0.004 (0.009)
拥有手机	0.022 (0.014)	0.047** (0.02)	0.105*** (0.038)	0.057*** (0.022)	0.01 (0.008)
拜访家庭回收垃圾袋比例，基线	0.374*** (0.017)				
每周垃圾桶回收平均数量，基线		0.373*** (0.014)			
每周收回可回收物平均重量（千克），基线			0.281*** (0.011)		
每周收回可回收物平均市场价值，基线				0.232*** (0.010)	
每周污染的平均百分比，基线					0.292*** (0.019)
街道固定效应	是	是	是	是	是
F检验 p 值：(1) = (2)	0.02	0	0	0	0.64
观测值	1781	1781	1781	1781	1588

鼓励回收的（无效）信息：来自秘鲁的随机评估证据

续表

A栏：无相互作用主要效应	（1）拜访家庭回收垃圾袋比例	（2）每周垃圾桶回收平均数量	（3）每周收回可回收物平均重量（千克）	（4）每周收回可回收物的平均市场价值	（5）每周污染的平均百分比
决定系数	0.34	0.44	0.38	0.35	0.34
因变量平均值	0.78	0.68	0.76	0.49	0.13

备注：该表显示了参与力度研究中家庭层次的回收变量对短信和垃圾桶的回归结果（A栏）。"每周垃圾桶回收平均数量"反映了标准尺寸垃圾桶的回收量。"每周收回可回收物的平均市场价值"通过对不同材料（例如，玻璃、纸）的数量和垃圾回收者的回收价格进行估计。"每周污染的平均百分比"是指回收的非可回收物品的重量除以总重量。标准误显示在括号中。星号表示差异显著水平：＊表示在10%的置信水平上显著；＊＊表示在5%的置信水平上显著；＊＊＊表示在1%的置信水平上显著。

表4b　参与力度研究——垃圾桶和短信回收的实验效果

B栏：无相互作用的实验效果	（1）拜访家庭回收垃圾袋比例	（2）每周垃圾桶回收平均数量	（3）每周收回可回收物平均重量（千克）	（4）每周收回可回收物的平均市场价值	（5）每周污染的平均百分比
有贴纸的垃圾桶（1）	0.055＊＊＊ (0.015)	0.128＊＊＊ (0.022)	0.205＊＊＊ (0.042)	0.125＊＊＊ (0.024)	−0.012 (0.009)
没有贴纸的垃圾桶（2）	0.035＊＊ (0.015)	0.103＊＊＊ (0.022)	0.17＊＊＊ (0.041)	0.091＊＊＊ (0.024)	−0.006 (0.009)
个性化短信	−0.009 (0.017)	−0.008 (0.025)	−0.046 (0.047)	−0.026 (0.027)	−0.008 (0.010)
通用短信	0.015 (0.017)	0.02 (0.025)	0 (0.048)	−0.013 (0.027)	0 (0.010)
拥有手机	0.022 (0.014)	0.046＊＊ (0.020)	0.104＊＊＊ (0.038)	0.056＊＊ (0.022)	0.01 (0.008)
拜访家庭回收垃圾袋比例，基线	0.374＊＊＊ (0.017)				
每周垃圾桶回收平均数量，基线		0.374＊＊＊ (0.014)			
每周收回可回收物平均重量（千克），基线			0.281＊＊＊ (0.011)		

B栏：无相互作用的实验效果	(1) 拜访家庭回收垃圾袋比例	(2) 每周垃圾桶回收平均数量	(3) 每周收回可回收物平均重量（千克）	(4) 每周收回可回收物的平均市场价值	续表 (5) 每周污染的平均百分比
每周可回收物的平均市场价值，基线				0.233 *** (0.010)	
每周污染的平均百分比，基线					0.292 *** (0.019)
街道固定效应	是	是	是	是	是
F检验p值： (1) = (2)	0.31	0.38	0.51	0，27	0.63
观测值	1781	1781	1781	1781	1588
决定系数	0.34	0.44	0.38	0.35	0.34
因变量平均值	0.78	0.68	0.76	0.49	0.13

备注：该表显示了参与力度研究中家庭层次的回收变量对具体短信和垃圾桶指标的回归结果（B栏）。"每周垃圾桶回收平均数量"反映了标准尺寸垃圾桶的回收量。"每周收回可回收物的平均市场价值"通过对不同材料（例如，玻璃、纸）的数量和垃圾回收者的回收价格进行估计。"每周污染的平均百分比"是指回收的非可回收物品的重量除以总重量。标准误显示在括号中。星号表示差异显著水平：* 表示在10%的置信水平上显著；** 表示在5%的置信水平上显著；*** 表示在1%的置信水平上显著。

表4c 参与力度研究——垃圾桶和短信对回收的实验效果

C栏：饱和模型	(1) 拜访家庭回收垃圾袋比例	(2) 每周垃圾桶回收平均数量	(3) 每周收回可回收物平均重量（千克）	(4) 每周收回可回收物的平均市场价值	(5) 每周污染的平均百分比
通用短信 + 有贴纸垃圾桶（1）	0.041 (0.041)	0.158 *** (0.059)	0.258 *** (0.112)	0.147 *** (0.064)	−0.03 (0.024)
通用短信 + 垃圾桶（2）	0.025 (0.039)	0.056 (0.056)	0.154 (0.106)	0.092 (0.060)	−0.029 (0.023)
通用短信 + 无垃圾桶	0.019 (0.025)	−0.019 (0.036)	−0.035 (0.068)	−0.033 (0.039)	−0.01 (0.015)
个性化短信 + 有贴纸垃圾桶（3）	0.036 (0.039)	0.124 ** (0.057)	0.099 (0.108)	0.053 (0.062)	−0.043 * (0.024)

续表

C栏：饱和模型	（1）拜访家庭回收垃圾袋比例	（2）每周垃圾桶回收平均数量	（3）每周收回可回收物平均重量（千克）	（4）每周收回可回收物的平均市场价值	（5）每周污染的平均百分比
个性化短信+垃圾桶（4）	0.07* (0.038)	0.059 (0.055)	0.115 (0.103)	0.041 (0.059)	-0.032 (0.022)
个性化短信+无垃圾桶	-0.027 (0.025)	-0.054 (0.036)	-0.051 (0.068)	-0.018 (0.039)	-0.017 (0.015)
无电话+有贴纸垃圾桶（5）	0.078*** (0.020)	0.127*** (0.030)	0.232*** (0.056)	0.149*** (0.032)	-0.001 (0.012)
无电话+垃圾桶（6）	0.03 (0.021)	0.1*** (0.030)	0.142*** (0.057)	0.096*** (0.032)	0.004 (0.012)
无短信+有贴纸垃圾桶（7）	0.031 (0.040)	0.026 (0.058)	0.109 (0.109)	0.068 (0.062)	-0.049** (0.023)
无短信+垃圾桶（8）	0.045 (0.039)	0.114*** (0.056)	0.299*** (0.107)	0.114* (0.061)	-0.035 (0.023)
无短信+无垃圾桶	-0.011 (0.025)	-0.061* (0.036)	-0.039 (0.067)	-0.009 (0.039)	-0.018 (0.015)
拥有手机	0.03 (0.020)	0.082*** (0.028)	0.12** (0.054)	0.068** (0.031)	0.027** (0.012)
拜访比例，基线	0.373*** (0.017)				
每周垃圾桶平均数量，基线		0.374*** (0.014)			
每周可回收物平均重量（千克），基线			0.282*** (0.011)		
每周可回收物的平均市场价值，基线				0.233*** (0.010)	
每周污染的平均百分比，基线					0.292*** (0.019)
街道固定效应	是	是	是	是	是
F检验p值：（1）=（2）	0.76	0.16	0.35	0.48	0.96

C栏：饱和模型	（1）拜访家庭回收垃圾袋比例	（2）每周垃圾桶回收平均数量	（3）每周收回可回收物平均重量（千克）	（4）每周收回可回收物的平均市场价值	（5）每周污染的平均百分比
F检验p值：（3）=（4）	0.49	0.36	0.9	0.87	0.73
F检验p值：（5）=（6）	0.06	0.47	0.21	0.19	0.74
F检验p值：（7）=（8）	0.78	0.22	0.17	0.56	0.61
观测值	1781	1781	1781	1781	1588
决定系数	0.34	0.44	0.38	0.35	0.34
因变量平均值	0.78	0.68	0.76	0.49	0.13

备注：该表显示了参与力度研究中家庭层次的回收变量在完全饱和模型中对每一个实验内容组合的回归结果（C栏）。"每周垃圾桶回收平均数量"反映了标准尺寸垃圾桶的回收量。"每周收回可回收物的平均市场价值"通过对不同材料（例如，玻璃、纸）的数量和垃圾回收者的回收价格进行估计。"每周污染的平均百分比"是指回收的非可回收物品的重量除以总重量。标准误显示在括号中。星号表示差异显著水平：*表示在10%的置信水平上显著；**表示在5%的置信水平上显著；***表示在1%的置信水平上显著。

表5 参与力度的研究——短信对回收的实验效果

全样本	（1）拜访家庭回收垃圾袋比例	（2）每周垃圾桶回收平均数量	（3）每周收回可回收物平均重量（千克）	（4）每周收回可回收物的平均市场价值	（5）每周污染的平均百分比
个性化短信	-0.009 (0.017)	-0.006 (0.025)	-0.043 (0.048)	-0.025 (0.027)	-0.008 (0.01)
通用短信	0.014 (0.017)	0.02 (0.026)	0 (0.048)	-0.013 (0.027)	0 (0.01)
拥有手机	0.021 (0.014)	0.043** (0.021)	0.098** (0.039)	0.053** (0.022)	0.01 (0.008)
拜访比例，基线	0.376*** (0.017)				
每周垃圾桶平均数量，基线		0.375*** (0.025)			

续表

全样本	（1） 拜访家庭回收 垃圾袋比例	（2） 每周垃圾桶 回收平均数量	（3） 每周收回 可回收物平均 重量（千克）	（4） 每周收回 可回收物的 平均市场价值	（5） 每周污染的 平均百分比
每周可回收物平 均重量（千克）， 基线			0.28＊＊＊ (0.011)		
每周可回收物的 平均市场价值， 基线				0.231＊＊＊ (0.010)	
每周污染的平均 百分比，基线					0.293＊＊＊ (0.019)
街道固定影响	是	是	是	是	是
P值	0.23	0.37	0.42	0.71	0.51
观测值	1781	1781	1781	1781	1588
决定系数	0.34	0.44	0.38	0.35	0.34
因变量平均值	0.78	0.68	0.76	0.49	0.13

备注：表中显示了参与力度研究中家庭层次的回收变量在不同模型设定中对短信的回归结果（A栏）。表中显示对实验结果相同性进行检验的F统计量。括号中是标准误。星号表示差异显著水平：＊表示在10%的置信水平上显著；＊＊表示在5%的置信水平上显著；＊＊＊表示在1%的置信水平上显著。

表4里的A、B、C栏表明了方程式（3）、（4）、（5）的估计结果，这都显示出提供垃圾桶对循环利用的显著作用。估计的数值与单独估计垃圾桶效应的结果是一致的。最后一栏显示的结果是实验组所有组合（没有电话和没有垃圾桶未计入）的估计结果。我们发现，当实验包含了提供垃圾桶后，实验对回收行为具有显著的正向影响。

参与力度研究的讨论

参与力度的结果表明，对于已经自主加入回收项目的家庭，健忘并不是一个严重的约束。相反，有迹象表明，对收集者来说，储存回收物的不便成了一个坚实的屏障。事实上，家庭报告显示，他们并不想将可回收利用的废物放置在家里，因为这不仅占地方还吸引虫子。这一结果和卡尔森（2001）的结果相符，即在亲环保行为中，减少个人成本是行为改善中最有效的方法。

然而,要做到这点还需要一些资源的引入来减少成本。在这里,为家庭提供垃圾桶就减少了成本。考虑到对收集并再出售的收集者来说,可回收利用物对他们是一种收入,投资提供垃圾桶具有盈利前景——即便不考虑回收的非货币收益。为了解决这一问题,我们估计了提供垃圾桶和每周提供回收袋对每个参与家庭的收益对比,PRISMA 正在推进这一工作。

我们的点估计表明,14 索尔的投资(没有标签的垃圾桶成本)使得每个家庭加入循环利用的每周交回可回收利用物价值增加 0.09 索尔。另外,得到垃圾桶的家庭交回可回收利用物的周数增加了 3.7%。没有外界干涉的小组,76% 的时间会进行回收利用,每周的平均价值为 0.418 索尔。因此,垃圾桶诱导产生的参与力度价值为(52 周)×(76%)×(0.09 索尔)+(52 周)×(3.7%)×(0.09 索尔)+4.18 索尔,也就是 4.53 索尔。加上不须购买回收袋的收益(每个家庭周为 0.075 索尔),又产生的额外收益为(52 周)×(76%)×(0.075 索尔)=2.96 索尔,因此每年每个家庭的总收益为 7.494 索尔。

相比之下,一项 14.87 索尔的投资(带有信息标签的垃圾桶成本)每周可以让参加比率增加 6%,同时回收利用的平均价值也有 0.107 索尔。同样可以计算出每年每个家庭额外的收益为 8.827 索尔。从下面的表格可以看出,如果 PRISMA 可以让一个家庭参与该计划两年,对垃圾桶的投资会使得计划中回收物品的数量增加,这会使得收集者的收入超过垃圾桶的成本。

表6 垃圾桶投资的成本和收益

垃圾桶类型	价格	对参与者	收支平衡时间
	每年收益/家庭		
没有标签的垃圾桶	5.00 美元[①] (14.00 索尔)	2.68 美元 (7.49 索尔)	21.4 个月
有标签的垃圾桶	5.31 美元 (14.87 索尔)	3.15 美元 (8.83 索尔)	20.2 个月

① 货币转换是基于 2010 年平均汇率。

鼓励回收的（无效）信息：来自秘鲁的随机评估证据

结 论

作为随机评估秘鲁回收利用计划的一部分，我们检验了环保改变行动中很多流行的信息传送方式，其中包括信息、提醒、社会规范、诉诸社会惩罚的威胁和权威的支持。我们发现，没有任何一种信息能让更多的人参与到这个计划中来，而许多类似的信息在发达国家中使用效果非常好。这是一个比较精确的无效结果；我们应该排除一些相对较少的效果。但是，我们发现，垃圾桶的提供使得回收利用更为便利、清洁，也充分地提高了参与性，这也会成为 PRISMA 的计划中成本效益好的扩展策略。

这些结果表明，从促进亲社会行为的活动中获得的经验教训可能难以跨国家和跨环境推广，也表明后续的理论研究（对影响实验效果的特定背景因素进行建模）大有收益，同时，实验和评估也很重要，可以检验更多吸收了许多背景因素的稳健理论。此外，我们发现单一的方法也会对相关的回收利用选择成本和收益有改变（通过提供垃圾桶减少回收的成本），并改变我们的行为。然而，只改变信息送达方式却没有任何效果。

参考文献

Alcott, H. 2009. "Social Norms and Energy Conservation." Center for Energy and Environmental Research, Massachusetts Institute of Technology, Cambridge, MA.

Alpizar, F., F. Carlsson, and O. Johansson – Stenman. 2008. "Anonymity, Reciprocity, and Conformity: Evidence from Voluntary Contributions to a National Park in Costa Rica." *Journal of Public Economics* 92 (5 – 6): 1047 – 1060.

Bertrand, M., D. Karlan, S. Mullainathan, E. Shafir, and J. Zinman. 2009. "What's Advertising Content Worth? Evidence form a Consumer Credit Marketing Field Experiment." *Quarterly Journal of Economics* 125 (1): 263 – 305.

Bryce, W. J., R. Day, and T. J. Olney. 1997. "Commitment Approach to Motivating

Community Recycling: New Zealand Curbside Trial." *The Journal of Consumer Affairs* 31 (1): 27 -52.

Burn, S. M., and S. Oskamp. 1986. "Increasing Community Recycling with Persuasive Communication and Public Commitment." *Journal of Applied Social Psychology* 16: 29 -41.

Burn, S. M. 1991. "Social Psychology and the Stimulation of Recycling Behaviors: The Block Leader Approach." *Journal of Applied Social Psychology* 21 (8): 611 -629.

Carlson, A. E. 2001. "Recycling Norms." *California Law Review* 89 (5): 1231 -300.

Chauvin, L. 2009. "Peru's Scavengers Turn Professional." *Time Magazine*, February 10. http://www.time.com/time/world/article/0,8599,1878475,00.html.

Choi, J. J., E. Haisley, J. Kurkoski, and C. Massey. 2012. "Small Cues Change Savings Choices." NBER Working Paper 17843. National Bureau of Economic Research, Cambridge, MA.

Chu, P. -Y., and J. -F. Chiu. 2003. "Factors Influencing Household Waste Recycling Behavior: Test of an Integrated Model." *Journal of Applied Social Psychology* 33 (3): 604 -626.

Cialdini, R. B., and N. J. Goldstein. 2004. "Social Influence: Compliance and Conformity." *Annual Review of Psychology* 55: 591 -621.

Elster, J. 1989. "Social Norms and Economic Theory." *Journal of Economic Perspectives* 3 (4): 99 -117.

Frey, B. S., and S. Meier. 2004. "Social Comparisons and Pro -social Behavior: Testing 'Conditional Cooperation' in a Field Experiment." *American Economic Review* 94 (5): 1717 -1722.

Gerber, A. S., D. P. Green, and C. W. Larimer. 2008. "Social Pressure and Voter Turnout: Evidence from a Large -Scale Field Experiment." *American Political Science Review* 102 (1): 33 -48.

Goldstein, N. J., R. B. Cialdini, and V. Griskevicius. 2008. "A Room with a Viewpoint: Using Social Norms to Motivate Environmental Conservation in Hotels." *Journal of Consumer Research* 35 (3): 472 -482.

Karlan, D., M. McConnell, S. Mullainathan, and J. Zinman. 2011. "Getting to the Top of Mind: How Reminders Increase Saving." NBER Working Paper 16205. National Bureau of Economic Research, Cambridge, MA.

Lerner, J. S., and P. E. Tetlock. 1999. "Accounting for the Effects of Accountability."

Psychological Bulletin 125: 255 −275.

Lord, K. R. 1994. "Motivating Recycling Behavior: A Quasiexperimental Investigation of Message and Source Strategies." *Psychology & Marketing* 11 (4): 341 −358.

Milgram, S. 1974. *Obedience to Authority*. New York: Harper & Row.

Pew Global Attitudes Project. 2007. "Spring 2007 Survey of 47 Publics: Final 2007 Trends Topline." Accessed September 20, 2011. http://pewglobal.org/files/pdf/258topline.pdf.

Schultz, P. W. 1999. "Changing Behavior with Normative Feedback Interventions: A Field Experiment on Curbside Recycling." *Basic and Applied Social Psychology* 21 (1): 25 −36.

Stango, V., and J. Zinman. 2011. "Limited and Varying Consumer Attention: Evidence from Shocks to the Salience of Bank Overdraft Fees." NBER Working Paper No. 17028. National Bureau of Economic Research, Cambridge, MA.

Thaler, R., and C. R. Sunstein. 2008. *Nudge: Improving Decisions About Health, Wealth and Happiness*. New Haven, CT: Yale University Press.

World Values Survey. 2005. "World Values Survey 2005 Official Data File v. 20090901." Accessed April 22, 2013. http://www.wvsevsdb.com/wvs/WVSData.jsp? Idioma =I.

———. 2009. "World Values Survey 1981 −2008 Official Aggregate v. 20090901." Accessed September 20, 2011. http://www.wvsevsdb.com/wvs/WVSData.jsp? Idioma =I.

Zwane, A. P., J. Zinman, E. V. Dusen, W. Pariente, C. Null, E. Miguelb, M. Kremerb, D. S. Karlanb, R. Hornbeckh, X. Ginéb, E. Duflo, F. Devotob, B. Creponc, and B. Abhijit. 2010. "Being Surveyed Can Change Later Behavior and Related Parameter Estimates." *Proceedings of the National Academy of Sciences* 108 (5): 1821 −1826.

图书在版编目(CIP)数据

世界银行经济评论.2015.1/(美)福斯特(Foster,A.)主编；肖皓元等译.—北京：社会科学文献出版社，2015.8
ISBN 978-7-5097-7850-0

Ⅰ.①世… Ⅱ.①福… ②肖… Ⅲ.①经济学-文集 Ⅳ.①F0-53

中国版本图书馆CIP数据核字（2015）第162940号

世界银行经济评论(2015 No.1)

主　　办／世界银行
主　　编／安德鲁·福斯特（Andrew Foster）
译　　者／肖皓元　房子心　徐广彤　温亚男　胡　岚　刘川明
译　　审／尹志超

出 版 人／谢寿光
项目统筹／许春山
责任编辑／王珊珊
特邀编辑／刘　云

出　　版／社会科学文献出版社·教育分社（010）59367278
　　　　　地址：北京市北三环中路甲29号院华龙大厦　邮编：100029
　　　　　网址：www.ssap.com.cn
发　　行／市场营销中心（010）59367081　59367090
　　　　　读者服务中心（010）59367028
印　　装／三河市尚艺印装有限公司
规　　格／开本：787mm×1092mm　1/16
　　　　　印张：15.25　字数：236千字
版　　次／2015年8月第1版　2015年8月第1次印刷
书　　号／ISBN 978-7-5097-7850-0
著作权合同登记号／图字01-2015-2655号
定　　价／39.00元

本书如有破损、缺页、装订错误，请与本社读者服务中心联系更换

▲ 版权所有 翻印必究